# 三国夹缝中的
# 司马懿

SANGUO JIAFENG ZHONG DE SIMAYI

郭扶庚 著

人民东方出版传媒
東方出版社

目录

CONTENTS

三国夹缝中的司马懿

SANGUO JIAFENG ZHONG DE SIMAYI

# 前　言

# 三国星空，有一颗被遮蔽的巨星

几年前的冬天，一场瑞雪不期而至。黄河两岸，山舞银蛇，原驰蜡象，冬小麦在皑皑白雪下面悄然生长，道路两旁树梢开始微微泛黄，中原大地蕴含着一派勃勃生机。雪后初霁，中共中央政治局原常委李长春同志立即赶赴洛阳，看望脱贫致富的山村百姓。面包车行驶在当年他主张修建的河南第一条高速公路——郑洛高速上，望着窗外熟悉的每一个地方，长春同志深情地回忆起他在河南工作的日日夜夜、点点滴滴，也和我们就沿途的山川景致、历史人文畅聊叙谈。看到道路一侧“司马懿故里”的旅游提示牌，长春同志饶有兴致听我讲述了几个流传于司马懿家乡的历史逸闻，他热情地鼓励我搜集整理相关故事传说，结合正史进行加工演绎，力争客观地描摹一个与以往人们印象不同的司马懿，尽量还其历史本来面目。

然而，时至今日，恰当地评说司马懿仍然并非易事。一般来说，存在以下两个问题：一是要能够摒弃传统的思维定式，采取比较新的恰当的视角和维度对这一个历史人物加以审视；二是要与长达几百年的习惯性评价拉开一定距离，避免人云亦云的盲从。此外，就本书写作而言，笔者本人须努力摆脱作为“家乡人”的情感因素，力求客观公正、言之成理、切中肯綮、贴近历史真相。因为我的父老乡亲大都以司马懿家乡人自居，笔者从小便以司马懿故里人为荣，这种因地域导致的情绪，难免会对客观、理性的评价形成一定的影响。

# 一

对于绝大多数国人而言，司马懿与曹操、诸葛亮、刘备、关羽、张飞、赵云等三国人物，早已被各种民间故事、传奇传说、戏剧曲艺特别是长篇小说《三国演义》塑造成了一套固定的模式，所谓诸葛亮之“智绝”、刘备之“义绝”、曹操之“奸绝”，已成为中国古代文学史上不朽的“类型化”典型形象。以蜀汉为正统，蜀汉人物多被塑造成备受尊崇的正面形象；贬抑曹魏政权，曹操、司马懿等人则被塑造成阴谋篡位、不仁不义的“白脸奸臣”，甚至是中国历史上最狠毒的阴谋家、厚黑教主、大逆不道的人物。这些妇孺皆知的评价，似乎已成为难以动摇的传统看法和观念。

但是，历史真相和唐代之前的正史记述，都并非如此。

曹操、司马懿的形象，究竟是在什么时候脱离了真实的历史语境，成为反面的并且被妖魔化人物的呢？如今，已经很难找出一个确切的时间节点，更难说是哪一个好事者刻意为之。研究《三国演义》的文学史家指出，其“拥刘贬曹”倾向，是在宋、金对峙的历史过程中，在民间说唱文学产生和发展的漫长过程中，逐步地形成和发展起来的。这虽然不免有宋代理学正统观念的影响，但是在此过程中起基础性、决定性作用的，却是汉族人民的民族情感，亦即汉族的民间文艺家、听众或观众在南、北对峙期间渴望中国统一、渴望汉民族复兴的民族情感。《三国演义》编写者，在吸收和利用民间故事、话本、戏曲文学题材的同时，继承并强化了其“拥刘贬曹”倾向。这种强烈的倾向把作为民族智慧化身的诸葛亮推向神坛的同时，也把作为诸葛亮军事对手的司马懿贬入鬼蜮。

出生于温县安乐寨村（司马懿故里）的著名经济学家、国务院发展研究中心原主任王梦奎先生，曾从历史研究的角度说过这样的话："自宋以降，司马懿的历史地位似乎渐被湮没。明清至今在戏剧、说唱及其他民间文艺中往往成为微不足道的陪衬人物甚至反派人物、'大白脸'的乱臣贼子。这种演变过程，同蜀汉被尊为正统和诸葛亮被神化，大体是同步的。"诚如著名学者吕思勉先生所说，《三国演义》"是文学，不是历史"，"文学固然有文学的趣味，历史也有历史的趣味"。虽然大多数读者对此心知肚明，但是天长日久，仍有不少人会无意识地模糊了历史和文学的界限。因为相当多从事严肃学术研究之外的人，潜意识中仍然还是更愿意接受曲折多致的小说、趣味故事；尤其是对于三国这段历史来说，历史人物、历史事实本身散发出的趣味，已经超过了很多枯燥乏味的历史，有的足以和罗贯中想象、加工过的情节相媲美，真真假假、虚虚实实，要想不模糊文学和历史的界限，的确是比较困难的。

由于不少人不愿打破诸葛亮作为智慧化身的偶像，他的军事对手司马懿，也就长期维持着白脸奸臣、阴谋家的形象，一直是按照小说家塑造的形象而不是历史真实形象"生存"下来了。所以，历来的舆论，或者说是公众评价，对司马懿是很不公平的。

在已经持续多年的历史人物娱乐化浪潮中，一些影视作品、电子游戏、乃至讲座论坛等，更以无以复加的影响力、穿透力强化了对于这些三国人物形象的固有评价，以至于在正统的历史教材和学术研究话语体系中，作为文学形象的司马懿，与作为历史人物的司马懿严重混淆，被进一步地概念化、脸谱化，成为一种"正统"史观的牺牲品。在近年来的通俗读物出版中，更是兴起了一股新风潮，司马懿被塑造成为老谋深算、工于心计的政客，似乎他从一开始出仕，就整天在想着要篡夺汉魏江山；更有甚者，则把司马懿奉为成功学、厚黑学的集大成者，教导着今天拼搏于职场中的人们，学习司马懿从基层起步，隐忍不发、逆袭上位的操作流程。

凡此种种，都是把司马懿、诸葛亮这些历史人物，放置在扭曲的传统道德标准与历史评价的平台上加以考量的结果。他们根本没有拨开历史的迷雾，走入特定历史年代特定历史人物的内心，根本没有对历史人物作出人心、人性的观照和分析，更没有把这些人物置于是否推动中华民族文明进步这一天平上来称量。

时至今日，诸多历史迷雾已被雨打风吹去，这段特殊的历史不应该被某一种特定的意识形态一直扭曲，一些片面的看法和似是而非的评价应当终止，每一个历史人物都应该得到比较正确的认识，进而还其历史真相。我们对于三国历史、对历史人物的评价，既要考虑彼时彼刻的社会环境，结合历史人物的出身、背景特别是人文环境，作出力求贴近历史真实的判断；更需要我们立足于当下，进行全面、冷静、实事求是的审视，从他们对于推动历史进程、对于推进中华文明进步和发展的重要维度，作出客观公正的评判。

## 二

说起司马懿和司马师、司马昭、司马炎这些人物，最引人注意的无疑是他们通过几代人的不懈努力以晋代魏，最终结束了华夏大地上的分裂局面，成为新的大一统帝国的开创者和统治者。

群雄逐鹿、战乱频频的三国时代，是一个需要英雄豪杰并产生了众多英雄豪杰的时代。出身于士族官宦人家的司马懿，本质上是一个读书人。对于绝大多数通过寒窗苦读，“学会文武艺，货与帝王家”的儒学士子而言，出仕从政、“立登要路津”，是实现理想抱负的不二途径。司马懿显然也抱有这样的梦想。但是，由于士族出身而又生于北方，长期的儒家思想浸染，使他对天下大势的分析研判，特别是在选择服务对象的时候，不免持有颇为清高的门第观念与道德标准。因此，面对曹操的第一次征辟，司马懿对于有宦官背景的曹操家族颇为不屑，果断而又策略地予以推辞，不惜弃置了七年大好时光，如同他大哥司马朗当年回绝董卓带有要挟性质的邀请。

在政治局势混沌未开之际，已经身处旋涡的司马朗，不愿意自己的亲兄弟也成为一个军事强人帐下附庸。司马懿在父兄的刻意保护下，才得以一度保留了自己的清誉美名。但是，时局的发展显示，司马懿原来不肯屈就的曹操，却具有雄才大略，竟然在中原逐鹿中日益显露出"天命所归"的迹象。司马懿不会、也不能无视现实，何况曹操的再次征辟，意味着赐予官位的胡萝卜之后，再次拒绝者必然招来大棒。识时务者方为俊杰，司马懿顺势接受了征辟，并且逐步成为接近曹氏集团权力核心的人物。

食人俸禄者，为人担责，替人分忧。青年司马懿自从进入曹操集团以后，就像是一颗忠实的螺丝钉，尽心尽力，兢兢业业，真无愧于"优秀公务员"的称号。如果不怀成见，则不难看出，无论是文治还是武功，司马懿毕其一生都在尽其所能为曹魏政权出力卖命，正像诸葛亮为蜀汉政权鞠躬尽瘁一样。司马懿的勤勉、敬业、忠诚以及所建立的功勋，在曹操去世后的曹魏政权中，可以说是无人能及。这与诸葛亮之效忠于蜀汉相比，也毫不逊色，甚至他的务实、深谋远虑、识人用人等，要超过作为智慧和道德偶像的诸葛亮。可以说，作为曹氏政权后期中流砥柱的司马懿，不仅给该政权带来难得的发展机遇，在许多年间曹魏政权之稳定、社稷之安危，实系于司马懿一人之身。

像这样智慧超群、功高震主的三朝元老，在封建家天下的权力体系中，处境往往是尴尬的。司马懿晚年，面对曹氏年轻权贵们无知而狂妄、咄咄逼人的攻势，不得不采取以退为进的策略。如果他就这样郁郁而终，无疑能够同诸葛亮一样，博得个传颂千古的身后名；但是种种迹象表明，这样无论是对于当下的曹魏政权，还是对于中华民族的统一大业，都不是什么好事。历史不能假设，不甘于大权旁落的司马懿，终于还是出手夺回建立在自己功勋基础上的权柄，从而保证了曹魏国力不会因宵小弄权而衰落，为以后的统一大业奠定了基础。可是，他的身后名声，却因此与诸葛亮有了大不相同的结果。反观对蜀汉忠心耿耿、鞠躬尽瘁死而后已的诸葛亮，不也是屡次强硬地诛除后主刘禅身边的宵小之辈吗？司马懿的夺权斗争，与诸葛亮的清除君侧，很难说有多少本质区别。政治的残酷性是不以人的意志为转移的，无论哪一位权臣，要保证自己政治路线的顺利推行，有些事情是不能不做的。

或许可以说：司马懿与诸葛亮的区别，仅在于身边有没有长期追随自己而在实践中锻炼成长的儿子，仅在于他们是否把权位的接力棒递交给自己的儿子。但是，即使从封建社会所崇尚的儒家道德观来看，也有“外举不避仇，内举不避亲”之说。司马懿把权力移交给自己的儿子，从司马师、司马昭的经历、能力与功绩而言，似乎也顺理成章而不能苛责。《三国演义》嘉靖版记述司马懿的临终遗言：“吾事魏历年，官授太傅，人臣之位极矣。人皆以吾有异志，吾何敢焉。吾死之后，汝二人善事主人，勿生他意，负我清名。但有违者，乃大不孝之人也！”如此描写司马懿，比较符合他的真实处境和心境，应该说是其真情流露。可见，司马懿作为一个一生都“服膺儒教”的真正的读书人，他心目中那根“忠臣”之弦始终没有松懈。

在司马懿的身后，他的儿子司马师、司马昭和孙子司马炎，终于以晋代魏。这违背了司马懿的临终遗言。这中间虽然有其不得不如此的苦衷，但是毕竟背离了封建社会所推崇的传统道德观。今天，无论后人怎样评价司马昭父子的所作所为，不应将后世子孙的责任，追究到其父祖的身上，不能就以晋代魏过分指责司马懿，却是显而易见的。由子孙的行为，怀疑和否定司马懿，甚至认为他自从入仕以来就始终是包藏祸心、图谋不轨，就更是说不通的了。

但是，在西晋以降的封建社会，在不少正统史家的眼里，司马氏之天下得之不正的帽子，却是早已经戴定了。这极大地影响到对西晋王朝奠基人司马懿的评价，连《晋书·宣帝纪》也专门别有深意地记载了晋明帝司马绍与太保王导的一番对话。有一次，王导找司马绍说事。司马绍犹豫再三，终于忍不住问道："我一直想知道我们司马氏是怎样得到天下的，请先生给我详细说说吧!"王导沉默良久，详细讲述了司马懿由一介书生如何走上仕途、掌握军政大权，最后一家独大、架空魏室的过程，重点渲染了司马懿诛杀大将军曹爽及其党羽、司空王凌等政敌的事情，还介绍了司马昭诛杀高贵乡公曹髦的逆行。按照当时的道德标准，这些毫无疑问都属于大逆不道的行径。司马绍听罢，羞愧难当，掩面伏在床上，半天才说："如果像您说的那样，晋朝的基业怎能长久呢?!"连司马懿的后人都为先辈的所作所为感到不齿，那司马懿及司马师、司马昭和司马炎之类还能是什么好人吗？历史上许多人对司马懿的揣测和恶评也主要来源于此。其实，暂且不说史书上这段记载的真实性是否值得怀疑，即使司马绍真的不知道祖辈是如何得到天下的，也未必一定要请教这个与晋朝天子平起平坐的三朝重臣，王导也未必敢直言不讳讲述司马懿等人所谓的丑事。但是，影响及于近现代，即使是史学大家吕思勉先生，也在《三国史话》一书中对司马懿作评价说："他一生用尽了深刻的心计，暴虐的手段，全是为一个人的地位起见，丝毫没有魏武帝那种匡扶汉室、平定天下的意思了。封建时代的道德，是公忠，是正直，是勇敢，是牺牲一已以利天下，司马懿却件件和他相反。他的儿子司马师、司马昭，也都是这一路人。这一种人成功，封建时代的道德就澌灭以尽了。然而专靠斗力，究竟是不行的。互相争斗的结果，到底是运用阴谋的人易于得手，所以封建制度的腐败和衰亡，也可以说是封建制度本身的弱点。"与抨击其人品直接关联的则是对司马懿谋略的种种非议，其中有不少背离了历史实情。事实上，谋略本身只不过是一件辅助工具而已，犹如家用惯使的菜刀一样，既可以切菜帮厨，也能够挥舞杀人，并无是非善恶之分。

相对来说，司马懿作为一方主帅、一世雄主，并不像汉初的张良、陈平，及其同时代的三国谋士那样，是什么以谋略立身的专家。除了东征公孙渊过程中，司马懿集中运用了一系列战略战术，表现出过人的谋略，其他时候大都是本色行径，即使与诸葛亮的对峙、与曹爽的争斗，也并无多少计谋。当然，司马懿较少运用计谋，不是他不会，而是他不屑。当军事斗争需要的时候，他会运用得出神入化，堪称完美，比如他以一系列计策锁定公孙渊；当自身安危受到威胁的时候，他也会不得不略施小计，比如李胜来家探病时近于戏剧化的表演。

一些论者不仅认定司马懿是靠阴谋诡计起家的，甚至还认定司马懿其实不会打仗。的确，与张郃、郭淮那样长年在前线披坚执锐、战场搏杀的将军们相比，司马懿比较缺乏这方面的历练，既没有经验，也没有威望，其前半生并无多少胜仗可以作为炫耀的资本。但是，领兵打仗从来就不是一个单纯的军事问题。战术之上有战略，与战略平行的是布局，与布局相辅相成的是计谋，而这一切之上的是政治。战争的胜负，从来都是各种要素综合作用的结果。在善于发现、把握、调配这些要素方面，在张郃等人中实无人可及司马懿。即使是在具体战役方面，司马懿也不输于那些能征惯战的将军们。相较于他们，司马懿更加求真务实，不追求完美的战术、豪华的阵型，简单、实用、能够取胜，即使是小小不言的胜利，也是他乐于追求的结果。关羽被擒杀，起关键作用的是司马懿的计谋；诸葛亮锲而不舍地五出祁山伐魏，最终还是被司马懿拖垮斗败；至于说以闪电战术袭击孟达，用一年时间东征公孙渊这样经典的战例，更体现出司马懿卓越的军事才能。

## 三

司马懿尤其值得称道的，是他在领兵打仗过程中，表现出浓厚的民本思想，十分重视民生、爱惜民力，十分珍惜部下将士的性命。这一点与司马懿政治家的本质密不可分。

历史事实一再表明，司马懿比他的内、外政敌高明的地方，在于他懂政治、讲政治。纵观三国历史，懂军事、会打仗的比比皆是，但是懂政治比之于懂军事，显然要更高明一些。像司马懿、诸葛亮这样既懂军事、也懂政治的全才，实属凤毛麟角。

把司马懿与诸葛亮加以对比，则不能不承认，后者似乎稍逊一筹。这里，笔者丝毫无意否定诸葛亮忠君爱主、匡扶汉室的正义之举，也非常赞赏他“鞠躬尽瘁，死而后已”的道德风范。这些都是传统士大夫非常优秀的品质，“诸葛大名垂宇宙”不是没有原因的。但平心而论，在求实、务实、尊重客观实际、绝不因名害实等求实态度方面，把握时代大势的眼光，顺势而为的机智，在爱惜民力、重视民生、妥善处理军事与民生关系方面，在不拘一格大胆放手使用各类人才，在忍辱负重的豁达气度等方面，诸葛亮皆稍逊一筹。蜀国偏居西南一隅，与北方魏国相比人口偏少，物产有限，交通不便，当民有菜色、温饱不足之际，诸葛亮连年征调十万之众，五出祁山，劳师以击远，结果外患未除内忧不断，最后连自己的身家性命也过早消殒。虽然这中间有其不得已而为之的原因，但是从这两个军事对手相比较而言，胜败的结局，与此二人的个人因素也不无关系。

相比之下，面对现实的各种难题，司马懿更为客观、冷静、理智。他总是顺势而为，而不逆势而上，不敢“逆天改命”，能够清醒地认识到个人才智有效发挥作用的界域，较好把握政治、经济与军事的关系。对于司马懿来说，能以政治、外交等软手段解决的问题，就尽量不诉诸武力，尽量避免硬碰硬地兵戎相见；在必须要战场决胜负的时候，也总是尽量保护士兵，减少伤亡，避免过多消耗国家财力。“自古知兵非好战”，伟大的军事家首先必须是战略家，战术、战略、政治、经济统筹考虑，协调运作，才能成为一流的军事家。

和诸葛亮等三国乱世中的一流人物相比，司马懿最突出、也是最难能可贵的，就是他的朴素的人本主义。这是他讲政治的思想基础，这也是他所向披靡的不二法宝，更是他的子孙最终能够统一天下、结束分裂局面的重要原因。与那些好耍小聪明、小心机的人物相比，司马懿善于从政治角度看问题、处理和解决问题。因此，他才拥有处理军政大事的大格局、大智慧、大才能。

史载司马懿“少有奇节，聪明多大略”，“魏国既建，迁太子中庶子。每与大谋，辄有奇策……”所以，他在跟随曹操当小参谋期间提出的“军屯”等建议，都具有远见卓识，在服务曹丕期间也能有效地引导他完成自己的使命。

也正因为司马懿考虑问题、处理事情善于从政治角度出发，才显得他比别人更深谋远虑，看得远，看得深。在群雄纷争、时局多变的三国乱世，司马懿对于时事的一系列分析、判断及其所提出的应对之策，都是正确的、适度超前的，听之用之就会战无不胜、所向披靡，而弃之不用则要后悔莫及，甚至受到惩罚。

这一点突出体现在司马懿面临复杂局势处理各种棘手问题上。他办事有一大优点，就是十分善于善后，不拖泥带水，不留尾巴。例如擒获孟达之后，不仅要把他的余党一一擒拿，还要把他相关的亲戚几千人迁往他乡生活，以彻底铲除他生存的土壤。斩杀公孙渊之后也是如此，宁肯背负残忍的骂名，也要斩杀数千残余势力，并筑“京观”以儆效尤，还对公孙渊打击过的人妥善安置。

司马懿的大智慧，还体现在他的知人之明。他认为荆州刺史胡修粗暴，南乡太守傅方骄奢，明确向曹操建议不可让这两个人担任守卫边城的重任。曹操没有听取意见，等关羽围困曹仁于樊城并水淹于禁七军，胡修、傅方果然投降关羽。当曹丕受到孟达蛊惑，对他宠爱得无以复加的时候，司马懿不惜得罪曹丕，多次进谏，说孟达言行乖巧，不可信任，结果也证明司马懿目光如炬、言之有理。

# 四

最后，说一说家乡人民对司马懿的情感、态度问题。

史学界公认：唐代之前的温县城，在今温县城西二十里。司马懿出生地温县孝敬里，属于温县古城内一处地方，即现在的温县招贤乡安乐寨村。各种民间传说与《温县志》的记载，也都是延续着司马懿是温县安乐寨村人这一成说。据说，司马氏作为距离京都洛阳不远的大士族之家，今日的整个安乐寨村，原来就是司马家族的宅院。这大宅院的周围，有夯土结构的高大结实的寨墙，寨墙之内号称“安乐宫”，清朝初年改称安乐寨。寨墙之外，西北角的休闲场所“上花苑”今已演变为上苑村，东北角临着通衢所设“招贤馆”今已演变为招贤村，并成为招贤乡政府所在地；在东南、西南不远处屯兵保家护院的兵营，今已演变为东小营、西小营两个村庄；安乐寨附近还有古城、护驾庄等地名，也和司马懿颇有关联。

作为司马懿的同村人，王梦奎先生曾这样评价：“在三国鼎立中，可以说司马懿是胜利者，而不是失败者。”“司马懿无疑是中国历史上杰出的军事家和政治家之一。在群雄纷起的三国时代，司马懿更是佼佼者，在军事上和政治上都有重要建树。从曹操执政时期开始，他就在被疑忌中逐步走上权力的高峰，直至受遗二主，佐命三朝，对曹魏政权是有大贡献的。这同时也就为司马氏以晋代魏造成了难以移易的既成格局。和司马懿同时代的政治军事大家，以及其后一些史书，例如唐初修撰的《晋书》，对于司马懿都给予颇高的评价，不乏褒扬甚至溢美之词。”此评语代表了许多家乡人的看法。

笔者的一位亲戚就出生于安乐寨村。据她讲，安乐寨四周那高大的寨墙，直到二十世纪六十年代仍然基本保存完好，村民和附近乡亲们称之为“城墙”。她小时候常和小伙伴在这城墙上奔跑玩耍，大人们劳累了一天，傍晚时分会到城墙上乘凉。二十世纪七十年代初期大力发展养猪事业，村民们需要挖土垫猪圈积肥，村外田野大多数时间都种有庄稼，没有地方挖土，乡亲们就开始挖城墙，但是，这土墙竟然像石头一样坚硬，用镢头、铁锨等农具根本啃不动，就有人想出办法：先用钢钎打出小孔，装进去炸药，炸下来一些碎土，用平板车拉回家垫猪圈。就这样，几个生产队划分墙段取土，一点一点、一段一段地把古老的城墙变成了肥料。听起来，真是让人扼腕叹息！

笔者出生的村庄，在安乐寨东北十余公里。在少年时代，我们常听父辈讲三国故事，每次津津乐道地讲述，讲到司马懿的时候就变得小心翼翼，格外严肃，遣词用语虽不免袭用那些负面的评价，但是那表情、语气又透露着敬佩，分明是赞赏。当我们一众听故事的小屁孩情不自禁地夸赞司马懿的时候，大人们又总要故意板起面孔、佯装生气地教训我们：“唔，司马懿，可是个大奸臣、‘大白脸’呀！”

在司马懿被丑化为“大白脸”的年代，家乡人民并没有觉得有失尊严；在近些年，司马懿被一些人高高捧起的时候，也没有人会觉得脸上特别有光。1800年来，世事变幻，白云苍狗，家乡人民从来也没有刻意回避、疏远过司马懿。就像温县境内滚滚黄河东逝水不停地滋润岸边的土地和庄稼，司马懿的故事和传说，以其特有的智慧和精神内涵，也一直在滋养着这片土地上的乡亲们，不舍昼夜，从未间断。

在英雄辈出的三国时代，堪称人中龙凤的首选曹操，此公文武全才，是一个激情澎湃的理想主义者。作为军事家，他扬鞭策马，仗剑挥戈，旌旗所向，荡平群雄，统一中国北方；作为诗人，曹公对酒当歌，慨当以慷，诗坛留下千古绝唱。其次是诸葛孔明，他是一个高山仰止、景行行止的人物，无论他做什么、怎么做、结果如何，竟都是人们膜拜的对象，不会有人对他的功业轻易置喙。堪与曹操、诸葛亮相提并论的，就是身处曹营的司马懿。

司马懿既无曹操的澎湃激情，也无诸葛亮头上令后人顶礼膜拜的光环，他出仕之前是一介书生，只有文人士子贴近社会、贴近百姓的现实观照和兼济天下的情怀，他所能想到、做到的，首先是要在这错综复杂的环境中生存下来，从逼仄的人生夹缝中小心翼翼地侧着身子钻出来，再力所能及地以一己之力匡扶正义、替天行道。他作为读书人，曾饱受儒家经典教诲，所能够依靠的只是个人的坚韧努力和智慧。因而可以说，司马懿是把个人才智、修养和韧性发挥到了淋漓尽致，才终于从夹缝中走向了辉煌的人生殿堂。

在新中国成立后的前17年间，由于开国领袖毛泽东的支持，学术界开展了旨在为曹操翻案的学术讨论，历来作为“白脸奸臣”排在司马懿之前的曹操，已经得到平反，人们对于历史上真实的曹操，不同于小说、戏曲中的形象，已经比较普遍地取得了正确的认识。但是，为司马懿正名的工作，才是刚刚破题，可谓任重而道远。

纵观司马懿一生的成就，其中有聪明，但是人到这个层次，仅有聪明是远远不够的；其中有谋略，但是主要不是靠谋略；其中有偶然性，由于曹丕以下几代君王之短命，才使司马懿这个一直在苦熬苦干的能臣成为三朝元老大权在握，但偶然之中实有必然。司马懿一路走来，真正依靠的是几十年如一日认真做人做事，尽职尽责；真正重要的始终是他的勤奋好学、刻苦磨砺、坚忍不拔，及由此而产生的才干和抓住各种机遇的能力。

数三国风流人物，司马懿作为杰出的政治家、军事家、谋略家、书法家，均当之无愧。

# 第一章

# 曹操辞世，此消彼长

## 一、曹操去世，司马懿如释重负

曹操去世的消息传来时，司马懿正在吃早饭。一个粗糙的蒸馍，一碗稀稀拉拉、能数得清米粒的清汤粥，一小块用蔓菁腌制的黑不溜秋的咸菜疙瘩。正值隆冬，呵气成冰，饭菜刚端上桌就凉了一大半，菜碟里的冰碴依稀可见，让人看上一眼就没有胃口。

就像一声闷雷忽然当空炸响，司马懿当即怔住，刚刚塞进嘴里的一大块蒸馍顿时卡住咽喉，剧烈地咳呛几声，脸憋得通红，眼泪情不自禁地喷涌而出，顺着脸颊流到下巴上，又慢慢凝结起来成为泪珠，然后再重重地摔落到冰冷的地上，与冻土凝成坚硬的一体。这眼泪格外清凉，甚至冰冷，嘴角还能尝到几分苦涩。

几乎就在同一瞬间，司马懿眼前突然一黑，眩晕得坐立不稳，感觉大地在微微颤抖，一股异样的感觉迅速冲上心头，似乎一只有力的大手紧紧抓住他的胸口，让他心跳加速、呼吸紧促。很快就有另外一种感觉快速地攫住了他，好像谁在腰椎处轻轻敲击了一下，身体忽然失去了支撑，周身上下忽然变得面团一样松软。他自己也分不清楚，这究竟是一种什么感觉，是高兴还是悲伤？也许应该是长年累月紧张之后彻底的放松吧！

对于曹操和司马懿这两个重要的家族来说，汉建安二十五年（220 年）注定会是重要的一年，让他们的子孙后人刻骨铭心、难以忘怀的一年。这一年中，不仅两个家族命运开始发生此消彼长的决定性转变，波浪滚滚的历史长河也暗流涌动，蕴含出新的气象，生发出无限的希望与生机，也潜伏下深不可测的阴谋和陷阱。

这一年，司马懿四十一岁。年过四十天过午。对于终其一生活到七十三岁的他来说，这个岁数绝对是黄土埋腰，人生已经走过大半辈子了。想到此前生命的大好年华总是属于别人，总是活在别人的影子里，总是不能自己做主，甚至从未按照自己的心愿和天性畅快淋漓地哭过、笑过、骂过，司马懿不禁心生感叹，悲从中来。更加让人难以预料的是，后半辈子能否追随内心的声音、把生命还给自己，或静坐书斋，或浴血疆场，或运筹帷幄于庙堂之上，这些想法能够如愿吗？曹操去世，对于司马懿来说应该是一种解脱，意味着最艰难的日子总算熬过来了。但是，几十年忍气吞声、任人摆布的岁月真的可以随曹操一起埋进黄土了吗？

准确地说，这一天是这一年的正月二十三。作为三国时代绝世无双的强人，曹操突然病逝于洛阳，绝对是一件足以影响政局、影响很多人命运的大事。风云变幻，波诡云谲，中原大地顿时陷入权力的真空，谁主沉浮尚未可知。人们还没有从新年的氛围中走出来，却要陡然转换情绪模式，走进一个新的情境，适应新的生活。有人哀叹哭泣、徒唤奈何，有人踌躇满志、蠢蠢欲动。一切尚未可知，一切充满变数。

司马懿清楚，目前来看这个历史机遇还与自己无缘。但是，如果从此以后自己把握住的话，这极可能是一个重要的转折。司马懿相信，曹家后人当中，不可能有谁在心机、谋略、魄力方面可以超过曹操。能够在曹操身边蛰伏十几年，司马懿已经千锤百炼，炼就了金刚不坏之身，铸成了强大的内心世界。有了他曹孟德这碗老酒垫底，今后什么样的酒都不在话下。

司马懿的确已经在曹操这座大山下负重太久，几乎已经喘不上气来了。曹操是何等的人，司马懿心里最清楚。阴险狡诈也好，聪明睿智也罢，在曹操面前，几乎所有人都是透明的。在他身边，小心谨慎的司马懿连喘气都要尽量保持均匀，以免曹操从气息的变化揣测你的心情和心思。稍有不慎，曹操就会对身边的人态度来个一百八十度大转弯，让你措手不及，无法提防。作为前半生亦师亦友、快意恩仇的人生伙伴，司马懿闻听曹操去世的消息，此刻的他真想高兴地跑到黄河边、登到北邙山上大笑三声，一解几十年隐忍压抑、胆战心惊的悲愁忧闷。

但是，在这样的一个关键时刻，他还要继续控制好自己的情绪，就像过去的十二年来所做的那样。他不能哭，更不能笑，他要以一种特殊的身份介入其中，一如既往地扮演自己忠臣良将的角色，继续把这次危机当作一个难得的考验和历练。

天地之间，人死为大。因此，办好曹操的丧礼是当前第一等的大事，也是帮助曹丕上位的重要基础。这一次不是主角没有关系，属于自己的机遇还没有来临的时候，过早地冲上风口浪尖未必是什么好事。置身事外，在一个适当的距离、从一个特殊角度进行观察、体会，更容易掌握全局、窥见全貌，正所谓当局者迷、旁观者清。

司马懿比任何人都了解，曹操并非一般的王侯。自古以来，政治权威、军事强人的倒台、去世，往往都是某些人难得的历史机遇，也是重要的历史转折点。政权更迭，血流成河，生灵涂炭，屡见不鲜。在这个关键的节点，司马懿必须像秤砣一样，牢牢地压住准星。

特别是曹操这样的乱世奸雄、治世能臣，与其打了十几年交道、饱受曹魏军事强权欺压的东吴孙权和蜀汉刘备，更是感觉大快人心、机遇来临，纷纷攘攘，摩拳擦掌，欲与天公试比高。一时之间，边境线上人影绰绰，一些军事强人蠢蠢欲动，三国大战极有可能一触即发。不过，据边境和两地的细作报来消息，此时的孙权和刘备还算冷静理智，虽有趁机而入的野心，最终也只是瞪大眼睛望了几眼中原版图，摸摸自己的肚子，咽了几口唾沫，没有哪一个人敢轻举妄动。

而经过几十年蹂躏的汉朝天子献帝、如今的山阳公刘协，也早已偃旗息鼓，只求太平日子。没有了任何束缚，头顶上没有了傀儡的帽子，刘协已经十分知足。山阳风光无限好，每日里赏花观鸟，他甚至觉得，安安静静地做他的提线木偶，整日里养尊处优倒也挺好。从某种程度上讲，他内心里已经对曹操父子没有怨恨。如果有人再来蛊惑他，那是一定要吃闭门羹的。他实在不愿被人再折腾来折腾去了。

任何堡垒都容易从内部被攻破。目前，最大的危机当然是来自于曹魏集团内部。

## 二、曹操之死是否会引发一场混战?

曹操是在军营当中死去的。因为战乱，洛阳城里的曹家旧宅已经破败不堪，不能住人。所以，从汉中郡回来之后，曹操就一直住在军营之中。他还要在这里靠近指挥，应对荆州事变。

曹操死的时候，曹丕身在魏国王都邺城，不在身边。作为早已心有灵犀、配合默契的仆从，司马懿用了最快、最秘密的方式把死讯禀报给了他。曹丕内心焦急，想早点看到父亲的遗容，他也只能假装不知道消息，更不能贸然前往洛阳。

而司马懿当时在曹操的军营，而且就在附近的军帐中。司马懿明白，能在这样一个重要的历史节点，亲睹和亲历一位伟人的最后时刻，虽说有点身陷险境，但更是一种荣幸。尤其是无论从正面还是反面来说，死的这个人正是堪称自己人生导师的曹操。这样的机会真的不是一般人可以遇到的。

司马懿体会到了一种莫名其妙的兴奋，就好像盼望了很长时间过年的孩子听到了密集的鞭炮声，同时也闻到了鞭炮燃尽之后的硝烟味道。司马懿放下碗筷，一边用手擦拭眼泪，一边猛然起身冲出帐外，奔向曹操的中军大帐。他想看到曹操最后的样子。

曹操是早前在征战汉中郡的时候开始发病的，连日来在洛阳指挥荆州作战更让他的病情雪上加霜。起因还是那个困扰了他几十年的头疼。但这一次的疼痛格外猛烈，那种从内到外的撞击带来的感受让他痛苦不堪、欲哭无泪，就好像他硕大的脑袋里钻进了一只凶猛的豺狼，不分昼夜而又肆无忌惮地啃啮他头颅里的每一样东西。加之近日连续操心受累，身体愈发不听使唤，有时候连说话都含混不清。

从小到大，曹操就是一个豪迈奔放的人，性格中既有政治家、谋略家的心思缜密、阴险狡诈，又不乏诗人般的热情、冲动与洒脱。长期埋头政务军事，无时不刻都在刀尖嗜血，人生大开大合，每天都在各种矛盾中煎熬，因此常有心力交瘁的感觉。所以，他喜欢挥毫赋诗，直抒胸臆，以此缓解千军万马日夜萦绕在心头的压力。同样的原因，美人和美酒也成为曹操最忠实的伙伴。有时候，他也分辨不清，究竟是他身体需要这些，还是他独一无二的阅历造就了他的特殊嗜好。阅人无数，纵欲过度；醉饮入房，纵有万千豪情，纵使铁骨铮铮，也禁不住美女、美酒天天销骨蚀魂。无论思考问题还是构思文辞，偏偏都要过度消耗大脑，“苦头风，每发，心乱目眩”——无论解释成偏头疼还是中风、脑部肿瘤，都与此不无关系。(《三国志·魏书二十九·方技传第二十九》)

虽然每到头疾复发，他都深深地自责，甚至于以头撞墙，感觉对不起被他冤杀的神医华佗。不过，也许是的确年事已高，加上与蜀汉军队长时间的对垒，曹操十分郁闷，而杯中的杜康酒似乎永远不够。大军回撤，士气低落，往日的如花美眷都已经成为让他有心无力的过眼云烟，只有杯中摇曳多姿的美酒这个他人生中永远的朋友陪伴他，寒冷单调的旅途才没有过于乏味。虽然是烈士暮年、壮心未已，但无奈已逾六十六岁，天数有限，岁月无情地进入晚年。这棵寒冬中的松柏无论如何挺拔，再浓烈的美酒也难以浇灌出新的枝丫了。

事实上，多年的老朋友也会背叛他。这一次，浇灭他这盏枯灯的，正是他一辈子须臾不可离身的美酒。这天晚上三更时分，睡觉一向警觉的曹操忽然发出“咕噜咕噜”低沉的哀鸣。贴身的随从发现异常开始，到他最后咽气，只听到喉咙里发出的一声粗重而含混的“速召璋儿”，便再也没有任何人能听得明白他的声音了。此时，有人觉得眩晕，有人小声嘀咕说脚下的大地在轻微地颤抖。那也是司马懿同时捕捉到的一种恐怖的感觉，好像随时都有可能被地上忽然出现的一条裂缝装进去。后来查证，的确是长安以西一个小地方发生了短暂的地震，只有部分身体敏感的人当时捕捉到了这种感觉。

没有人明白，为什么老人家弥留之际，最后一句可以勉强辨听的话，不是给太子的临终嘱咐，也不是什么人生未了的心愿，而竟然是速召鄢陵侯曹璋回来?！这究竟是一句重要的遗旨，还是可以忽略的胡话？没有人敢肯定，也没有人可以否定。身边的几位重臣还没有争吵出一个明确的主意，指令就已经稀里糊涂地发了出去。司马懿想要阻止，却只嗫嚅了几声没有张口，他不知道自己是否在梦中，便使劲掐了一下大腿。

作为曹家老二的曹彰，和兄长曹丕、弟弟曹植均为卞夫人所生。这个曹彰膂力过人，射箭、驾车样样在行，从小就喜欢舞枪弄棒、征战沙场，深得曹操喜爱。据说这个蛮小子来劲的时候敢于徒手与猛兽格斗。不过，谁也没有亲见，也不知道他与之格斗的是什么猛兽。每当有人问其究竟，总是报以嘿嘿一笑，让人真假莫辨。

又有一次，曹操效仿孔子考察门徒让他们各言其志的做法，有意问几个儿子都有什么爱好，想借此看看他们的志向、抱负。曹丕、曹植等几个人沉吟良久，生怕暴露自己内心的小秘密，相互用眼角的余光偷偷观察对方，没有人主动作答。只有曹彰，天真率性得想都没想，立刻起身回答：“当将军！”曹操十分欣慰，笑着问：“为什么？”曹彰拍拍胸脯回答说：“当将军嘛！披坚甲，握利器，面临危难不顾自己，身先士卒，有功必赏，有罪必罚，这种人生何等痛快！”

此时的曹彰，远在长安驻扎。谁也不知道这个头脑简单的武夫莽汉会怎样理解曹操对自己的用心，更没有人知道这家伙回到洛阳会有怎样的举动。

同样令人难以揣摩的，是曹操随行大军中那些骄兵悍将。其中，最不可靠的，是曹操在镇压黄巾起义中收服的那些“青州兵”，还有一部分原本属于吕布的“徐州兵”。一旦消息走漏，那些本来就是地痞流氓出身、纪律涣散的家伙会不会哗变，从而把局面弄得一塌糊涂、不可收拾？

所以，有人猜测，曹操急召曹彰或许就是为了弹压军中大佬，稳定那批“青州兵”“徐州兵”。因此，不少老成持重的大臣建议，最好先封锁曹操去世的消息，秘不发丧，抓紧时间把军中头目换成曹魏自己家族的人。

危急时刻，千钧一发。何去何从，刻不容缓。果然，没有不透风的墙，曹操归天的消息还是不胫而走，在几万疲惫不堪的军人中引起了强烈的骚动。“青州兵”成群结队擅离兵营，个别人也担心再次陷入无休无止的军阀混战，趁机溜之乎也，回老家种地去了。情势虽然危险，但天寒地冻，即使年轻力壮、血气方刚的士兵也懒得折腾。到头来总算是有惊无险，一场可能的兵变并没有发生。

头脑简单、皮糙肉厚的曹彰有着职业军人普遍具有的优点，这就是听话、执行命令坚决迅速。一听到父王去世的消息，曹彰立即骑上快马，昼夜兼程，一路狂奔，在洛阳追上了曹操的灵柩。然而，这个外表彪悍、内心狂野的军头，匆匆看了一眼父王的遗容，并没有去处理任何军务，而是急急忙忙把先于自己赶到洛阳的曹植拉到一边，急不可待地说：“三弟，你知道父王为什么紧急召我回来吗？我实话跟你说了吧！父王还是想让你继承王位，让我回来替你保驾护航的。”

此时的曹植，早已不是当年那个意气风发、“天下才有一石，曹子建独占八斗”而深得曹操喜爱的那个白马少年了。自从父王不再待见他之后，他的身上再也没了昂扬奋发的精气神，只顾自己忧闷悲愁，哪里还有登基上位之心？再说，谁知道这个貌似头脑简单的哥哥是不是在试探自己？所以，曹植理所当然地直接拒绝：“万万不可！二哥，难道你不知道袁绍立幼不立长、害得兄弟互相残杀的事情吗？”

曹彰拍拍曹植的肩膀，嘿嘿一笑，脸上闪过一丝说不清是狡黠还是憨厚的表情，转而去找主持父王丧事的谏议大夫贾逵。同样地，曹彰也是目的明确、单刀直入："贾大夫，我遵奉父王遗命赶回来了，请问父王的玺绶在哪里？"

贾逵长期跟随曹操南征北战，性情刚烈，忠正不阿，是见过些世面的人。贾逵快人快语，针尖对麦芒："太子在邺，国有副储。先王的玺绶，恐怕不是您鄢陵侯应该过问的吧！"赳赳武夫的曹彰最怕与这些文职官员打交道，有时候光听他们那种文绉绉的腔调就浑身不自在，觉得众目睽睽之下自己赤身裸体一般。此时看到贾逵拉得比驴脸还长的脸上毫无表情，曹彰情知理亏，心中一紧，想到多一事不如少一事，别招惹他了，只好摸摸鼻头，讪讪而退，不再作梗。

所有这些，司马懿基本都是亲眼所见。但是，还轮不上他说话，他也不敢说话，只能默默地冷眼旁观，并努力地记下每个人的言语、秉性，这或许在今后会有用处吧！

更重要的是，通过观察一个人的死，可以观照自己的人生。孔子曰，不知死，焉知生。信哉斯言！

多年以后，司马懿仍然记得，那些天洛阳始终是阴天。厚厚的云层像个黑黑的锅底，重重地扣压在中都洛阳上空。如果不是连绵起伏的北邙山默默地扛着，这些寒冷的冰雪随时都可能从天而降，彻底压垮这座屡经战乱、破败不堪的大汉都城。

## 三、让曹操死不瞑目的是司马懿吗？

在这一次病重的时候，病榻上的曹操曾经断断续续地回顾过自己波澜壮阔的一生。

他本不是一个迷信的人，从某种角度看他还十分的唯物。他也偶尔求神问卜，但总体来说对那些故弄玄虚的人和稀奇古怪的事总是冷眼相待。虽然他也曾有过“老骥伏枥，志在千里。烈士暮年，壮心不已”的豪情壮志，但是，进入晚年之后，他也和很多老人一样，魄力大减，开始多虑失眠，对人对事更加起疑猜忌，对那些以前嗤之以鼻的怪力乱神也不再那么反感，甚至于有时候还会产生那么一点探究的兴趣。

比如，对那个“三马食槽”的梦，他就一直耿耿于怀，念念不忘。第一次做这个梦的第二天早上起来，看着很好的阳光，他觉得有点荒诞，摇摇头，一笑了之，既没有追究梦里的细节，也没有把梦中的内容穿凿附会。过了一段时间，烦闷喝酒的时候，又想起那个梦，似乎当时朦胧的梦境越来越清晰，好像是自身亲历的事情一样，不由得感慨黑甜乡的神奇，但也没有多想细究。再过些时日，头疾间歇性发作、痛不欲生的时候，那个梦就变成一种执念，反复在脑海中折磨着他，逼他相信这个预言很有可能在将来的某一天变为现实……头痛好了之后，他又会摇头，否定刚刚铁定的念头。但是，从此以后，“三马食槽”就开始如影随形，时不时地从脑子里冒出来，甚至从嘴里说出来。他不会随便跟哪一个人说的。数一数，好像只跟太子曹丕、司马懿、司马防三个人说过。当然，后世也有人说过，根本就没有这个子虚乌有的梦，所谓“三马食槽”或者“三马同槽”，只不过是小说家语，不足为信。

再比如，他对于十二生肖的看法，也很奇妙。曹操去世的这一年，是传统农历的鼠年。因为繁殖力强盛，寓意人丁兴旺，老鼠一直受到推崇，成为中国人的十二生肖之首。另外，老鼠有一个非常著名的习性，就是无时不刻都在啃咬。古语有云：“自混沌初分时，天开于子，地辟于丑，人生于寅，天地再交合，万物尽皆生。”传说天地之初，混沌未开，老鼠勇敢地把天咬开一个洞，太阳的光芒终于出现，阴阳就此分开，民间俗称“鼠咬天开”。

上年年底，曹操就寒战不断，涕泪交零，身体发冷，头痛欲裂。凭借着敏感的天性，他明确无误地知道，这是自己的大限将至。自打进入正月，想到时令已是鼠年，心中更又增添了几分恐惧。难道我曹孟德故去之后，会有老鼠开天辟地、咬开我大魏的江山？

那个关于司马懿出生的传说，又不可思议地浮现出来。四十年多前，司马懿的父亲司马防做了一次伯乐，曹操被司马防推荐去做洛阳北部尉。闲来无事的时候，曾经听人说过，司马懿的老家河内郡温县有一个阴险狡诈、小肚鸡肠的王县令，此人颇懂得一些风水相术。王县令到任之后，发现因为当地民风淳厚、路不拾遗，温县县城竟然没有城墙，于是心怀叵测，急忙命人加紧修葺，把个小小的温县县城围得如封似闭，连只苍蝇也飞不出去。奇怪的是，城墙修好当天，这位忠诚的王县令站在城墙上看到滔滔黄河滚滚而过的一刹那，突然头晕目眩，口吐鲜血，暴病身亡。有高人摇头埋怨，说恐怕是他泄露了天机，有意修筑城墙阻挡温县文人士子们的前程，甚至于要埋没可能产生的一代帝王。不过，后来也有传说，有一只十分厉害的老鼠，经过数天辛勤的劳作，终于在城墙的西南角打出一个圆圆的老鼠洞。人们说，大事不好，温县将要诞生一位帝王，将来要取代大汉天下。甚至有人有鼻子有眼预言，将来那个篡汉的人有可能属鼠。更有人言之凿凿地说，老鼠洞城墙外面正对着的方向，就是孝敬里（今河南省温县安乐寨村附近）。那里，正是司马懿的老家。站在城墙往西南看，一眼可见司马懿家那棵高耸入云的老槐树，树上还有一个硕大无比的老鸦窝。

后来，曹操亲自问过自己的恩人司马防，也开玩笑地问过司马懿、司马朗、司马孚等几个兄弟。司马父子无一例外摇头否认。司马懿还真诚地说："主公忘了？您大我两轮，我们都属羊啊！"

凭着超强的记忆力，曹操当然记得，他和司马懿都属羊。不过，曹操也心知肚明，羊之所以能进入十二生肖，绝不仅仅是因为它表面的温顺可爱。自古以来，中原大地上能跑会飞的畜类不计其数，能被先人选作祥瑞而进入十二生肖的，哪个是那温良恭俭之辈？就拿羊来说，贵重如货币，威严有权力，就连人人都爱的“美”字就是“大羊”。特别是头羊、公羊，常常有领头羊的说法，简直就是人中龙凤的谦辞。因此，曹操一直为自己属羊而感到自豪，也对身边属羊的人刮目相看。

特别是这个司马懿，简直就是另外一个自己。每每看到、想到司马家族这个二小子，曹操都感觉是在照镜子，越看越想越喜欢。曹操曾经称赞英武异常的孙权“生子当如孙仲谋”，对司马仲达也常常是心生美意。曹操就是这样爱惜人才，总想揽尽天下英才。

实际上，在跟随曹操的岁月里，司马懿过得并不舒心，可以说度日如年，每天都战战兢兢、如履薄冰、如临深渊。曹操的雄才大略、非凡气度以及狡诈多疑的性格，就像一个当量巨大的定时炸弹，随时随地都可能发作。要说司马懿起先不愿应召跟随曹操还有点清高的意思，一旦上了道就无法回头，只能赔着一万个小心，把自己苦学悟道的东西全部拿出来殷勤侍奉主公，这才总算勉强应付下来，多少年里没有赫赫功劳，也不曾出过大的纰漏，不至于像他那么多的同僚招来杀身之祸。

想想自己一路走来的艰辛，司马懿不禁悲从中来，无限感慨。

# 第二章

# 我本书生，晴耕雨读

## 一、水之源，木之本

水有源，木有本。每个人都有自己的身世、家世。特别是那些簪缨世家，出身门第往往成为家族血脉延续的铭牌，教育子孙、青史留名都是一笔无形的财富。

关于河内郡司马氏的来历，司马懿的父亲司马防曾给八个儿子反复讲过，但有的地方一直没有弄清楚。作为一名读书人，司马懿对研究家世也饶有兴趣。不幸中的幸运是，他有两段比较长的空闲时间，使得他可以相对集中地搜集资料、分析整理，进而比较系统地了解自己的先祖。一是为躲避董卓之乱跟随大哥从洛阳回家的那四年，二是因风湿在家静养那七年。表面看起来，生活动荡不安、颠沛流离，甚至于危机重重，但司马懿早已被父亲和大哥司马朗熏染得一身静气，除去读书写字，就是四处访古问贤。功夫不负有心人，十几年下来，司马懿不仅饱读诗书，还在父亲讲述的基础上，把辉煌的家世理出个还算清晰的头绪。

据传说，司马氏源自尧舜时期掌管天地的大神重黎。周朝时，司马懿的先祖程伯休父（甫）曾担任周宣王的司马，子孙后代以此为荣，便以“司马”作为家族的姓氏。当然，这些都是传说，并无实据。对此，司马防、司马懿也都存而不论。

秦朝末年，天下纷乱，群雄并起，在赵国的义军队伍里出现了一个叫司马卬（昂）的将领，这就是明确可考的司马家族的祖先。赵国势单力薄，但司马卬在攻打关中的过程中作风顽强，敢打敢拼，受到项羽的青睐，被封为殷王，封地即在河内郡（今河南省武陟县西南）。可惜，灭掉秦国，楚汉又开始相争，司马印毫不犹豫地选择了力拔山兮气盖世的英雄项羽。可惜的是他赌运不佳，并没有选择正确的站队。汉高帝刘邦二年(前205年）三月，刘邦北渡黄河，占领河内。司马印头脑活络，继而又选择投向刘邦，其封地被建制为河内郡。《晋书·宣帝纪》作如是记录，但另有一种说法，不知道为什么，司马印被俘之后，第二年被杀。无论如何，自此以后，司马家族开始在黄河之滨这块风水宝地上繁衍生息、兴旺发达。

经过三百多年的积累，东汉安帝刘祜时期司马家又出了一位武将司马钧，专门在边境线上对付羌族。

汉安帝永初元年（107年），出身门阀世家的范骘任车骑将军，负责平定羌人叛乱，司马钧以从事中郎的身份与征西校尉任尚一起率领八千士卒参战，结果在史书上留下“大败”二字。不过，由于跟对了领导，司马钧不但没有受到责罚，还跟随升任大将军的范骘一路官运亨通，当上了京畿地区三位最高行政领导之一的左冯翊(另两个为京兆尹、右扶风)。

汉元初元年（114年），羌人再次叛乱。司马钧被封为代理征西将军，率八千士卒与护羌校尉庞参雇佣七千羌人一起北上，协同作战，准备夹击叛军。但是，庞参在半路上与羌人叛将杜季贡不期而遇，羌人雇佣兵顿时失去战斗力，庞参只好狼狈逃窜，半道上扔下司马钧孤军作战。司马钧明知没有退路，只好硬着头皮猛冲猛打，幸运之神眷顾，竟然侥幸拿下丁奚城（今宁夏灵武市南）。

然而，司马钧有所不知，丁奚城是叛军有意放弃的。杜季贡是想以此为诱饵，让司马钧继续追击，好陷入早已设好的埋伏圈。司马钧十分清楚自己的战斗力，更明白孤军深入的危险性，所以坚决固守小小的丁奚城，绝不好大喜功，盲目出战。为了长久作战，关闭城门的同时，司马钧又命令右扶风仲光带领人马去城外收割庄稼。仲光一心想着打仗，对于安排自己去收割庄稼感到难以理解，觉得甚是丢人，因而心里十分窝火，但又不好发作，便假装服从命令去收庄稼，实际上趁机带着三千精锐追赶丁奚城逃走的叛军去了。

本来杜季贡骂完司马钧老奸巨猾正要撤除埋伏，忽然看到一队人马自觉地钻进包围圈，高兴地大喊一声把仲光团团包围。仲光这才明白，不禁暗中叫苦，只好一边拼命厮杀，一边去向司马钧求助。盛怒之下，司马钧完全失去理智，不仅不救，还跳脚大骂仲光混蛋、不听指挥，把自己本来到手的胜仗白白断送。其结果可想而知，擅自冒进的仲光全军覆没。

叛军受到胜利的鼓舞，二话不说，又乘胜追击，一举围住了丁奚城，向司马钧发动猛烈的进攻。司马钧无心恋战，丢盔弃甲，弃城而逃，一口气跑回洛阳城。但是，逃得了叛军的追杀，逃不掉大汉的军法，刚一回来就被抓住投进大牢。司马钧自知难逃此劫，于十月在狱中自我了断。

多少年、多少代之后，当司马懿站在先辈战斗过的西部边境保家卫国的时候，心中涌起无限感慨：祖先用生命告诫后人，领军打仗非同儿戏，有时候胜败只是一念之差，可结果却是天壤之别。所以，无论如何，只要打仗，不管用什么手段，一定要打胜仗！即使与敌军打个平手也可以，起码不能轻易打败仗。打仗时要小心谨慎、不能轻易出战，要特别注意争夺粮食等等。这些先辈用生命换来的经验和教训，在后来都成为他的宝贵财富。

领兵打仗的活实在不好干！又苦又累，还容易丢掉性命。于是，从司马钧的儿子司马量这一代开始重视读书，历经头悬梁、锥刺股般的磨炼，终于彻底改变家族命运，当上了第一个文官豫章太守。翻阅史书典籍，很难找到这位司马太守的丰功伟绩，不过也没有吃败仗等丢人现眼的记录。司马懿推断，从司马钧开始，司马家族就已经明确意识到了弃武从文的急迫性，所以开始有意识地要求子弟读书。所以，司马量安安稳稳地做了一辈子太平官，得以寿终正寝，没有死于非命。从孩童时代，司马懿就清楚地记住了曾祖父司马量的名讳和官职，是他开始跳下马背、告别刀口舔血的戎马生涯，于无声处改变了家族的命运，让家中子弟远离了刀枪剑戟和流血牺牲。

忠厚传家久，诗书继世长。从此以后，司马懿的祖父司马儁（俊）、父亲司马防都潜心读书，均以文官出仕。史书记载，司马儁“博学好古，倜傥有大度。长八尺三寸，腰带十围，仪状魁岸，与众有异，乡党宗族咸景附焉”。（《三国志·魏书十五·刘司马梁张温贾传第十五》）三代出贵族。可见，从这一代开始，司马家族的内在精神发生了质变，已经形成了一个有凝聚力的大家族。但作为武将之后，其外在样貌被保留了下来，高大魁梧、仪表堂堂这一特征也遗传给了司马懿。司马儁最后官至颍川太守，结交了许多名门望族，为司马后人继往开来做了十分扎实的铺垫。

## 二、父爱如山，静默无言

经过祖祖辈辈接力，父亲司马防可谓承前启后，所有的努力和心血终于修成正果，成为一代儒学大家，攀登到了一个新的高峰，家族的荣耀足以彪炳史册。

司马防，字建公，生于汉桓帝建和三年（149 年）。由于沿袭了祖上武将出身的基因，司马防生得高大威猛，一张国字脸尤为突出，有一种不怒自威的尊严。不说别人，连司马朗、司马懿等八兄弟都很少见到父亲的笑容。史书记载，司马防性格刚直，处事公正，在官场上人缘不错，口碑甚佳。

对于司马家族来说，能够读书、能够被称为读书人，是一件十分幸福的事情，也是一件颇费周章的事情，其艰难不亚于徒步连续翻越几座大山。所以，司马防一生都丝毫不敢懈怠，继承了祖上勤奋好学的优良传统。在司马懿的印象中，只要看到父亲，好像他永远都是手持书卷孜孜不倦的样子。

司马防没有刻意训练孩子们读书，但他的榜样作用润物无声，时刻影响着几个儿子。司马懿他们都酷爱读书，尤其是爱读儒家经典。最让人称绝的是，司马防几乎可以把《汉书·名臣列传》中的所有篇章倒背如流。司马朗、司马懿等兄弟曾当面领教过老爷子的功夫，个个暗自佩服，也都以父亲为楷模，手不释卷，一心读书，决心做满门的文人雅士、忠臣良将。外人瞧这一家子个个严肃古板，了无生趣，可司马防和他的八个儿子个个胸怀大志，乐在其中。天长日久，儒家书籍读多了，弟兄几个都像司马防一样朴实坚毅，沉稳内敛。

自古以来，温县就是一块风水宝地。太行、王屋二山自东北而西南阻挡了凛冽的西北寒流，庇护着状如牛角的河内郡，山上的积雪和雨水一年四季往地势较低的东南平原缓缓浸润，南边的黄河又把清清的河水向上濡漫，使得这里水量丰沛，地气旺盛，物产丰富，尤其是山药闻名遐迩，从周天子时期就成为王公贵族争相食用的滋补佳品。而温县就处于河内这牛角川的腹地，同时因为境内很多地方都有温泉喷涌而出，故名温县。因此，农作物产量高，小麦久负盛名，春秋时期惹得羽翼丰满的郑庄公都垂涎三尺，竟敢挑战周天子的权威，公然动用军队强行收割温县麦子。

有人言之凿凿，说山药滋阴补肾，小麦是温阳作物，吃多了人口繁衍生息也多，而且还特别容易生男孩。当地风俗，五男二女当属最好。普通人家生三四个孩子而且存活下来的比比皆是，像司马防这样官宦门第一门八骏也不少见。而且，司马防的确天生就一副多子多福的宜男之相。这一点，还真让曹操说中了。尽管喜欢侍花弄草、心中一直盼着有一个贴心的闺女，但终其一生，司马防始终未能如愿，倒是三年五载就来一个小子，一共得了八个儿子。其中，长子司马朗，字伯达；次子司马懿，字仲达；三子司马孚，字叔达；四子司马馗，字季达；五子司马恂，字显达；六子司马进，字惠达；七子司马通，字雅达；八子司马敏，字幼达。其中，老大、老二、老三最有出息。因为八个儿子均以“达”为字，人称“司马八达”。说起这“司马八达”，不仅是司马防一生的骄傲，也是一桩让乡邻和同僚称羡、夸赞的事。

司马防格外推崇李膺、郭太等清流派名士，在教育子女方面也恪守古训，满脑门子礼义廉耻、忠烈节义，不敢越雷池一步。从小到大就被训练得几乎格式化的兄弟几人倒也泰然接受，即使他们已经长大成人、娶妻生子、分门别过，也是“不命曰进不敢进，不命曰坐不敢坐，不指有所问不敢言”。(《三国志·魏书十五·刘司马梁张温贾传第十五》司马彪序传)

汉献帝刘协初平元年（190年），董卓挟持汉献帝西迁长安，强令整个朝廷都要随行。司马防时任治书御史，在负责中央监察职能的御史台做御史大夫的属官。许多官员都预料此去凶多吉少，便想出各种办法拖着不去。但司马防想到自己身为汉臣，必须跟随天子左右，只好把全家托付给刚刚二十的司马朗和十二岁的司马懿，让他们带领合府老小回温县老家暂避祸乱，自己毅然决然选择西行尽忠。

司马防比曹操大六岁，差不多算是同一辈人。汉灵帝刘宏熹平三年（174年），身为京兆尹尚书右丞（尚书仆射的助理，主管钱粮）的司马防做了一次伯乐，帮助曹操步入政坛，成为洛阳北部尉（掌管京城洛阳北部地区治安）。后来，曹操知恩图报、投桃报李，不仅接连起用老领导家的老大司马朗、老二司马懿和老三司马孚等司马一门子弟，还在汉献帝刘协建安二十一年（216年）刚刚当上魏王之际，专人专车六七百里，从汉献帝所在的许都把老领导请到王都邺城盛情款待，好酒好菜，夜夜笙歌。

一次酒酣耳热之际，曹操稍微有些自得地开了一个玩笑：“建公先生，你看在下够县尉的材料吗？”这的确是个不好回答的问题，但是司马防不卑不亢，恰到好处地说：“当年我推荐你的时候，你当然有水平、有能力做县尉啊！”（《三国志·魏书一·武帝纪第一》裴松之注引《曹瞒传》）看到司马防依然如此这般刚直不阿，曹操本想请老上级这位清流名臣再度出山支撑点门面，便话到嘴边又咽下，两个人只是吃饭饮酒、喝茶聊天。客气差不多的时候，又风风光光把老爷子送回许都。从此，司马防“养志闾巷，合门自守”，开始含饴弄孙、修身养性，不问政事。仅过三年，汉建安二十四年（219 年），司马防以七十一岁高龄谢世。（《三国志·魏书十五·刘司马梁张温贾传第十五》司马彪序传）

司马防哪里知道，自己当年出以公心推举的曹阿瞒能成为“乱世之奸雄，治世之能臣”，成为影响天下的一代天骄。他也许知道，自己的几个儿子特别是司马朗、司马懿一定也可以成为三国政坛上举足轻重的人物。

对于很多人来说，父亲就是他至高无上的天，是他毕生追随的偶像。司马防虽然只做过洛阳令、京兆尹、骑都尉等官职，但他对儒家的推崇无时不刻深深影响着司马懿，特别是读书的趣味和读书的选择。更重要的，是司马防言传身教的为官之道，让司马懿终身受用不尽。

## 三、大哥司马朗：领路人与楷模

司马懿是幸运的，人生道路上不仅有司马防这样的严父指路，更有司马朗如父的长兄大哥做楷模。

在司马防的八匹骏马当中，长子司马朗是当之无愧的带头大哥。俗话说，长兄如父，长嫂如母。由于身为长子，司马朗不仅得到了司马防最直接的教育和最细致的呵护，很好地继承了父亲喜爱读书、沉稳大气、胆识过人等优点，还特别宽厚仁慈、敢于担当。司马防经常忙于官差公务，司马朗就成为实际的当家人，事事都要替兄弟们拿主意，大事小情都要身体力行领着大家一起操办。在读书、修身、齐家的历练中，司马朗掌握了总理大事、处理难事的本领，磨砺得格外成熟、干练。

三岁看大，六岁看老。还在孩童时期，大约八九岁光景，司马朗就显露出他机敏的一面。有一次，他正和几个小伙伴在孝敬里街口比赛抖空竹，几个大人在旁边一边观看一边指指点点，其中有人好像提到了自己父亲司马防的名字，而且屡次三番直呼名讳。其实人家是在夸他抖得好，有人问这小子是谁家的，认识的就顺口回答是司马防家的老大。司马朗不顾空竹正抖在兴头上，果断收线，径直走过去，先躬身施礼，再严肃地说道："几位叔叔伯伯，请恕小侄无礼！家父的名讳不是您随便乱叫的，尤其是大庭广众之下更不礼貌。如果轻慢别人的双亲，岂不是对自己家人也不敬？"一番话说得几个大人连连道歉，讪讪而退，对这小孩儿暗自称奇。有几位明白原委的爷爷奶奶忍不住夸赞："这小孩儿，这么小一点就这么懂事，真不简单！"

及至少年，十二岁的司马朗前去参加选拔十二到十六岁神童的"童子试"。考官看他身材魁梧、形容不凡，误以为是成人替考，就小声嘟囔了几下表示疑惑。还没有等考官向他核实，司马朗就明白遭人误解了，马上正色道："不才家族的人，都像我一样身材高大。鄙人虽然年纪尚轻，却不喜欢急功近利、攀高比贵。谎报年龄以求早日发迹，根本不是鄙人的做派！"闻听这小大人不卑不亢的几句话，几名考官都啧啧称赞，对他刮目相看。（《三国志·魏书十五·刘司马梁张温贾传第十五》）

八年之后，人生第一次重大考验猝不及防地降临到司马朗身上。

汉献帝初平元年（190年）正月，由于西北军阀董卓占领洛阳、控制朝廷，诛杀大臣，劫掠百姓，弄得民怨沸腾。以东汉第一高门世家、渤海郡太守袁绍为盟主的十余名关东（函谷关，在今河南省新安县东）州郡首领联合起兵，号令天下，声讨董贼。作为热血青年，曹操奋不顾身地走在这支队伍的最前面，成为代理奋武将军。二月，被联军击败的董卓胁迫献帝迁都长安（今陕西西安西北），自己则焚毁宫室，挖开王陵，放纵士兵再次洗劫，史称当时京城洛阳“二百里内，室屋荡尽，无复鸡犬”。(《资治通鉴》卷五十九) 其惨状正如曹操后来在诗中描述的，“白骨露于野，千里无鸡鸣。生民百遗一，念之断人肠”。

早春二月，乍暖还寒，董卓挟天子以令诸侯，胁迫朝廷转到长安。朝廷大臣中，极少数依附逆贼的铁定要跟从，有的为表示自己忠于汉室要前往护驾。但大部分是因为惧怕董卓而被逼无奈，只好硬着头皮跟着随迁。当时的司马防担任以法律决断疑难案件的治书侍御史，注重名节的他毫无疑问、也是别无选择地要西去陪王伴驾。但自己一家老小性命攸关，洛阳已非久留之地，司马防无可奈何，只得安排司马朗带领全家返回温县老家暂避祸端。金窝银窝，不如自己的狗窝。关键时刻，中国人往往会躲进自己的老家。老家，似乎永远是一个安全的代名词。把合家老小带回安全的老家，这个重任无法推脱，年仅二十岁的司马朗咬紧牙关答应父亲，要不惜一切代价完成任务。

司马朗表现出远超年龄的理智与冷静，特别是对事情的细致考虑与周密安排。这一年，最大的二弟司马懿也才刚刚十二岁，是个半大小子，其他六个弟弟年龄更小，最小的八弟还在襁褓中吃奶。但司马朗根据每个人的年龄、身体和特长，各自分配了力所能及的事情，把方便携带的金银细软和必需的生活用品收拾得妥妥当当，随时准备逃离洛阳城。而且，司马朗也十分大方地散去重金，早早与把守北门的官兵勾兑好关系，准备在二月十七日丁亥朝廷西迁当夜趁乱伺机而动，偷偷出城。

世上没有不透风的墙，由于司马防的一个政敌得知消息向董卓告密，这天傍晚，一家人正在紧张地吃饭、作准备，忽然从宫里跑来几个官兵，不由分说把司马朗带到董卓的府上。恼羞成怒的董卓把刚刚端起的饭碗重重摔到地上，表示要亲自审问。

奇怪的是，气势汹汹的董卓一见到英俊挺拔、气宇轩昂的司马朗，就好像一只凶猛的大老虎忽然看见自己的幼崽，骇人的兽性瞬间消失，满脸横肉突然松弛下来，凶猛的眼睛里露出慈父才有的柔情。细心的司马朗马上意识到，董卓的心里正在发生什么微妙的变化，很有可能自己不会有生命危险了。一颗悬着的心放下来，脸上就更加淡定从容。

董卓语带责备地问："你小小年纪，跟我刚刚死去的小儿子同岁，要是不小心让我那些该死的手下误杀了你怎么办？为什么不听我的话一同去长安，反而要跑到别的地方去呢?！这不是背叛我吗?"

闻听此言，聪明的司马朗立即明白，可能是自己高大健壮的身材让董卓一下子想到自己最心爱的小儿子，让他移情别恋、触景生情而心里难过了。于是，司马朗打定主意要打好这张感情牌。司马朗略加思考，开始对董卓十分恭敬地奉承起来。一串美好的词语轰炸之后，董卓俨然比伊尹、周文王还要贤明、能干。

司马朗回答说："明公您功高盖世、德配天下，在天下大乱中勇于辅助天子，坚决清除宦官秽乱，大力举荐贤能人士，您如此礼贤下士、深谋远虑，将来一定能够复兴社稷、恢复治世啊！但是，如今随着您的威严日重、德行渐高，功勋伟业越来越大，兵灾战乱却日渐严重，地方州郡有如大鼎煮沸一般，连京城的近郊，人民都不能安家乐业，因此要抛弃住家田产，四处流亡躲窜。虽然已在四方关口设置禁令，以重刑加以杀戮处罚，也不能阻止逃亡的风潮，这就是我为什么会想回家乡的原因。希望明公您有所借鉴，稍加反省深思，那么名声就可像日月一般的荣耀，伊尹和周公也不能相比了。"

董卓听完这一套文辞，心里漾起从未有过的舒坦，觉得这小子真有才华，而且说得还挺有道理，好像是这么回事，就说："不瞒你说，我也有这种感觉。你说得很有道理！"（《三国志·魏书十五·刘司马梁张温贾传第十五》）

董卓本来就喝了不少烧酒，整个人晕晕乎乎的，听了司马朗长篇大论而又不嫌肉麻的吹捧，心早已摇曳着飞到了大西北老家，就大手一挥让手下给司马朗松绑。司马朗以为可以回家了，不料董卓却执意要司马朗住在他家里，并且好言好语道："小子，现在兵荒马乱的，可不要到处乱跑，在我府里给我好好待着。咱爷俩这么投缘，我会经常找你聊天的。"

司马朗本想插翅高飞，早点离开这虎狼之窝，但一听董卓又是好意、又是威胁撂下来的这番话，心道不好，但也只得曲意逢迎，喏喏答应，但同时又打定主意，要不惜一切代价赶快行动，走得越快越好。

这两三天里，董卓果然像对待亲儿子一样对他殷勤照顾，还三番五次表示要收他为义子、让他留在身边当贴身侍卫。司马朗利用董卓对他一时的好感，好话说尽，态度诚恳，最后以母亲病重、思乡心切为由，打动了董卓的铁石心肠，得到了允许他们一家回归故里的承诺。不过，董卓也放出话来，一旦把母亲送回老家，要即刻赶回洛阳，然后陪他一起西去长安。

回到家里，司马朗没有多说什么，十分冷静地吃了一点东西、喝了几口热水，打开已经包装好的金子，拿出一大半带在身上，一个人又悄悄出了门。等到半夜，焦急万分的司马懿等几个大一点的兄弟才终于又见到了大哥。

司马朗简短几句话布置了一下，叫醒了已经睡着的其他家人，一家人不敢驾车，只能肩挑手提，带着很少的行李匆匆出门，趁着漆黑的夜色摸出了洛阳城，北上由孟津渡过黄河，再向东回到温县。近二百里地，走得一家人惶惶如丧家之犬。

然而，覆巢之下岂有完卵，大争之世哪里还有净土。随着董卓把朝廷迁往长安，曹操等军阀摩拳擦掌，蠢蠢欲动，准备乘虚而入。风水宝地的温县地处交通要塞，物产丰富，便于屯粮驻军，也不可能再成为世外桃源，不远的将来必定变成四战之地。刚刚回到孝敬里没有几天，敏锐的司马朗已经嗅到了空气中弥漫的血腥味道。在和村子里同族中几位长者深入交谈之后，司马朗迅速作出判断，打定主意继续逃离。

思来想去，把能投奔的地方、值得信赖的亲戚仔仔细细筛选几遍之后，司马朗最后作出抉择，到河北黎阳（今河南省浚县东北）去投奔在那里做监营谒者统领兵马的姻亲赵威孙。不知道司马朗是不是受到了刘备带领新野县百姓逃难的启发，这次，他还作出了一个更加重大的决定，他要带着乡亲们一起逃。

由于事情机密又紧急，司马朗只好派司马懿等几个弟弟，挨家挨户去做动员工作。他对宗亲劝道："董卓违逆天命、背叛朝廷，遭到天下仇恨，对此忠臣义士一定会有所作为。我们河内郡和京城洛阳接壤，洛阳东有成皋，北连河水，天下义兵如果不能顺利推进，势必会在我们这里停留集结。这样一来，咱们的家乡就会成为各派力量争夺分裂的地方，战火纷飞，难保安宁。咱们宗族亲人们不如趁着现在道路还算畅通，往东迁往黎阳，那里有熟人统领兵马，可以暂时安置咱们。"司马懿这时已经十分懂事，忙不迭地替大哥张罗奔波。

但是，乡亲们实在是故土难离，又不敢信任十来岁的娃娃，绝大多数人家都不愿背井离乡。司马朗无可奈何，只得无可奈何地带领自己一家老小仓皇上路。只有赵咨一家相携同行，因其见识过人，让一家幸运地逃过一劫。在黎阳期间，两家人过从甚密，建立了良好的友谊。赵咨后来官至魏国九卿之一的太常，其子赵酆成为司马师、司马昭出生入死的得力干将，官至晋朝的骠骑将军，封东平陵公。

仅过数月，曹操、袁绍等人讨伐董卓的关东诸军果然占领了河内郡，小小的温县无论县城还是乡下到处都驻扎着军队。由于缺乏统一指挥，军队不断寻衅滋事。一时之间，家家罹难，户户遭殃，"民人死者且半"，百姓们才体会到司马朗的良苦用心，不得不佩服他的远见卓识。（《三国志·魏书十五·刘司马梁张温贾传第十五》）

在黎阳寄人篱下几年，司马朗谨遵父训，照顾家人生活，督促兄弟们读书，尽管辛苦、艰难，总算躲过了兵荒马乱。

陪伴大哥经历了这些艰难岁月，司马懿越发佩服大哥，对大哥言听计从，日日夜夜读书，不曾有丝毫懈怠。读书乏累的时候，就跟着士兵一起骑马射箭，操练战阵，研磨兵法，倒也是另外一个重要收获。史书说他聪明智慧，善于谋略，尤其精通孙吴兵法，大约与在此期间集中学习兵法大有关系。没有想到，若干年后这些都派上了用场，而且是大用场。后来，尚书崔琰曾当着司马朗的面夸司马懿说："君弟聪哲明允，刚断英特，殆非子之所及也。"（《三国志·魏书十二·崔毛徐何邢鲍司马传第十二》）其时，司马懿还没有出仕为官，崔琰虽说和司马朗是比较投缘的朋友，但和司马懿还没有打过什么交道。听到大名士这样不吝夸奖自己的二弟，司马朗表面谦虚道"未必未必"，但由衷地感到比夸自己还高兴，心中特别欣慰自己对弟弟们的苦心没有白费、功夫没有白花。

此后数年，中原仍为各路兵家必争之地。董卓死后，战事愈发炽热，并未稍减，关东诸军开始你死我活抢占地盘，曹操率四十万大军开始进攻驻扎在濮阳的吕布，眼看战火就要蔓延到相距不远的濮阳，司马朗、司马懿审时度势，于汉献帝刘协兴平元年（194 年）果断带领家人安全回到已经被洗劫一空的温县老家。

回到孝敬里，司马朗带着兄弟们一起重建家园，再把宗族亲人们聚拢起来加以抚恤，并继续替父亲教训几个弟弟勤奋读书，不坠青云之志。这一年，司马懿年满十六岁，眼看着从一名懵懂少年变成身强力壮的青年，在家度过了相对平静的几年，直到曹操大定天下召他为官。

在做这些事情的时候，十一二岁的司马懿都是大哥不可或缺的帮手，也是很多事情的目睹者、亲历者。尽管很多事情当时的司马懿还未必完全懂得是怎么回事，为什么要那么做、为什么不能那么做，但是，大哥机智勇敢、运筹帷幄的风范，灵活变通、沉稳冷静的做事风格，不惜代价、一掷千金的豪迈气派，对乡亲们的一番苦心、一片深情，都给他留下极为深刻的印象，也成为他日后学习和效仿的榜样。特别是大哥无论忙时还是闲时，即使是长途跋涉途中坐在颠簸的马车上，也始终手不释卷，那种泰然自若的大将风范让他钦佩不已。

汉建安元年（196 年），经过多年艰难的征伐，一代枭雄曹操基本荡平了主要的诸侯，把汉献帝迎回许县并建都。曹操声望如日中天，被看作大汉救星，被封为司空。曹操“奉天子以令不臣”，急需用人之际，特意征辟老领导的大儿子司马朗为自己的司空掾属，很快又担任成皋县令（万户之上为县令，万户之下为县长）。有人说，曹操这是在回报当年司马防的知遇之恩。但是司马懿心里十分清楚，即使没有这层关系，朝廷和曹操正当用人之际，以大哥的品行与才能，当个小小的县令绰绰有余。

可惜的是，由于长期操劳过度，司马朗身体欠佳，上任不久就辞官回家休养。及至身体刚刚好转，曹操又迫不及待地任命司马朗为堂阳县长。自此，司马朗有了真正的舞台，牛刀小试，一展身手。熟读孔孟的司马朗记得孟子的话，“君之视臣如手足，则臣视君如腹心；君之视臣如犬马，则臣视君如国人；君之视臣如土芥，则臣视君如寇仇”，同样把堂阳百姓视作自己的手足、腹心，宽厚为本，大施仁政，时间不长就把堂阳整饬得夜不闭户，路不拾遗，老百姓安居乐业。（《孟子·离娄下》）特别是他在县衙里连鞭刑都不设，让百姓和其他官吏都称赞有加。官员爱护百姓，百姓也爱戴自己的父母官。有一次司马朗奉命给朝廷建造船只，工期短，任务紧。那些被曹操移民到许都的百姓听说之后，生怕司马朗无法按期完成任务而受责罚，纷纷放下自己手头的活计返回堂阳帮着干活，而且不要任何报酬。

后来，司马朗又转任元城县令，同样干得十分出色，深得百姓喜爱，更得到曹操青睐。

汉建安十三年（208 年），53 岁的曹操在彻底打败袁绍之后，出任大汉丞相。曹丞相发出的第一批任命就有 37 岁的司马朗，一个小小的县令直接走进丞相府，担任丞相主簿，成为曹操亲近和信任的秘书、书记。曹操同时惦记的当然还有司马懿。几年前，当曹操还是司空的时候就曾经派人召过司马懿，被他假装风痹逃脱了。在等待了七八年之后，曹操已经当上了权倾朝野的丞相，干脆采用强制手段辟司马懿为文学掾。曹操对使者说，“若复盘桓，便收之”（《晋书·宣帝纪》）。司马懿了解曹操的秉性，不免有几分恐惧，只得跟随大哥站到了曹操阵营。

司马朗在担任丞相主簿期间，同样兢兢业业，尽职尽责，成为曹操重要的智囊和参谋之一。

跟随曹操几年之后，司马朗被外放担任兖州刺史，一州军政一肩挑。在此任上，司马朗曾向曹操提出建议，除了中央政府的军队，可以在州郡设置一定数量的地方武装，既可以安外攘内、保境安民、促地方平安，也可以准备国家不时之需而随时调遣。这个州郡统兵制得到曹操的认可，为各个地方迅速安定下来起到了非常好的作用。

在兖州刺史任上，司马朗同样广施仁政，得到老百姓交口称赞。在治军方面，司马朗穿着简朴，吃饭简单，像父亲司马防一样忠实地履行儒家的道德规范。即使在军中也手不释卷阅读儒家经典，出语中规中矩，受到文才武略的曹丕的喜爱。后来，曹丕称帝后曾专门派人收集司马朗的言语文章，既是表达对他的赞赏，也随时批阅，作为自己的执政参考。

汉建安二十二年（217 年）春天，曹操集结二十几路大军，挥师南下，直逼孙权的东吴。司马朗以兖州刺史的身份带领数千名兖州子弟兵，跟随夏侯惇、臧霸等人征伐东吴。但是，这年年初，中原大地爆发了令人恐怖的瘟疫，染病死亡者成千上万，文学青年曹植夺储大战之余还有感而发，专门写了一篇《说疫气》记述这件事情：“建安二十二年，疫气流行。家家有僵尸之痛，室室有号泣之哀。或阖门而殪，或举族而丧。”著名的建安文坛七子，竟有徐干、应玚、陈琳、刘桢和王粲五人染病而死。

司马朗赶到大军集结的居巢（今安徽省桐城县南）时，几千名兖州子弟兵中已经有很多人患上了这次流行病。司马朗发扬他一贯亲民的作风，亲自巡视查看士兵病情，给士兵送医送药，自己却不幸感染了疾病，医治无效，死于军中，年仅四十七岁。司马朗留下遗言说：“刺史蒙国厚恩，督司万里，微功未效，而遭此疫疠，既不能自救，辜负国恩。身没之后，其布衣幅巾，敛以时服，勿违吾志也。”（《三国志·魏书十五·刘司马梁张温贾传第十五》裴松之注引《魏书》）

听闻司马朗辞世的消息，司马懿正在曹魏王宫里分析曹丕、曹植兄弟惊心动魄的争储大战，顿时觉得自己的天塌下来了大半，很长时间缓不过来。曹操看到报告，难过得痛心疾首，风疾发作，好几天没有下床，从此以后一直把司马懿当司马朗使用。司马防白发人送黑发人，从此身体状况急剧下降，两年之后就到西天看望儿子去了。

魏明帝曹叡即位之后，封司马朗之子司马遗为昌武亭侯，食邑百户。

## 四、亦师亦友的胡昭

司马懿之所以要给两个宝贝儿子起名司马师、司马昭，是为了纪念一个人。这个人就是亦师亦友的胡昭。

在中国人的传统习俗当中，起名字是十分重要的一环。郑重地给自己两个儿子起名“师”“昭”，足见胡昭这个人在司马懿的心目当中有多么重要。

巧合的是，胡昭，字孔明，与多年之后他最大的军事对手诸葛亮同一个字。

胡昭是颍川（今河南省禹州市）的名士，饱读诗书，满腹经纶，才华盖世，韬略过人。同时他还是一名书法家，与大书法家钟繇等齐名，有“钟氏小巧，胡氏豪放”之说，并称“钟胡”。人的名，树的影。对于这样一位满腹经纶的高德大才，许多达官贵人、军事豪强都趋之若鹜，想延揽到自己门下出谋划策，或装点门面。更让他不胜其烦的是，每到一个地方，都有郡县长官出面推荐他出山为官，以便为国举才、完成官员“察举”的任务。

可惜胡昭不是那种“学会文武艺，货与帝王家”的人，一直隐居在冀州，“躬耕乐道，以经籍自娱”（《三国志·魏书十一·袁张凉国田王邴管传第十一》）。

听说他隐居到了冀州，袁绍一阵激动，不惜降尊纡贵五次三番地跑到深山老林里拜访胡昭，恳请他出山以造福天下苍生。对于袁绍的小肚鸡肠胡昭当然心知肚明，他发自内心地不愿与这种人为伍。但胡昭又担心袁绍会记恨自己惹来杀身之祸，便表面上虚与委蛇，找了个月黑风高之夜悄悄逃离了冀州地面袁绍的地盘。

袁绍何许人也，能如此这般礼贤下士却屡遭拒绝，越想越恼火，干脆发个通缉令，想把他抓住再秋后算账。不过，通缉令刚刚发出，胡昭已经神龙摆尾逃到老家颍川去了。

胡昭回到颍川，又被爱才心切的曹操盯上了。同样的五次三番诚邀出山之后，胡昭知道曹操是个心狠手辣的主，只好答应见曹操一面。胡昭主动找到曹操，想以自己的诚恳表示对曹操的尊重，以此换取曹操对自己的宽大。曹操动之以情、晓之以理，说得口干舌燥，无奈胡昭丝毫不为所动。不仅如此，胡昭还十分认真地告诉曹操，自己不是不想出山做官，而是素来闲云野鹤惯了，根本不想进入任何官场，更不会站到他的敌人的队伍里去。说到底，不才就是一介书生，根本不堪军国大用，真诚地请求您放我走吧！曹操知道不能强求，又听他如此真挚的表态，为显示自己的宽宏大量，对胡昭表示了理解和尊重：“人各有志啊！每个人都有自己不同的追求，无论出世还是隐逸都是合理的。你高雅的志向应该受到鼓励。我尊重你的义气和节操，绝不会强迫你屈就于我。”

胡昭离开颍川，思来想去，干脆躲进了洛阳南边的陆浑山（今河南省嵩县东北），发誓再不出山，永世隐居。

“晋宣帝为布衣时，与昭有旧。”（《三国志·魏书十一·袁张凉国田王邴管传第十一》裴松之注引《高士传》）对于胡昭的名气，司马懿早有耳闻，还没有出任河内郡上计掾之前就向他讨教过，心里十分佩服他的学问，也赞同他的处世方式，也想像他和自己的温县同乡子夏那样做个饱学之士，将来著书立说，泽被后学。司马懿随父亲在洛阳附近访学数年，曾专程跑到陆浑山拜胡昭为师。司马懿天资聪颖，勤奋好学，虚心诚恳，胡昭十分喜爱。天长日久，两个人处成了亦师亦友的关系。司马懿不仅从胡昭那里学到了计谋韬略，更得到了人生的智慧，心中也埋下了隐逸的种子。

如果仅仅如此，司马懿和胡昭可能会是普通朋友。说不定随着时间的流逝、距离的疏远和地位的差别，这种普通朋友会越来越淡漠，以至于渐渐忘记。特别是在司马懿的一生中很少有朋友，那种知心的朋友。这本也正常，政治人物只有利益的盟友，岂有可以相托的朋友？一般来说，真正的朋友交往差不多都是在人生最美好的青少年时代，因为大家相对都比较单纯，没有或者很少产生真正的利益纠葛。特别是大家的人生道路刚刚起步，都希望能够结交一些志趣相投的人一起打拼，共同奋斗，同甘苦，共患难，一起享受荣华富贵。司马懿与胡昭就是这样一种肝胆相照、生死与共的朋友。

在司马懿十几岁没有出道之前，他除了在家读书、四处游历，还非常想拜访一位老师求学。那是司马懿在熟读了《论语》、获悉了子夏就是这部著作的总编辑之后萌生的想法。经过长时间的学习、切磋，司马懿认定胡昭就是这样一位老师。如果不是经历了一次危险、差点送掉性命，司马懿与胡昭可能就永远是师生关系了。但经历了生死考验，司马懿已经把胡昭认定为终身可以依托的恩人。

在司马懿跟着胡昭孜孜不倦学习的过程中，由于特别专注，几乎忘记了世上还有功利二字，忘记了还有为博取功名利禄求学的人。胡昭虽然隐居起来了，但仍然不断有人慕名而来，其中就有不少人是为了学以致用，为了出人头地、当官发财。对于这样的学生，胡昭虽不喜欢，但表示理解，也不吝赐教，还希望通过自己的教育感化他们。

但是，无论胡昭怎样菩萨心肠，那个叫周生的弟子心中对司马懿的妒火越烧越旺，最后纠集了一些同伙，手持凶器，要铤而走险做掉司马懿。胡昭知道后心急火燎地漫山遍野到处跑，终于在半道上截住了周生一伙人。但周生已经决心一条道走到黑了，胡昭就死死拉着他，流着眼泪苦苦相劝。周生无奈，只好答应老师不再加害司马懿。胡昭怕周生反悔，就逼着他砍下道旁一棵枣树，并对天发下毒誓，表示绝不伤害司马懿。

其实，这件事情发生之后很长一段时间，胡昭都若无其事，一点也没有向司马懿透露，“口终不言，人莫知之”（《三国志·魏书十一·袁张凉国田王邴管传第十一》裴松之注引《高士传》）。过了若干年之后，才有当事人向司马懿原原本本地讲述出来。这是司马懿一生当中第一次真正的涉险，也是唯一的一次被动地把自己放到了一个如此险恶的环境当中。司马懿无论什么时候想起这件事情，都觉得头皮发麻，后背会沁出一层又一层的冷汗。

这件事情让他想起了《论语·泰伯》中孔子的教导：“笃信好学，守死善道。危邦不入，乱邦不居。天下有道则见，无道则隐。邦有道，贫且贱焉，耻也；邦无道，富且贵焉，耻也。”

吃一堑长一智。君子不立危墙之下。从这件事情开始，司马懿给自己立下一条铁律，今后无论如何，无论做什么事情，都不要把自己放到一个危险的境地当中。因为，一旦自己的生命没了，所有的想法就都会随风而去。也正是因为如此，他对胡昭充满了感激，以至于在他心目当中，不光把胡昭当成了恩人，也当成了恩师。所以，他在给自己两个最心爱、也最能干的儿子起名字的时候，根本没有迟疑，就起了司马师、司马昭两个名字，合起来就是以昭为师，让自己的子孙后代永远不要忘记胡昭这位恩师。

仁者得寿。终身隐逸的胡昭活成了三国时期著名的老寿星，享年八十九岁。他去世后的第二年，司马懿也跟随老师驾鹤西去了。

## 五、钟灵毓秀，人杰地灵

司马懿的家乡温县所属的河内郡，地处黄河流域的中游，大河安澜，土地肥沃，自古以来始终是人们眼中的风水宝地。相传，这里是人类始祖的发源地之一，盘古开天地、伏羲女娲成婚、女娲补天、轩辕黄帝祈天破蚩尤、大禹治水等神话世代在此流传，是当之无愧的华夏民族文明发祥地的中心地带。

求知欲旺盛、身体健康、个高腿长的司马懿，除了读万卷书，还行万里路，不知不觉中把家乡及周边的文物古迹挨个造访一遍，发足了思古幽情。

随着父亲司马防到洛阳为官做京兆尹，司马懿的学习舞台也拓展到了京城。在洛阳的名胜古迹中，司马懿最感兴趣的是当年老子担任“守藏室之官”的国家图书馆。因为这里不仅有各种史册典籍，更有孔子求教老子的美好传说。在父亲和哥哥的帮助下，他很荣幸地数次到国家图书馆流连阅读，并获知了孔子见老子的详细情节。

孔子一生都在追求理想，为此不断地求学问教。但是，即使再敏而好学，仍然有无穷的问题困扰着他。于是，在孔子的一生中，至少有四次专程登门拜访，求教于老子。

让司马懿印象最深的，是孔子第二次拜会老子。那是在春秋昭公二十四年（前518年），地点在周都洛邑（今洛阳）。“孔子适周，将问礼于老子。老子曰：‘子所言者，其人与骨皆已朽矣，独其言在耳。且君子得其时则驾，不得其时则蓬累而行。吾闻之，良贾深藏若虚，君子盛德，容貌若愚。去子之骄气与多欲，态色与淫志，是皆无益于子之身。吾所以告子，若是而已。’孔子去，谓弟子曰：‘鸟，吾知其能飞；鱼，吾知其能游；兽，吾知其能走。走者可以为罔，游者可以为纶，飞者可以为矰。至于龙，吾不能知，其乘风云而上天。吾今日见老子，其犹龙邪！’”（《史记·老子韩非列传》）

史书的记载往往事实确凿，言语周到，皮里阳秋，远不及民间传说简洁明了，生动有趣。司马懿读书既遵祖训，细心揣摩书本，又不拘泥于那些条条框框，还经常打听搜罗一些民间传说，以对那些正史和经典进行佐证。

关于孔子拜见老子，司马懿就特别喜欢这样一个故事。传说孔子年轻时曾来到东都洛阳，向老子请教学问。彼此一番见面礼仪之后，老子就开始沉默寡言，一副昏昏欲睡的样子。孔子提出一堆问题，希望得到满意的答复，无奈老子均不回答。孔子以为老子困倦想要休息，就不舍地起身告辞，这时老子突然张开自己的嘴让孔子看，然后问道：“你能看得见我的牙齿吗？”孔子感觉很是奇怪，先生为什么要问这个问题呢？于是据实回答：“您的牙齿，已经全都掉光了。”老子接着又问：“那么我的舌头呢？你看它还在我嘴里吗？”孔子立即回答说：“它还在您的嘴里，完好无损。”于是，老子不慌不忙地说出一个道理：“你明白了吧？牙齿因为太坚硬，总是与各种食物咬来碰去，还自己跟自己磕磕碰碰，因此时间一长就掉光了。可是，舌头不同，舌头柔软、有伸缩性，虽然常常在牙齿同食物的磕碰中被挤过来挤过去，但始终都只是默默地品味，不参与牙齿跟食物任何一方的磕碰争斗。最终，食物碎了，牙齿掉了，而舌头却能完好无损地伴随人的生命直到终点……”

孔子恍然大悟，老子这是在用自己的牙齿和舌头做比喻，深入浅出地说明了一个“弱柔生存”“不偏不倚”的道理……满齿不存，舌头犹在，意思是，牙齿虽硬但它寿命不长；舌头虽软，但生命力更强。

虽然司马懿也从《史记》的字里行间揣摩过这两位文化巨子的智慧机锋，但他内心更愿意信服士子们的民间演绎。他非常理解这个故事杜撰者的用意，也深深地记住了其中的道理。自此以后，各种著作中司马懿更加倾心《易经》和老子的《道德经》之类讲究柔术和变化的书。司马懿从小就是个喜欢快刀斩乱麻、化繁为简的人。读书也是如此，别人一卷在手总要秉烛夜读，往往不得要领，他总能快速抓住书中的要点，牢记在心，然后一边闭目养神，一边在心中默念，并细细研磨，越体会越能得其精髓。你看过的书慢慢地会内化成你的气质，看什么书就有什么样的气质，从而在冥冥之中左右你的行为。不知不觉中，司马懿被老庄熏染得少年老成起来。

关于读书，起先他自己也说不清楚，自己究竟是什么时候喜欢读书、开始读书的。生长在这样一个家庭，不读书似乎是不可能的。耳濡目染，懵懂少年时，他就对一切文字感兴趣，凡是写字的地方都被他仔细地看过无数遍。过年时候家家户户的春联，父亲书房里堆积成山的书籍，甚至包括父亲上书的奏章、来往公文，他都偷偷看过。房梁上记载房屋建造信息的文字太高，他就趁没人注意的时候搬一把梯子，点着油灯攀爬到阁楼上面，仰着脖子端详半天。

年龄稍长，偶尔听闻孔子的学生、《论语》的主编卜子夏是本县卜杨门村人，司马懿便放下其他书籍，专攻《论语》，背得滚瓜烂熟。司马懿每天捧着《论语》，往往读到暮色四合，不觉饥饿。“四海之内皆兄弟也”，“仁而优则学，学而优则仕”，“博学而笃志，切问而近思，仁在其中矣”……看到其中这些子夏替孔子提炼出来的精彩句子，司马懿不禁频频点头赞同。

卜商，字子夏，春秋末晋国温（今河南温县）人，为孔子门下七十二贤之一，“死生由命，富贵在天”这一天命论的创始人，在治学上提出“学而优则仕，仕而优则学”等观点。卜商为孔子著作的传世人，他的《诗序》被后人视为不朽之作。子夏说，君子远看庄严可畏，近处温和可亲，说话严厉不苟。（子夏曰：“君子有三变：望之俨然，即之也温，听其言也厉。”）（《论语·子张第十九》）司马懿深以为然，暗下决心，要向这位老乡学习，做一位让人如沐春风的君子，立德立功立言。

读书读出了感觉，找到了知音，司马懿就拉着三弟司马孚和同村的几个小伙伴步行十几里，赶到子夏故居周围徘徊了半天，还专门到文庙、卜子祠、子夏墓园摆上祭品，恭恭敬敬地上了三炷长香。

温县不大的地面上还发生过很多重要的历史事件，有的人名垂青史，有的人遗臭万年。这些都是司马懿学习的素材，家乡的土地给了他丰富的营养。

满腹圣贤教诲的司马懿，外表虽然比他父亲更加高大健硕，但腹有诗书气自华，街坊四邻眼中和父亲的同僚面前，永远谦恭有加，温文尔雅，待人接物礼数周全。

有一个后来官至光禄大夫的温县同乡名叫常林，是家乡父老乡亲引以为傲的社稷重臣。无论何时何地见到他，司马懿总是二话不说，大礼参拜，而且行礼行得严肃认真，毕恭毕敬。当司马懿飞黄腾达、地位显赫时，有人好心相劝常林，说现在司马懿身份贵重了，不敢让他再拜你了。常林则仍然坦然接受，还对人解释："司马懿自己倡导长幼有序，是为后生小子树立榜样。他身份再贵重我也不怕，何况我也根本阻止不了他如此客气。"所以，司马懿以他一贯的儒家行为深深折服了常林这样恪守古礼的一群朝廷大佬，成为司马懿忠实的同盟，其中的很多人在他最后向曹魏政权发起最猛烈攻击的时候，坚定地站在他这一方，为他赢得了很多道义上的支持。

当然，常林等人最后还是不愿跟随司马懿再往前迈关键的一步，也坚决不肯再接受司马懿的大礼参拜了。司马懿这才一笑置之，没有勉强，但仍然在自己担任太傅、权倾天下的时候，给常林安排了一个司徒的位置。

有人说，司马懿这是虚伪，是为了做样子给别人看，但是司马懿自己清楚，这是他打小就深入到骨髓里的东西，终生都无法改变了。

读书之余，司马懿经常独自走到黄河岸边，望着望着，渐渐发呆，想起孔子老子牙齿与舌头的比喻，想起孔子“逝者如斯夫”的喟叹，想起郑庄公的胆大包天……中国传统文化培养出来的典型知识分子，成就了融儒家法家道家于一身的司马懿。

谁知我心？司马懿和大多数受儒教影响的士人一样，品行端正高洁，志在千里。但他又不愿意与名声不好的曹魏同流合污，当时曹操在人心目中堪比郑庄公。好朋友胡昭对他影响颇大，他想做胡昭那样的隐士，可惜始终身不由己，只能心向往之。他想学习子夏，跟随孔子那样的圣人，一辈子著书立说，可环顾宇内，战乱纷仍，连自己家都得经常颠沛流离，风水宝地的周天子京畿地都放不下一张平静的书桌，何处是圣土，何人是孔丘？只好宁愿在家乡做点具体的小事，也隐逸不仕。

温县城里，人口繁多，五行八作应有尽有，一年四季人声鼎沸。集市上小车驴肉、炒凉粉、肉丸子各种吃食，都让司马懿铭记在心。如果能够平静地在这里生活一辈子，一辈子做个普普通通的读书人该多好啊！

## 六、树的影、人的名，仲达从小好名声

自春秋战国到东西两汉，风云际会，人才辈出，群星璀璨，闪耀在东方的天空。时代需要一茬又一茬的英雄豪杰，因而也伴生了一个品评人物的风气，甚至于许劭这样的名家还形成了每月初一集中评人的品牌“月旦评”。品评者高谈阔论、侃侃而谈，受人追捧。被评的人无不欢欣鼓舞，以此作为表明身价的标签。官家朝廷选贤任能也经常以此为重要参考，颇类今日年终考评之意。诸葛亮被水镜先生司马徽评为“卧龙”，曹操被当时的品鉴大师誉为“乱世之枭雄，治世之能臣”。许多杰出人物都被品评过，许多英雄豪杰也是品评鉴别人才的高手。

品评高手崔琰曾是当时清河郡的大名士，师从经学大师郑玄，后来担任专门为曹操发现选拔人才的东西曹掾属，最终官至尚书。他也是一位品评人物的高手，他所看中的人无一不被他说中。他对司马懿的品评直截了当，一次他对司马朗说："君弟聪哲明允，刚断英特，殆非子之所及也。"听到这个位高权重的人如此夸赞自己的亲兄弟，司马朗心里不仅没有一丝嫉妒，还暗自高兴了好长时间。

司马防的同僚、河内郡同乡杨俊更是一个品评人物的怪才。

杨俊，字季才，出生于河内郡一个小康殷实之家，经常仗义疏财，在河内郡颇有名望。杨俊自小读书，曾拜名气颇大的边让为师。这个师傅边让少年成名，博学多才，善于辩论，擅长辞赋，曾当众折服满朝众臣，令后来在小说家笔下被诸葛亮阵前骂死的王朗和以让梨而成为后世道德楷模的孔融等一干名士，都双手举着名片争相结交；一篇《章华赋》，洛阳纸贵，流传千古。可惜这位边让有点恃才傲物，洁身自好，当了几年扬州九江郡太守，竟然辞官回兖州老家读书去了。后来，因为打心眼儿里瞧不起曹操而多有讥讽，终于开罪了风头正健、火势正旺的军事强人曹操，被几个早就嫉贤妒能的无聊同乡告发，而被曹操愤怒地诛杀。不过，曹操倒没有因为老师的不恭而怪罪学生，杨俊后来在曹操的一再关照下升为重要的南阳太守，兴办学校，宣化德教，受到当地百姓的普遍赞扬和衷心拥戴。

有一年，杨俊和司马防同时在老家休假，两个人闲来无事，互相串门拜访。那天轮到在司马防家吃酒喝茶，面红耳热之际讨论起风水堪舆，杨俊突然压低嗓门对司马防说："孝敬里真的是千年不遇的风水宝地啊！"

作为数代居住在此的人，司马防当然知道河内郡、温县和孝敬里地理位置的独特和重要。但他明白，杨俊此言说的一定不是"风水"，而是"人物"，便饶有兴致地"哦"了一声，表示"愿闻其详"。

果然，杨俊轻轻抿了一口菊花茶，眯眼笑道："司马兄，可要好好栽培二公子哦!”

司马防略微愣怔了一下，立刻明白了杨俊话里有话，随即端起茶杯掩饰自己:“季才兄喝茶，喝茶!”

杨俊并不理会，继续默默地自言自语:“二公子不是寻常之人，将来必成大器啊!”

司马防忙令身边伺候的丫鬟去灶间烧水，凑近杨俊耳边轻轻地叫着他的表字问:“季才兄何时见到过犬子仲达?”

杨俊不紧不慢地说:“方才来时在贵府门口，刚好看到二公子在抖空竹。二公子青衫白帢，身型魁梧，大概弱冠之年了吧?”

司马防笑道:“哦!不到十七。”

杨俊点头赞叹:“司马子弟个个气度不凡哪!不过，二公子虽然身体已形同成人，抖起空竹来十分灵活自如啊!”

司马防介绍说，还在司马懿四五岁的时候，偶然看见街上有人抖空竹，就哭着喊着，非要学习不可。说也奇怪，不大一会儿，这孩子就基本上可以抖起来了。从那以后，空竹就不曾离身，除了读书、写字，一有空就要津津有味地抖着玩。“不过，这也不算什么本事吧?”司马防不由得摇头叹了一口气。

杨俊同样摇头，意思却截然相反:“司马兄，二公子不仅空竹抖得炉火纯青，顾盼自如，更重要的是他由此悟道了。方才，老夫问他为什么要抖空竹，您猜二公子怎么说的?”

“怎么说的?”司马防也不禁好奇起来。

杨俊手指轻轻敲击茶桌，带着赞赏的口吻道:“令郎说，他之所以喜爱空竹，是因为空竹乃竹木材料制成，中空轻巧，以线绳抖动玩要而能旋转，声音高亢雄浑，响遏行云。令郎说，手持两端抖空竹的时候，他能想到《礼记・中庸》里的话:‘执其两端，用其中于民。’还能想到《论语・子罕》里的话:‘有鄙夫问于我，空空如也，我叩其两端而竭焉。’司马兄，这可是治国安民之道啊!”

闻听儿子能有此言，司马防明白，老二读书已经开窍，懂得格物致知了。于是，心中满是欣慰，表面上却不好骄傲，谦虚地说："犬子胡嘎，成何体统?！岂敢妄言治国之道!"

杨俊压低声音、凑近说道："司马兄，念在乡谊的分上，在下也是乐得家乡子弟出人头地的，您不必替公子韬光养晦。话说，司马兄可否知道这空竹在民间叫作什么?"

司马防脸上露出疑惑不解的神情，心里不免生出几分紧张和恐惧："季才不吝赐教!"

杨俊嘿嘿一笑："空竹，南方称作扯铃，民间称作响葫芦。但是，也有一种特别的叫法：天——皇——皇——！二公子把这东西操控得如此自如，司马兄，令郎岂是寻常之人吗?"

"季才慎言!"司马防急忙示意杨俊住口，后背已是沁湿一片。

杨俊收敛了笑容，正色道："司马兄，不是在下附会、玩弄这些文字游戏。有些事的确不好解说清楚啊！很多事情冥冥之中早已天定，你我只需坐等时日、静待其变即可。"

一直想低调，偏偏名声大噪，司马懿不知道该高兴还是该哭一场。看来，做一介书生、清静无为的愿望是不可能了。

## 七、上计掾教人精于算计

凭着司马懿的家世，他完全可以无忧无虑地一辈子读书写字，做一个幸福的读书人，在书斋里平静地设计自己的人生。如果能像子夏那样承上启下、成为儒学的掌门人，或者像胡昭那样闲云野鹤、收几个弟子讲讲课也不错。但当时读书人是稀缺资源，司马懿也只好出来做了一阵河内郡的上计掾。

这“上计掾”并非显赫的官职，却是十分重要的一个任职经历。年末岁尾，郡县必须逐级向中央政府报告管辖范围内田产人口、财政收支、盗贼狱讼等状况，要用数据说话。县报郡，郡报中央司徒府，是为“上计”。负责此项工作的，在县为上计吏，在郡则为上计掾。这项工作相当于今天各级统计部门，上计结果直接显示郡县长官业绩，所以都要选择头脑清楚、善于算计、能写锦绣文章的人。另外，因为在向中央政府汇报的过程中还要不时接受询问，担此重任者还要尽可能相貌、口才俱佳，争取给上级机关留下好印象。所以，上计吏、上计掾往往成为后备干部，从上计掾中选拔郎官成为一项规定。也有例外，汉桓帝刘志时期曾废除了这一规定，严令禁止把上计掾留在中央为郎官。

司马懿当然符合这些条件，加之他越来越为人所知的名声，被直接选为上计掾实不足怪。这一年是汉建安六年（201 年），司马懿已经二十三岁。

按说，统计工作天天面对一些冷冰冰的数字，枯燥乏味，了无生趣，特别是对司马懿这样血气方刚的年轻人，几乎就是一种对耐性的折磨。但是，这个工作到了司马懿手中可就别有一番滋味了。

首先，当年学的《九章算术》那些算学知识总算派上用场了。司马懿把加减乘除当作一种智力体操，乐在其中，日日操练，熟能生巧。经过几年训练，养成了勤于思考、精于算计的好习惯。很多时候，别人觉得费脑子的事，到了他这里反倒可以发现乐趣，兴致盎然。而且，所有事情，只要能从头至尾算上一遍，自然就可以做到心中有数，运筹帷幄了。汉末著名数学家、天文学家、皇室远亲刘洪也曾担任过上计掾，因为杰出的数学天赋，他后来还发明了算盘，被誉为“算圣”。

其次，上计工作要接触全郡包括下属各县的所有情况，政治、经济、民生等等，无一不包。掌握了这些情况，对政府运作可以说就了如指掌了。司马懿是个有心人，在工作过程中不断学习、发现问题，并虚心向郡守等人请教，相当于当了一次长官助理。

再次，到中央政府汇报工作，既可以和上级领导沟通情况，充分展示自己的才华，锻炼自己的才干；还可以和全国一百多个上计掾同堂竞技，交流情况，对于司马懿了解全国的情况起到了十分重要的作用。

任何工作都是留给有心人干的。司马懿刚做了一年左右的上计掾，就引起了司空曹操的兴趣，欲征辟其为司空府掾属。何去何从，司马懿第一次面临人生的重要选择。

# 第三章

# 躲避出仕，至暗时刻

## 一、曹操与司马懿，天生孽缘？

要说司马家族与曹操，还真的很有缘分。

当年，二十六岁的司马防年纪轻轻就担任了尚书右丞，相当于中央政府副秘书长尚书仆射的助理。其主要工作是替主官分管钱粮方面的事务，本职工作之外也留心替朝廷选拔人才。听说有个孝廉颇为好侠仗义、机敏多谋、喜好打抱不平，就推举他做了洛阳北部尉。这就是曹操从一个虚衔郎官出任的人生第一个正式官职，二十岁的曹操从此正式担任领导职务。

虽然曹操和司马防都清楚，这其中的奥秘主要还是曹操的家族势力起了决定性的作用，但重情重义的曹操仍然对司马防心存敬意，隔三岔五地总要到司马防的府邸附近转转，既尽了自己分内的职责，也遂了内心想要亲近的愿望。

要知道，刚刚起步的无名小辈多么需要有人关照！如果碰巧司马防在家，他也会进去喝口茶聊上几句。依照司马防沉默寡言的脾气秉性，很多人跟他在一起都感觉拘谨，经常说着说着话题就断了。加上他整天虎着个四方脸，活像个麻将牌中的白板，总让人捉摸不透。但跟曹操这么个脑子灵光、见多识广、话茬儿层出不穷的人对谈，经常是三言两语就让他心花怒放，喜不自胜。所以，一来二去，两个性格迥异的人竟然也成了忘年之交，每次见到曹操的时候，司马防还都有点小小的兴奋，谈起话来也多了几分亲切和随意。

多年以后的汉建安二十一年（216 年），当年的曹县尉已经贵为魏国公，而司马防已经垂垂老矣。志得意满的曹操专门派八抬大轿，把司马防请到自己的王城邺城，大排筵宴，昼夜畅谈。曹操几多感慨涌上心头，半是感恩半是炫耀地说："建公兄，能想到吗？当年一个小小的县尉竟然混到了今天这步光景！"

曹操还清楚地记得，司马懿出生的时候，自己刚因堂妹夫宋奇被宦官诛杀受到牵连被免去顿丘（今河南省清丰县）令。百无聊赖之下，有时在洛阳四处走动，有时回家乡谯县闲居。那一天，他不由自主地路过司马防府邸的时候，正好碰到司马家的仆人准备出门向亲戚朋友报喜。仆人敲锣，仆人媳妇㧐着竹篮喜滋滋地刚从仪门出来，两口子一抬头就撞见了威风凛凛的曹孟德。

还没有等曹操开口，仆人就高高兴兴地凑过来说道："太好啦，曹县令！我们家老爷刚刚添丁进口，正要出门报喜，第一个就遇见了您。按我们河内郡的风俗，我们这位小公子一定随着您长，将来跟您一样。"与此同时，仆人媳妇掀开竹篮上面的蓝花布，拿出一根又粗又长、金黄金黄的大油条，不由分说塞到曹操手中。

"俺现在可不是啥县令啦！"接过热乎乎、香喷喷的油条，曹操马上明白，司马防家中又有弄璋之喜了。这仆人夫妇走的仪门坐落在院子正中、靠近大门不远，平日里都上着门闩。只有当皇上有旨或者皇上亲临的时候，才从外侧打开，请皇上或者宣旨的太监从外到内进来。还有一种情况，那就是家中生了男孩，要出门向亲戚朋友报喜的时候，才从里向外打开，报喜的人从仪门出去。按照河内郡的风俗，如果生的是男孩，报喜的食物是长长的油条；如果生的是女孩，则用扁圆的烧饼。另外，报喜的人出门遇到的第一个人，往往就会成为新生婴儿将来的模范，甚至于走出相似的人生道路。

曹操成为报喜者遇到的第一人，想着将来会有一个人和自己相似，好像是自己刚刚有了一个亲弟弟，或者是自己刚刚有了一个大胖小子，心中不免生出某种难以名状的喜悦。他大口吃着油条，快步走进院里，去堂屋拜会自己的恩公。

司马防端着一盆刚刚从地窖里暖出来的牡丹花，脚下生风地从后院来到前庭，还没有在堂屋太师椅上落座，就听到曹操洪亮的声音声震屋瓦，连忙放下花盆，起身到门口迎接。

“孟德兄，大驾光临，有失远迎！”

曹操举着手中的油条，朗声笑道：“恭喜建公兄再添龙鳞！”

司马防指指牡丹花，呵呵笑道：“我还以为这回添的是个丫头片子呢！”

“呵呵，当今之世，还是男孩子管用啊！”

“女孩子养大了，好赖寻个婆家嫁人就行了。男孩子得操心哪！”

“司马先生满门麒麟，世代英才，何须操心！”

“孟德天纵英姿，以后必将出将拜相，以后要多多提携犬子啊！”

听到这里，曹操心里十分受用，哈哈大笑起来，眼睛都高兴成了一条细缝：“司马先生一脸的宜男之相，得多为朝廷生几个栋梁之材！”

说也凑巧，这曹操和司马懿就这么结缘。几十年后缘结缘了，倒是谁也不曾料到。

## 二、听从内心，拒绝征辟

曾几何时，江湖传说，董卓当道、挟持朝廷，引得人神共愤，青年曹孟德也一心想着得而诛之，拯救天下苍生，成就自己的英雄梦想。所以，就借机行刺老贼董卓。虽然没有成功，却成为一时美谈，也成为一代人的偶像。长至少年、开始关心家国大事后，司马懿的确也被曹操的这个英雄壮举感动得热血沸腾，打心眼里真心实意对他顶礼膜拜。尽管后来才知道，刺杀董卓的其实是荀彧的侄儿荀攸，到处张扬自己刺杀董卓是曹操自我炒作，意欲借以提高名声，但依然挡不住少年司马懿对曹操滔滔江水般的崇敬之情。

但是今天，司马懿渐渐长大、越来越成熟了，他已经懂得空有一腔热血是没有用的，逞匹夫之勇也是徒劳的。父亲司马防曾提醒他，所谓长大，就是一个人对以前不知道的事情大致都知道了；所谓成熟，就是不仅知道了那些事情，同时也明白哪些事情是可以做的，哪些事情是不可以做的，更重要的是可以懂得那些能做的事情应该怎么做才能做成。一个人走向成熟的标志，就是可以听从内心的召唤，怀揣梦想，却要脚踏实地，不为外界的功名利禄所诱惑。

司马懿的第一份工作，是在家乡河内郡做上计掾。这个工作主要是做统计，全郡当年的收成、各种案件、人口的变化等等，是一个单调乏味、没有多少技术含量、更不需要动脑子的工作。但是，善于发现问题并力争突破的司马懿，却把这份简单的工作做出了标杆一样的效果，在各地每年上报的材料中总是显得简洁明了、条理分明，加之他的字迹十分工整，给朝廷相关部门的官员们都留下了极好的印象。特别是每到年终岁尾，各地都要派自己的上计官员前往朝廷当面报告，司马懿相貌堂堂、气质儒雅、机敏练达、谈吐大方，更让上级官员刮目相看，也给河内郡挣回不少面子。

时间不长，在自己的谋士荀彧的推荐下，连曹操都听说了河内郡这个能干的小伙儿。当时，曹操已经贵为大汉朝三公之一的司空，享有了“开府自辟掾属”的特权，可以自己独立设置办公系统，可以直接聘用自己的工作人员。这时，谋士荀彧及时向他推荐了司马懿。曹操派人下去考察、打听，得知司马懿正好是老恩人司马防的儿子、自己器重的司马朗的亲二弟，曹操不禁哈哈大笑，亦真亦假地埋怨了司马朗几句“家有宝器为何秘不示人”，然后就派人去找司马懿过来上班。

对于曹操第一次来征辟，司马懿本能地十分犹豫。现在的司马懿已经二十三岁，这一步要是跨出去，如果跟对人倒也罢了，如果走错了可就开弓没有回头箭，想要回头难于登天。现在的曹操虽然已经拼掉了徐州的吕布、南阳的张绣、河北的袁绍，在全国十三州里独占了兖州、豫州和徐州三个州，但环顾四周，依然强敌如林，江东的孙权、荆州的刘表、益州的刘璋、辽东的公孙度都不是省油的灯，连河北的袁绍实力尚存并没有被彻底打垮，曹操要想一统天下何其难哉！直至今日，究竟鹿死谁手、谁最后能够问鼎中原还不明朗。如果跟定曹操，自己岂不是要和大哥一样整日东奔西跑、南征北战、颠沛流离吗？那样岂不是与自己立志读书的愿望相去甚远吗？

更重要的是，通过这些年的读书、观察、分析与思考，司马懿对于曹操的看法已经发生了微妙的变化。在司马懿童年时候，听父亲说曹操做洛阳北部尉时五色棒打死汉灵帝最宠信的宦官蹇硕的亲叔叔，就在他幼小的心灵里埋下了一颗崇拜的种子。后来，道听途说曹操孤身一人刺杀董卓的消息，司马懿立刻热血沸腾，对曹操崇拜得五体投地，认为一个正直的青年就得这样，为了国家社稷不惜牺牲自己，也要与国贼拼他个你死我活。虽然后来证实刺杀董卓的是荀攸，不是曹操，但司马懿心里始终认为那就是曹操干的，他相信曹操也一定能做出同样的英雄壮举。后来听说曹操加入了讨伐董卓的军事联盟，还总是冲杀在最前面，表现得神勇威猛，司马懿也暗暗为曹操叫好，同时心里也始终为他捏着一把汗。曹操顺利，他欣喜若狂，作诗庆贺。曹操遇挫不利，他也跟着眉头紧蹙，辗转反侧，夜不能寐。可是现在，这个昔日自己心目中治国安邦定天下的大英雄，竟然也玩起了“挟天子以令诸侯”的把戏，把我大汉朝廷玩弄于自己的股掌之上，这不是另一个董卓吗？如果前去司空府当差，不等于助纣为虐吗？俗话说，男怕入错行，女怕嫁错郎。男人跟错了人、选错了行当，一辈子再使劲也难以转圜。司马懿越想越觉得哪里别扭，决计听从自己的内心，安安稳稳做一个自己希望的读书人。

好在有一个老谋深算的父亲司马防，还有一个绝顶聪明而且熟悉曹操秉性的大哥司马朗。他们两个是自己至亲至爱的人，他们的判断十分重要，也十分准确。

作为一个传统士大夫出身的官员，司马防内心里自然希望司马懿能够和自己一样忠君爱主，但是，自己已经有一个儿子司马朗在曹操帐下效力就算对得起这位故人了，如果再把司马懿也送过去就太高看他曹操了。虽然当年是自己举荐的曹操，但他也不全是为曹操，一多半是想借助曹操那股天不怕地不怕的浑劲整饬一下混乱不堪的社会治安。如今他曹操逐渐坐大，也学起了董卓，这让司马防多少有些心寒、不齿。再说，司马家族名门望族、世代簪缨，岂能委身服侍曹操这个“赘阉遗丑”？

司马朗则从另外一个角度劝司马懿，说一动不如一静，暂时不要出山。曹操那里有自己虚与委蛇就可以了，司马一家绝对不能同时都上曹操这艘船。委身曹营的事情，就交给大哥吧！以后有什么变化，大哥会及时与你商议。

父亲的忠告和大哥的成全让司马懿感佩不已。经过几天苦思冥想，司马懿决定婉言谢绝曹操的美意，而理由就是自己患有“风痹”，行动不便，不能跟随曹操纵横四海。

所谓“风痹”大致相当于今天人们所说的痛风，是指因风寒湿侵袭而引起的肢节疼痛或麻木的病症。《晋书·宣帝纪》记载：“帝知汉运方微，不欲屈节曹氏，辞以风痹，不能起居。”

《灵枢经·寿夭刚柔》：“病在阳者命曰风，在阴者命曰痹，阴阳俱病命曰风痹。”宋苏辙《记病》诗：“侵寻作风痹，两足几蹒跚。”《景岳全书·杂证谟》：“风痹一证，即今人所谓痛风也。”清赵翼《将至台庄忽两臂顿患风痹》诗：“陆程正拟上征鞍，忽中风痹两手挛。”关于风痹，类似的记载很多，患此病者也很常见。但是，致病的机理一直众说纷纭。主流的医家一般认为，主要是由于当时人们的食物热量不够，居所保暖条件较差，寒湿郁积到一定程度，形成寒症和湿症，就会影响到部分肌体的血液循环和神经通达。痛风表现在身体表征上，以手脚关节麻木疼痛为主。

由于司马懿做事比较专注，无论看书写字还是统计报表，经常一坐一两个时辰一动不动，直到手脚发麻甚至暂时失去知觉。现在要以此为借口拒绝曹操，就得说得严重一点，说这风湿病越来越厉害了，只要天阴下雨，腿脚关节就会疼痛难忍，根本无法下床。虽然司马懿的借口并不高明，却也是有一定的事实依据的，现在只不过是适当夸张了一点而已。再说，英明如曹操曹孟德，当年不也曾经装病拒绝过董卓吗？

那是汉灵帝中平五年（188 年），大汉帝国风雨飘摇，汉灵帝亲自组建了西园新军，目的是增强京师禁军力量，巩固朝廷地位。曹操被任命为八名校尉之一的典军校尉，而其顶头上司、新军头领有两个，一个是汉灵帝最为宠信的宦官、上军校尉蹇硕，就是叔叔违反宵禁令被新任洛阳北部尉曹操打死在县尉堂前的那位；另一个是中军校尉袁绍，曹操曾经的发小、好朋友，平定天下过程中的劲敌之一。可以想象，在这样两个领导手下做事，天性不愿受委屈的曹操心里得有多别扭。但为了实现理想抱负，倔强的曹操也只好忍气吞声。但西北军阀、并州牧董卓进京控制朝廷、立刘协为帝后，任命曹操为骁骑校尉。这对于曹操来说，是难以接受的。作为有理想的青年军人，曹操不愿同流合污、为虎作伥，“为保全名节而托病辞职”，偷偷逃离洛阳，到陈留（今河南省开封市东南）后在太守张邈的帮助下招兵买马，建立起了自己的武装。（吕思勉《三国史话》）

不过，司马懿找的这个借口，在暂时堵住了曹操之口的同时，也给自己出了一个非常棘手的大难题。风痹，腿脚不灵便，动辄就疼痛得要卧床不起。即使对于普通人来说，长期卧床也是个负担，何况是司马懿这样一个能文能武、喜抖空竹、活蹦乱跳的大小伙子？而且还要坚持若干年！即使吃饭、如厕、洗澡有人伺候，几年缺乏运动也真的会把人憋出病来。

## 三、七年之痛，度日如年

这漫长的七年时间，司马懿究竟是怎么慢慢熬过来的，三言两语恐怕很难说得清楚。每天听着鸡叫三遍，透过窗棂看着太阳一点一点爬上东墙边的树梢。到了黄昏，又眼巴巴地瞅着夕阳西下，余晖渐渐消失，夜幕降临，司马懿感觉日子过得特别慢。时间就像一锅烧开的油，慢慢煎熬着他的每一天。

《晋书·宣帝纪》记载，“帝知汉运方微，不欲屈节曹氏，辞以风痹，不能起居。魏武使人夜往密刺之，帝坚卧不动。”意思是说，为了让司马懿出山，曹操曾经专门派出刺客，半夜三更乔装打扮来到司马懿家里，而且还悄悄到了卧室，用寒光闪闪的长剑直刺司马懿的脖颈。机警的司马懿迅速作出正确的判断，明白这是曹操派来的刺客来试探他，并不会真的要谋害他，所以，临危不惧，故作镇定。然后，刺客完成任务自个回去，禀报曹操说司马懿是真的患了风痹，连宝剑刺向他，他都动不了。

《太平御览》引臧容绪《晋书》残卷记载：“魏武遣亲信令史，微服于高祖门下树荫下息……令史窃知，具还以告。”

还有一个相对比较合理的说法，说的是为了试探司马懿是否装病，曹操专门派了一个身边的医生假装到家里头去看望司马懿。这个医生坐在司马懿的床头，貌似很关心，摸摸这里，捏捏那里，用手试试前额的温度，还手搭司马懿手腕号了半天脉。在替司马懿掖被子的时候，狡猾的医生用衣袖里面偷偷藏的灸针扎向了司马懿的脚心，试探他是否有痛感。司马懿知道来者不善，虽然疼痛无比，但不得不忍住眼泪，硬是没有出声，表面上还装出一副若无其事的样子。

连一些官家正史也是这样写的。当然，这样听起来非常具有传奇色彩，把当时的司马懿说得像个特别重要的人物，也把曹操对司马懿的重视夸大了好几倍。事实上，当时曹操身边已经有了荀彧、郭嘉等一群高人，并不缺司马懿这么一个未出茅庐的小子。另外，尽管借助品评家的口碑司马懿刚刚有了一些小小的名气，也因为司马防、司马朗和曹操的特殊关系使得曹操对司马懿比较重视，但如此煞有其事地派刺客去试探，实际是子虚乌有的事。在曹操的心目中，司马懿其实还远远没有重要到这种程度。

更为重要的，是曹操本人的性格使然。接近曹操的人都知道，他历来胸襟宽广，在用人方面一向秉持“用人不疑，疑人不用”的原则。司马懿既然不愿意来，看来对我曹某人还有些看法甚至有点怀疑，那就由他去吧！索性也给足司马防、司马朗父子面子，曹操也不背强人所难的黑锅。再说，装病这一手，曹操才是真正的行家里手！《曹瞒传》说他小时候就会装病骗自己的叔叔。因为曹操小时候不务正业、游手好闲，他叔叔没少给他爸爸打小报告。曹操就想了个办法来报复叔叔。有一次在街上看到叔叔迎面走过来，曹操就假装面瘫，嘴歪向一边，做出很痛苦的样子。叔叔感到奇怪，问他怎么了。曹操说：“中风了。”叔叔就急忙去告诉曹操的父亲。听到消息，曹操的父亲大吃一惊，赶紧把曹操叫过来，一看没事，挺正常的，就问他：“你叔叔不是说你中风了吗？”曹操说：“没中风啊！大概是叔叔不喜欢我，才故意咒我的吧！”从此以后，无论叔叔再打什么样的小报告，曹操的父亲就是不信。如此一来，曹操也更加肆无忌惮了。

汉灵帝中平元年（184年），黄巾起义爆发，曹操被拜为骑都尉，受命与皇甫嵩等人合军进攻颍川的黄巾军，结果大破黄巾军，斩首数万级，名声大振。随之迁为济南相（今山东济南一带）。济南相任内，曹操做事一向雷厉风行、疾恶如仇、赏罚分明。济南国有十余个县，各县长吏大都攀附权贵，贪赃枉法，无法无天。曹操之前历任国相皆置之不问。曹操到职，大力整饬，一下奏免十分之八的长吏，济南震动，贪官污吏纷纷逃窜，政教大行，一郡清平。当时正是东汉政治极度黑暗之时，甚至有了买官制度。朝廷任命曹操为东郡太守，拜为议郎，曹操不肯迎合权贵，遂托病回归乡里，春夏读书，秋冬弋猎，暂时隐居了。

所以，真实的情况可能是，曹操并没有派什么人来刺探他。这七年当中司马懿过得也算轻松自在，只是他也不好意思再到郡里担任什么上计掾了，相反地，他倒是腾出难得的时间，又系统地把儒家经典、兵书战策仔仔细细地咂摸了一遍，养成了勤于思考的习惯。

更重要的是，司马懿的痛风是间歇性的，不是持续发作的。痛风发作的时候，身体僵硬，手脚剧痛难忍，往往持续数天。但过后就像不曾病过一样，行动如常。但是，说不准什么时候痛风就会再次不期而至，让人难以预料。由于长期伏案看书写字，司马懿的确偶尔会犯一两次痛风，但并不严重。但用来当借口搪塞曹操也是可以端到台面上的，关键在于曹操并没有太计较，太当真。

## 四、知书达礼的夫人张春华

同样地，司马懿的结发妻子张春华杀丫鬟的事情也纯粹是子虚乌有，匪夷所思。

司马懿的结发夫人张春华也是河内人，生于汉中平六年（189 年），比司马懿整整小十岁，其父张汪曾任粟邑（今陕西省白水县西北）县令。

张春华从小就以贤良淑德闻名，还聪明过人，颇识大体。根据种种迹象推测，司马防与张汪应该是比较熟识的，所以才成为儿女亲家。司马懿与张春华成亲的时间，应该在汉建安六年（201 年）曹操第一次征辟和汉建安十三年（208 年）司马懿出任丞相府文学掾之间。司马懿抖空竹抖得好，一多半是张春华教授的功劳。司马懿怎样装病掩人耳目，张春华应该是最清楚的。

但是，各种演义甚至正史都把十几岁的张春华进行了各种夸张，好像她真的是个杀人不眨眼的女魔头。

说的是在装病期间的某一天，司马懿把自己心爱的书籍拿到院中晾晒，不料暴雨突至，爱书如命的司马懿条件反射般从床上弹跳起来，跑到院中捡书搬书，不小心被家中唯一的伺候丫鬟撞到。还没有等这个丫鬟弄明白眼前发生的一切，张春华“恐事泄致祸，遂手杀之以灭口”（《晋书·后妃上·宣穆张皇后传》）。不仅如此，还有传说，张春华一不做二不休，杀了丫鬟又平静地自己烧火把尸体炖成一锅肉汤，倒进厕所，从而焚尸灭迹。还说司马懿从此以后，也对她敬畏三分，变成了半个“妻管严”。

更为离奇的说法是，这名苦命的丫鬟是被狠毒的司马懿和张春华两个人一起用绳子勒死的。还说从此以后司马懿家里再也没有用过丫鬟仆妇，烧火做饭、缝补浆洗都由倔强的张春华一力承担，怕的就是再有外人发现司马懿装病的秘密。

根据各种历史资料推算，这个时候的张春华才嫁入司马家门不久，顶多才十三四岁，还从未经历过任何大事。

事实上，作为县令的女儿，张春华总体来说是一个温良恭俭、知书达礼的人，平日里言谈举止都十分得体，从未有过出格的举动。但是，性情刚烈始终是她安身立命的重要武器。司马懿在家里一待就是七年，作为结发妻子的她十分理解，一句怨言也没有，除了接连给司马懿生了两个大胖小子司马师、司马昭，每天还里里外外忙个不停，让司马懿安心读书，从不用操心生计之事。

关于丫鬟之死，倒是流传于司马懿家乡的民间故事比较合情合理。故事说，那年盛夏，天气又闷又热，那几天司马懿恰好犯病，躺在床上浑身湿透，连身下的凉席也像被水泼过，痛苦不堪。午饭之后，司马懿正在床上昏昏欲睡，忽听得一声炸雷在屋顶响过，顷刻之间狂风暴雨肆虐孝敬里。司马懿是个嗜书如命之人，条件反射般跳下床榻，跑到院子里去抢收自己那些珍贵的书籍。与此同时，夫人张春华和她从娘家带来的一个贴身丫鬟也从厢房跑出来一起收拾。令丫鬟惊异的是，平日里装得慢条斯理的老爷竟然动作异常敏捷，禁不住目瞪口呆，一时愣在那里。等明白过来，聪明的丫鬟就关心地说："老爷，您进屋休息吧！别受凉了。这点事，就交给我和夫人吧！"张春华听了劝，把司马懿搀扶回屋里。等张春华再次从屋里出来、刚刚挑起门帘，就看见天空一道闪电划过，院子里头那棵刚刚成材的梓树被连根拔起，粗壮的树干正好砸在低头捡书的丫鬟身上。只听"啊"的一声惨叫，丫鬟口吐鲜血，倒地身亡。

这丫鬟跟着张春华好几年了，平素两人关系非常好，亲如姊妹。这丫鬟一死，张春华痛哭流涕，伤心不已。司马懿理解夫人的心情，厚厚地发葬了苦命的丫鬟，而且算作自己家人埋进了祖坟。从此以后，张春华不再使用年轻丫鬟，烧火做饭、缝补浆洗的活都是自己亲力亲为。

如此一来，司马懿更加地敬重自己的春华妹子。两个儿子亲眼看着自己的娘亲像普通人家的仆妇一样，天天忙完屋里忙屋外，忙完大人忙小孩，忙完吃的忙穿的，都特别心疼她，也格外听她的话。长大成人之后，两个儿子都十分孝顺，成为张春华的坚强后盾。

后来，司马懿发迹之后，有一段时间与自己新娶的伏夫人亲近得比较多，渐渐冷落了人老珠黄的张春华。而张春华心里惦记着自己的夫君，总想找机会接近司马懿，有一次好不容易看到生病的司马懿一个人正在书房看书，就急急忙忙亲自做了一碗司马懿最喜欢的羹汤，小心翼翼地端了进去。那司马懿当时心中刚好有一段愁肠尚未解开、正在烦闷，书也没有看进去，一开始感到有人进来以为是年轻貌美的伏夫人，抬头一看是张春华，竟然脱口而出说了一句："你这个黄脸婆，你来做什么？"随手一扬把滚烫的羹汤打翻在地。张春华又羞又气，躲回自己的屋子，哭了一个晚上，第二天开始不吃不喝，连卧房的门也不开。司马懿也倔得跟驴一样，拍着桌子大声嚷嚷道："还要绝食？吓唬谁呢？

不吃就不吃，看饿的是谁的肚子！谁也不许叫门！”

等到第三天晌午吃饭的时候，司马懿猛然发现自己最喜爱的两个儿子司马师、司马昭都没有出现在饭桌上，不免有些奇怪。原来，两个儿子一起跪在母亲卧房外头，要陪张春华一起绝食。

都说养儿防老，没有想到，这两个宝贝疙瘩这会子就帮上老娘了。张春华心中恼着老匹夫司马懿，却又欢喜着司马师、司马昭的懂事和体贴。虽然肚子饿得咕咕直叫，但一股精气神撑着，脸颊憋得通红，越发显得威风凛凛。

司马懿心知肚明自己理亏，没有其他好办法，还是自己服软道歉比较省事有效，就亲自到窗户外面给夫人说了几骡车的好话。两个聪明儿子一看老爷子态度好转，也立马调转方向，帮着司马懿说服自己的母亲。三个大老爷们好说歹说，这才劝动了又气又饿的张春华。

事情很快就传了出去，十里八乡传为逸事，不断有同僚和本村老少爷们跟司马懿提起这事，并开玩笑说他怕老婆，还夸张地说他为了劝说老婆吃饭还下跪了云云。司马懿呵呵一笑道：“我哪是怕老婆啊？我那是心疼两个宝贝儿子。饿坏了他们兄弟俩可不中！”

当然，此是后话，却也让人看出来了：两个儿子在司马懿心目中，那可是足两足称的。

## 五、审时度势，终于出山

汉建安十三年（208 年），历史上爆发了著名的赤壁之战。从汉建安六年（201 年）曹操第一次征辟司马懿出山开始，已经过了漫长的七年。

当年二十郎当岁的毛头小伙，现在已经三十而立了。对于司马懿来说，这七年佯装卧病的日子实在狼狈不堪。虽然有书看、有新婚妻子耳鬓厮磨，但自己正值大好时光，眼瞅着各路英雄豪杰各显神通，各逞其能，纷纷建功立业，自己却要蜗居在温县孝敬里这个离政治中心洛阳不足二百里的小村庄，简直是如坐针毡、度日如年。

与此同时，曹操带领几十万大军南征北战，纵横捭阖，基本上已经荡平天下，大局已定。北方的豫、兖、青、徐、冀、幽、并、司八州已经尽收囊中，尚余孙权的江东两州、刘表和刘备的荆州、刘璋的益州、马超和韩遂的凉州等五州，一统天下似乎指日可待。政治上，曹操废置三公，恢复丞相，一揽朝廷大权，推行的一系列开明政策让日益疲敝的大汉帝国重现些许生机，这让司马懿心里不由得不赞叹。

光看曹操这几年写的那些大气磅礴、力压群雄、睥睨天下的诗作，就让司马懿好生羡慕嫉妒恨！

比如曹操写的《观沧海》，让病榻之上的司马懿振奋得恨不能跳下床来，骑马挎枪，驰骋天下。这首诗是汉建安十二年（207 年）曹操在北征乌桓途中经过碣石山时写的。

乌桓是当时东北方的大患，汉建安十一年（206 年），乌桓攻破幽州，俘虏汉民十余万户。同年，袁绍的儿子袁尚和袁熙又勾结辽西乌桓首领蹋顿，屡次骚扰边境，以致曹操不得不在建安十二年（207 年）毅然北上征伐乌桓。在这年八月的一次大战中，曹操终于取得决定性的胜利。这次胜利巩固了曹操的后方，使他第二年能够挥戈南下。所以，北征乌桓对曹操来说是一次十分重要的战争。大战之前，身为主帅的曹操，站在当年秦皇、汉武也曾登临过的碣石旁，又当秋风萧瑟之际，心情像沧海一样难以平静：

东临碣石，以观沧海。
水何澹澹，山岛竦峙。
树木丛生，百草丰茂。

秋风萧瑟，洪波涌起。
日月之行，若出其中。
星汉灿烂，若出其里。
幸甚至哉，歌以咏志。

汉建安十三年（208年）六月初九癸巳日，趁着刚刚麦罢，老百姓有了一个好年景，家家户户都在蒸白面馒头、烙白面饼、包饺子吃，曹操十分愉快地举行仪式担任了丞相。就职仪式热烈隆重，堪比新皇登基，引得不少忠于汉室的士大夫暗中叹气自不必说。那曹丞相志得意满，把崔琰、毛玠、卢毓等当时一大批豪杰俊彦揽入丞相府，司马朗经过多年基层工作经历也走进了相府大门，担任丞相府主簿。

得知大哥成为曹操身边越来越重要的人，司马懿的心就开始"怦怦"跳个不停。每天早上起来，总能听到门外树上喜鹊叽叽喳喳的叫声。果然，大哥以最快的方式给他通风报信，坐实了自己的判断。

所以，当听说曹操又派人来请他出山，司马懿恨不得立刻跑到邺城，对曹操说一万个感谢，说我已经憋了七年了，早就憋不住了。何况，曹操的使者还带来了曹操的狠话："如果这次再犹豫不决不愿意来，就把这小子给我绑了过来！"曹操这话半是威胁，半是玩笑。其实，料事如神的曹操早就知道了司马懿此时的心思，又专门给这小子抬了一次轿子，给足了他面子。司马懿想，曹操没有追究自己装病的事情已经足以证明其宽宏大量了，这一次如果再讲什么条件，可就有点不识抬举了。唉，学得文武艺，货与帝王家。自己饱读兵书、儒家经典，真的要在孝敬里终老一生岂不冤枉？既然如此，那就索性到外面的世界走一走、看一看、试一试吧！

司马懿给自己刚刚出生的二儿子起好名字司马昭、字子上，带上几箱书籍、换洗衣服，依依不舍地作别亲人，踏上了北去邺城的旅程。

邺城之名很有来历，相传得名于黄帝之孙颛顼的女儿女修之子大业，是其始居地（今河北省临漳县香菜营乡一带）。据称，这里也是著名纵横家鬼谷子的家乡，战国时期曾因西门豹治邺闻名，项羽也曾誓师于漳南。袁绍父子在此经营十几年，把邺城打造得固若金汤、堪比都城。加之此地依山傍水，物产丰富，人口众多，交通便捷，所以曹操战败袁绍之后，很快就喜欢上了邺城，把自己的丞相府设在这里，并亲自兼任冀州牧，把邺城变成了事实上的大汉权力中心。此时此地，在曹操身边已经云集了荀彧、杨修、张承、袁涣、陈群等一大批知识精英、饱学之士，还有曹操有意放到基层锻炼回来的司马朗等人，可谓门庭若市，人丁兴旺，一派龙兴之象。司马懿满怀憧憬的正是这个人生的第一个战场。

在北渡济水的时候，司马懿站在船头、看着东方冉冉升起的朝阳，不自觉地吟诵起了曹操的诗，想着自己哪天能看到大海，心里竟然又开始佩服甚至崇拜起曹操来。唉，读书做官、兼济天下，读书人骨子里的东西真的很难改变。

但是，当他见到曹操，听说仅仅让他担任文学掾，也就是替丞相府管管图书、资料，具体工作是要陪嗣子曹丕读书，司马懿的心迅速从滚烫的六月掉进了严冬。曹操似乎看出了司马懿的不快，但只是冷笑一声，没有说什么，便安排司马朗、司马懿兄弟见面。

等大哥一通分析解说，司马懿终于明白了曹操的良苦用心，也佩服大哥的好眼光。司马朗说，曹操虽然喜欢处处留情，妻妾成群，但子嗣并不繁盛。长子不幸早亡，曹丕、曹彰和曹植一母同胞，曹操非常看重，其中特别着意对曹丕的培养。曹植喜欢吟风弄月，写诗作画，还抖得一手好空竹，《空竹赋》一时之间洛阳纸贵，使得同样是空竹高手的司马懿内心特别想结交曹植。曹丕和曹彰从小就跟随曹操在军旅中摸爬滚打，骑马射箭，排兵布阵，军事武备基本掌握。相比之下，曹丕酷爱读书，机敏过人。而曹彰除了舞刀弄枪来精神，天天憨憨傻傻的，一摸书本就打瞌睡。所以，从目前的情势来看，曹操是在有意培养曹丕。司马懿作为饱学之士，品行端正，正好可以弥补曹丕的不足。

司马懿是个聪明人，大哥这么一点拨，马上明白了自己角色的重要性，也很快清楚了自己要干什么，该怎么干。

再说，曹操似乎并没有计较七年前自己玩弄的装病花招，也让司马懿多少有点庆幸，懂得聪明人说话、做事是应该留点余地的。

尽管已经三十而立，也在河内郡做过一段时间上计掾，但司马懿毕竟是初涉官场，缺乏真正的历练，更没有在中央政府权力中枢工作过，特别是还从来没有与曹操这样的一代枭雄真正打交道的经验，所以，他听从大哥的耳提面命、谆谆教导，从最基础的工作做起，多干活，多观察，多思考，少说话，没事少与同僚走动。

司马懿是个心思缜密的人，加之他有几年在河内郡做上计掾的经历，做起事来有条不紊，那些文献、档案、实物经他整理、归档、标签后，小葱拌豆腐，一清二白。

在此，司马懿还被曹操安排了另外一个重要工作，即与太子交游来往，也就是给曹丕做侍从。虽然曹丕当年才二十二岁，比自己小了八九岁，但司马懿对他始终恭敬有加而不谄媚，严加指导而不生硬，更不端老师架子，始终不温不火、进退有度，分寸拿捏得极好。

随着相处日久，曹丕越来越欣赏司马懿的行为做派，简直形影不离、言听计从。对于他来说，司马懿不像父亲和师傅那样严厉得不近情理，也不像一些小伙伴始终不敢真正走近他，说话、做事总是让他感觉几分客气、不真实，更不像一些官吏张口闭口先要戴一摞高帽子，谄媚得让人怀疑其用心。司马懿就像无处不在却看不见摸不着的空气，很少感到他的存在，却不可或缺。

大哥司马朗知道二弟本是个生性旷达豪爽的人，眼见二弟天天如履薄冰、如临深渊、战战兢兢，如此这般小心谨慎，生怕拘着他、让他受委屈，担心这官场会把他憋出病来。司马懿则明白，自己并没有处心积虑地做什么，只不过实践了子夏说的，“君子有三变：望之俨然，即之也温，听其言也厉”。所以，他十分淡定地让大哥放心：“我在家的七年，早已经把什么都想明白、一切都看穿了。”

话虽这么说，可有时候，司马懿一天忙碌结束，躺在自己逼窄的小屋子里简陋的床上，看着透过窗棂射进来的月光，听着屋外不远漳河水静静流淌的声音，不禁有些感伤：三十岁，自己的宦海仕途才刚刚起步，究竟能走多远？究竟能走到哪里？自己实在是没有把握。为什么非要走这一条路？忠孝传家久，诗书继世长。司马家族辛辛苦苦多少代不就是为的一个书香门第吗？为什么不能继续读书做学问？像自己的先辈、老乡子夏一样，不是同样可以万古流芳？这样的拷问不时折磨着他。但是，一入江湖，便身不由己，等待他的将是何等的惊涛骇浪，司马懿经常半夜惊醒，辗转难眠。

# 第四章

## 步步惊心，朋辈新鬼

## 一、华佗之死，给司马懿当头一棒

群星璀璨的年代，人间绝对不乏聪明能干之辈。但若要清醒、理智地生存下去，殊为不易。见惯了杀人与被杀，有的人吓破了胆，从此噤若寒蝉。有的人吸取教训，以此为戒，分析、总结原因，从夹缝中找到自己往下走的道路和方法。

大树底下好乘凉。无论职场还是仕途，如果得到一个强势领导的提携、栽培，就可能会耳濡目染许多书本上根本学不到的东西，从而见多识广、眼界大开，能够得到远过常人的历练，因而一路顺风顺水，走得比别人更好更快。秘书、官家公子、商人后代等等，就有这个便利。

良禽择木而栖，贤臣择主而事。司马懿是幸运的。有曹操这样一位叱咤风云、文韬武略的大佬罩着，司马懿的确是找了一位贴身的好老师。可以说，他的每一点进步都得益于恩师的熏陶与指点。至于后来逐渐在他高大的躯体里产生的雄才大略，更是得益于曹操的言传身教。

但是，事物都有阴阳，硬币总有两面。伴君如伴虎，在心思难以捉摸而又疑心极重的曹操身边的日子里，司马懿每天小心翼翼，胆战心惊，如履薄冰，如临深渊，唯恐说错话、做错事。几年来，眼看着曹操身边的谋士走马灯一样来来往往，司马懿天天做梦都在祈祷，下一个被杀头的千万别是自己。

华佗被杀那年，即建安十三年（208 年）。司马懿被曹操征召，刚刚忐忑不安地走进丞相府，就被这个惊悚的消息吓得分辨不清东南西北。

无论是官方还是民间，神医华佗的死都是个爆炸性的新闻。司马懿几乎是刚刚得到传闻，说著名的神医华佗被曹丞相屈打致死，还没有来得及扼腕叹息，就接到了曹操派来的人和哥哥司马朗写来的密信。

当然，大哥的密信要早到一天。这一天之前，司马懿一直在家装病，潜心读书，已经熬过了七年的时光。这中间，凡有人来，必得躺在床上，几年下来，差不多快要弄假成真、装出病来了。因此，读书、思考成为他一日三餐和睡觉之外不得不做的事情。

孤独、寂寞实在难挨，司马懿经常问自己：难道就这样一直躺下去、装下去？自己总得做点什么才不枉此生吧？就在这旷日持久的闲暇冥想中，关于华佗的种种传说不断汇聚在他的脑海里，特别是华佗神奇的外科手术让他佩服不已，心里几次打定主意想去拜师学艺。不为良相，便为良医，能够用一门手艺造福桑梓、解救苍生也是功德无量哪！起码也可以了解自己的风痹究竟是怎么回事。

华佗出生在汉冲帝刘炳永嘉元年（约 145 年）前后，字元化，一名旉。华佗医术精湛、善于针灸，尤其擅长外科手术，中原大地到处流传着他治病救人的经典故事，甚至于有人把他传为神话，与董奉、张仲景并称为“建安三神医”。不仅如此，华佗还总结出了很多养生之道。

华佗曾经给广陵太守陈登治病，看他面色赤红心情烦躁，就诊断说是吃鱼得的病。经过一番治疗，陈登夸张地吐出几十盆红头虫子后，感觉身体已经治愈。但华佗提醒他一定要记住，他的病三年后还要复发，届时须再治疗一次才能得以根治。三年之后，陈登果然旧病复发，急忙派人按照华佗当年提供的地址去找他。然而，华佗弟子声称，师傅去深山老林采药去了，不知道什么时候才能回来。过了好多天，陈登还是没有等到华佗回来，随即命归黄泉。（《三国志·魏书二十九·方技传第二十九》）

华佗最令人称道的是，他在那个年代就可以做很多外科手术。其中，最著名的故事就是为关羽刮骨疗毒。关羽在襄阳之战时右臂被魏军毒箭所中，伤口渐渐肿大，病毒已经侵犯到了骨头上。华佗用手术刀割开关羽胳膊上的肌肉，仔仔细细地把臂骨上的毒液一点一点地刮除干净，让关羽可以继续挥舞他的青龙偃月刀。（罗贯中《三国演义》和湖北《襄阳府志》）当然，这是一个虚构的故事。关羽确曾刮骨疗伤，不过那时华佗已经死了好几年了，但这个故事足以说明华佗医术的高明。

如果华佗能够专心致志地悬壶济世，不知道可以为多少人解除病痛。但是，"万般皆下品，唯有读书高""学而优则仕"，是当时众多读书人的价值信条，无论一个人医术再高明，也只是一些奇技淫巧，为士大夫所不齿。因此，作为"贱业"的医生社会地位很低。在华佗心目中，起码要像张仲景那样当上长沙太守才能光宗耀祖。受这种社会风气的影响，华佗想要从政的心就越来越强烈，对自己的职业经常自轻自贱，"然本作士人，以医见业，意常自悔"（《三国志·魏书二十九·方技传第二十九》）。随着他的名气越来越大，请他看病的达官贵人、富商巨贾越来越多。越是这样，其失落感就更加强烈，心态也越来越不好，"为人性恶，难得意，且耻以医见业"（《后汉书·方术列传》）。有人猜测，陈登的病就是他故意拖延致死的。

因而，当曹操为治疗多年痼疾头风病召见华佗的时候，华佗认为这可能是一个走上仕途的好机会，其心思就开始活动起来。"太祖闻而召佗，佗常在左右。太祖苦头风，每发，心乱目眩，佗针鬲，随手而差。"（《三国志·魏书·魏书二十九·方技传第二十九》）华佗不愧为神医，每当曹操头痛欲裂，他只要在曹操胸椎部的膈俞穴进针，曹操片刻就会疼痛立止、头清目明。曹操自然十分高兴，华佗却给他泼了一盆冷水，说他的病是脑部痼疾，无法根除，必须长期治疗才能逐步缓解。生性多疑的曹操没有把华佗的话当作医者的告诫，而是看成了华佗在敲他的竹杠，想为自己谋求一官半职，想要以此拿他一道。于是，曹操心里很不高兴，但一时半会儿又离不开他，只好把他留在府中好生招待，以便随时治病。

华佗比曹操大十岁，是曹操老家沛国谯县人。两个人在一起的时候，曹操更愿意说家乡话，这样彼此感觉更为亲切，但华佗更愿意用中原官话交流。经常是两个人说着说着华佗就说起了政治，这让曹操很是别扭。司马懿猜测，华佗这很有可能是小心眼在作怪，怕别人瞧不起他的出身、职业和身份。

华佗向曹操暗示了很多次，曹操始终不予理睬。华佗见没有达到目的，心有不甘，就一计不成，再生一计，以收到家书、老家有事为由，请假回了谯县。可是到家住了一段时间，又以妻子有病为由迟迟不归。曹操百忙之中曾经多次写信催他回来，还曾命令郡县官员将他遣送回来，但华佗总是找出各种借口一再拖延。曹操心里跟明镜一样，埋怨他说："佗能愈此。小人养吾病，欲以自重。"（《三国志·魏书二十九·方技传第二十九》）身边的人都看得出来，曹操十分反感华佗抬高自己身价的行为，不免替华佗担心起来。恰好那一段时间曹操公务繁忙、头痛的次数越来越多，听到华佗再次要挟十分恼火，便搬出大汉帝国的律法，以"欺骗罪"和"不从征召罪"判处华佗死刑。谋士荀彧为华佗求情说："佗方术实工，人命所悬，宜加全宥。"（《后汉书·方术列传》）曹操说："我偏不服气！不用担忧，杀了华佗天下就没有这种无能鼠辈吗？"曹操气愤已极，毅然决然地把华佗抓进大牢，并且授意直接将他拷问致死。

到了小说家笔下，为了突出曹操多疑奸诈的性格特点，说的是华佗认为曹操的病可以根治，但需要做开颅手术。曹操认为华佗想故意杀害他，二话不说将他打入大牢，活活打死。（罗贯中《三国演义》）

此后，曹操最心爱的儿子曹冲不久因病去世，曹操十分后悔，说如果不杀了华佗，曹冲或许有救。事实上，曹冲生病而得不到有效的医治，的确也是曹操迁怒于华佗的原因之一。曹冲生病的时候，华佗明明就在府中，却故意拖延不治，后来还借故溜回老家，迟迟不归，因而耽误了医治。曹操的愤恨可想而知。

起先，还没有进入丞相府之前，司马懿十分同情华佗的遭遇，还不理解曹操为何非要杀了他。等后来从大哥司马朗和其他一些人嘴里知道了来龙去脉，又有点埋怨华佗，觉得他很大程度上是咎由自取。华佗本是名医，却耻于悬壶济世，总想跻身热闹非凡的官场，在司马懿看来真的是本末倒置，得不偿失。司马懿孜孜以求的是做一名安安静静的读书人，可造化弄人偏偏入了官家的门，现在是骑虎难下、进退维谷。但事到如今，也只好伴君如伴虎了。

华佗的死提醒司马懿，身处官场，千万不能再以自己的专业特长来炫耀于人，更不能耍心眼以此为条件相要挟。在这里，所有的人、一切的才具，都是棋子和工具。学得文武艺，货与帝王家，此言差矣！千万不能存"货与"之心而和帝王做买卖，那无异于与魔鬼谈生意、争利益，其后果只能是引火烧身、招致祸端。

## 二、孔融之死，不能与上司较劲

司马懿启程去丞相府的时间是刚刚麦罢。俗话说，送行饺子迎亲面。临行前，家里在妻子张春华张罗下，还专门热热闹闹地包了一次"娇饵"，也就是今天的饺子。

这种美食刚刚流行，据说是医圣张仲景发明创造的。张仲景用面皮包上羊肉、胡椒等一些祛寒的药材，包成月牙形状，煮熟之后让病人就着热汤一起吃下，借以增强寒症病人的体质，也可以避免病人耳朵生冻疮，故而起名"娇耳"，慢慢叫成了"娇饵"。不过，大家都觉得这种东西很好吃，很快就成为流行的食物。有的叫"月牙馄饨"，有的叫"粉角"，还有的叫"牢丸"，司马懿的河内郡习惯叫"扁食"。

司马懿嘴角扁食的余香仍在，脚步却不得不踏进了曹操的书房。还没有等他把丞相府的人认全，工作流程也没有完全弄清楚，孔融被杀的事情就深深震撼了他。

孔融让梨的故事家喻户晓，孔融也因此成为国人世代学习的道德楷模。孔融四岁时，与几个哥哥一起吃梨，孔融第一个拿，却挑选了其中最小的一个。大人很奇怪，问他为何拿小的、不拿大的。孔融回答：“我年龄最小，自然要拿小的。”事实上，这个天赋异禀的孔融值得后人大书特书的事迹远不止让梨这件小事。十六岁的时候，为了挽救被朝廷宦官迫害的张俭，孔融与哥哥孔褒争相牺牲生命，这一壮举更让孔融天下闻名。

孔融，字文举，出生于汉桓帝刘志永兴元年（153 年），比曹操还早两年，是鲁国（今山东省曲阜）人。他是著名的“建安七子”之一，是孔子嫡传的第二十世孙，其父是泰山都尉孔宙。提起他的名字，可谓如雷贯耳。汉献帝即位后任命他为北军中侯、虎贲中郎将、北海相，时称“孔北海”。任职的几年间，又是修城池，又是办学校，做了很多实事，政绩赫赫，官声斐然，声名远扬，经举荐兼领青州刺史。汉建安元年（196 年），袁绍之子袁谭攻陷北海，孔融败逃，后辗转到了许都。曹操爱惜人才，又拜服于孔融的家世、名气，任命他为将作大匠，迁少府，又任太中大夫。

看这一系列不算平常的履历，孔融应该可以成为更加辉煌的人生赢家。但孔融后来的人生遭际都明确无误地在印证一个真理，性格即命运。孔融不仅是著名的文学家，更是一位政治家，是当时学子士人的精神领袖。因此，卓尔不群、恃才傲物、狂放不羁、尖酸刻薄、锋芒毕露等不幸成为他身上明显的特征。凡是与他有过接触的人都能强烈感受到他的精神气质。以他这样的家世背景，鄙视出身低贱的曹操也就在所难免，但不幸的是这一点为自己以后埋下了深深的祸根。

本来，将作大臣是分管工程建设的主官，是个干实事的部门，孔融的确也干得不错。曹操之所以让他一个著名的文学家担任这样的官职，目的就是为了让他多干事、少说话，尤其是不要评议时政、指点江山，不要指责别人、以免得罪人。但孔融明知曹操的用心，却偏偏不肯领情，干活是干活，说话是说话，谁也挡不住，朝堂之上总是坐而论道、侃侃而谈、说起来没完没了，而且还经常非常傲慢地与曹操唱反调，有时候是自认高明，有时候则是故意对着干。

孔融顽固地认为，自己是汉家朝廷任命的官员，对于曹操的美意不加理会，在各种场合与曹操唱反调，惹得曹操哭笑不得，颜面尽失，渐渐萌生杀意。

名士出身的孔融向来看不起曹操，丧失地盘来到许都后，让大权在握的曹操觉得很窝火，萌生杀掉孔融的念头。但是由于北方局势还不稳定，加上孔融的名声远播，一时半会儿曹操不便对他怎样。

汉建安二年（197 年）的时候，袁术在寿春（今安徽省寿县）称帝。曹操非常生气，就迁怒于和袁术有姻亲的太尉杨彪，给他扣了一顶大逆不道、企图废黜天子的大帽子，准备逮捕杨彪。孔融闻讯二话不说，连朝服都来不及穿就跑去跟曹操理论。他说：“杨公有四代的清明美德，知道的人都非常钦佩。《周书》上说，无论父子还是兄弟，犯了罪行都不能株连，你怎么能把袁术的罪归于杨公呢？”曹操说不过他，十分恼怒，让许都令满宠去审理杨彪。孔融这时候颇有义士之风，又急忙去拜托尚书令荀彧托付满宠，并且出主意，让满宠审理时只录口供、不要动刑。而满宠自有主张，审理时一句也不问，直接拷打杨彪。事后，满宠回禀曹操，说经过拷打，杨彪一个字也没说。还说杨彪名气太大，不把他的罪过坐实很难服众，那样就会失去民心，也会毁坏您的美名。曹操权衡轻重，大度地挥手让满宠放了杨彪算了，免得惹麻烦。杨彪被放回家后打定主意，保命要紧，就谎称双腿筋肉被打坏了不能行走，连续十几年不曾出门，从曹操的魔掌下捡回了自己的性命。

但是，孔融自以为阻止了曹操加害杨彪，越发得意忘形，更加和曹操叫起劲来。好像不如此，就显示不出自己孔门之后的清誉和存在。为了节约粮食，曹操曾颁发了一条禁酒令，宣传主旨是饮酒会导致亡国。

孔融一听，不假思索地就跳出来反对，说自古以来亡国的还有女人，为什么不把女人一起禁了？当场把曹操噎得头风发作，再次决心动手除掉这个又臭又硬的家伙。

机会很快就到了。汉建安十三年（208 年）七月，曹操准备消灭荆州刘表。曹操知道，孔融与刘表关系十分密切，担心他们趁机勾结、制造祸端。为了免除后顾之忧，曹操决定先行除掉孔融这个疥癣之患。

仇恨的种子要发芽，愤怒的心要爆炸。中国历史上一场典型的强权与文人的搏斗不可避免地开始了。曹操处心积虑地专门选择了平素与孔融水火不容的光禄勋山阳人郗虑出任御史大夫，要名正言顺地治他的罪，要杀一儆百给那些悖逆的文人士子看看，究竟是你手中的笔杆子硬还是我手里的刀把子硬。郗虑公报私仇，工作格外卖力，效率也就高得不可思议，很快就搜罗出孔融的几宗罪：孔融曾经酒后吐真言“有天下者，何必卯金刀”，卯金刀就是繁体的“刘”字，这是十足的谋逆；孔融在北海做国相的时候，看到王室不安宁，曾聚集一群狂徒，欲图不轨；在一次接见孙权的使臣时，又公开议论过朝廷；孔融酒后曾和好友祢衡互相吹捧，祢衡赞孔融是“仲尼不死”，孔融则称赞祢衡是“颜回复生”；有一年闹饥荒的时候，孔融妄言：“如果父亲不好，宁肯把东西让给别人吃，让父亲饿死也无所谓”，至于母子之间，根本就不存在什么爱，就像一件东西暂时寄放在瓦罐里，倒出来后双方就毫无关系了……够了，足够了！既“欲规（谋划）不轨”，又曾“跌荡放言”，“违反天道，败伦乱礼，虽肆市朝，犹恨其晚”。（《三国志·魏书十二·崔毛徐何邢鲍司马传第十二》裴松之注引《魏氏春秋》）曹操的处理狠毒又不违法，让人不寒而栗，以至于陈寿写《三国志》的时候，反复考虑也不敢给孔融单独立传。

这一天是汉建安十三年八月二十九日（208 年 9 月 26 日），孔融聪明的脑袋搬了家，那张惹祸上身的大嘴永远地闭上了。这是一个让很多读书人都刻骨铭心、心惊胆战、永世不敢忘记的日子。

以前，京兆人脂习和孔融关系很好。脂习曾多次告诫孔融，让他不要过分刚直，以免得罪权贵。等到孔融被杀死之后，许都城里个个噤若寒蝉，没有一个人敢去为他收尸。后来，还是老朋友脂习去了。脂习抚着孔融的尸体痛哭不已："孔文举舍弃我而死，我还怎么能够继续活下去呢？"曹操听说之后十分恼怒，立即下令搜捕脂习准备杀掉他，但想想这样的确有些过分，后来又找机会赦免了他。(《后汉书·卷七十·郑孔荀列传第六十》)

名人之后怎么样？家世显赫又算得了什么？学富五车、才华出众又值多少钱？大哥司马朗提醒司马懿、司马孚及一众兄弟，在政治的天平上、在政治家的心目中，这些不仅有可能一文不值，还有可能招怨致谤，引火上身，成为当权者手中的把柄。木秀于林，风必摧之。名气越大，越应该谦逊；才华横溢，必须节制。司马懿听了大哥的话，一边替孔融惋惜，同时也给自己立下规矩，无论如何，今后要收敛自己的锋芒，夹起尾巴做人，绝对不能做出头鸟，不能当那根最有可能先烂的出头椽子。

## 三、祢衡之死，司马懿惊出一身冷汗

其实，如果孔融能够吸取好朋友祢衡的教训，或许可免一死。孔融被杀之后，司马懿心情久久不能平静，在反思孔融被杀的过程中，也研究了祢衡的死。

祢衡比孔融小了整整二十岁，两个人完全就是父子两代人的关系。但在祢衡的口中，孔融这样一位名门望族饱学之士，竟然成了他的"大儿"，即家里的大儿子。杨修仅比他小两岁，祢衡也常以"小儿"相称。这两个人都和他关系很好，意气相投，能够容忍他的狂傲。而曹操手下的其他人则根本不入他的法眼，经常遭到他的蔑视和讥讽，陈群被他讥笑为杀猪出身，司马懿的大哥司马朗被他斥为卖肉的。祢衡的狂悖孤傲可见一斑。

通过研究，司马懿知道，祢衡虽然不是死于曹操之手，却与曹操的幕后黑手难脱干系。

祢衡出生于汉灵帝刘宏熹平二年（173 年），字正平，平原郡（今山东省德州临邑德平镇）人。与孔融一样，祢衡的恃才傲物、目空一切也闻名遐迩，因而两个人惺惺相惜，成为忘年交。

汉建安初年（196 年），祢衡到许都游学。刚到许都的时候，身上带着一块刻有自己名字的小木板，想要以自己的名头找到一个安身立命的地方。转来转去很长时间，找不到合适的地方，或者说没有找到他能瞧得上的人，以至于木板上刻印的字迹都模糊不清了。当时，许都建立不久，文人士子、各路高人都从四面八方会聚到这里。有人劝祢衡道：“为什么不去投奔陈长文（陈群）、司马伯达（司马朗）呢？”祢衡鼻子仰得比眼睛还高说：“我怎么能和他们那帮杀猪卖肉的人结交呢！”

又有人问他：“荀文若（荀彧）、赵稚长（赵融）怎么样？”祢衡说：“荀文若可以借他的脸去吊丧（指荀彧长着哭丧脸），赵稚长可以让他管理厨房膳食。”

别人不喜欢祢衡，自有孔融这样的知己欣赏。孔融知道曹操爱惜人才，就专门写了一篇《荐祢衡表》，极力向曹操推荐。但是祢衡并不领情，称病不去。曹操也很生气，就封他为鼓手，想要以此打压一下他的嚣张气焰。祢衡大为不满，随随便便穿着一身家常便服就来上班了。祢衡一首《渔阳》曲敲得十分精彩，演奏的时候其容貌姿态与众不同，鼓曲声音节奏悲壮，听到的人无不深受鼓舞，慷慨激昂。但是，祢衡敲到曹操跟前的时候却停下了。负责礼仪的官员斥责了他一顿，说鼓吏应当着规定的服装，怎么这样就随意到丞相面前来了呢？祢衡点头称是，就在曹操面前，一件一件慢慢脱下自己的衣服，直脱到一丝不挂，然后又慢慢吞吞地穿上鼓手的服装。穿完了鼓手服装后继续敲鼓，就像什么事都没有发生一样，脸上非常的坦然。曹操无奈，只好强颜欢笑自我解嘲："我本来想羞辱一下祢衡，没想到反被他祢衡羞辱了。"

祢衡如此的放荡不羁，连曹操都敢当众羞辱。这件事连孔融都觉得过分，不免替他担心，就狠狠责备了祢衡一场，劝他不要辜负曹丞相一片爱才之心。这一次，祢衡倒是很顺从，主动提出要去给曹操认错。孔融又专门去见曹操，说祢衡的确太过狂妄，现在他知道自己做得不对，愿意前来谢罪道歉。曹操一听，以为祢衡想明白了，心中十分高兴，还专门交代门房，今天只要有客人来拜访就赶快通报，不管等到多晚。可是，等到天黑祢衡才来，而且身着单衣，头戴破葛巾，手持木棒，一副放浪形骸的形象。祢衡来到曹操大营门口，一边用木棒杵地一边放声痛骂。门吏禀报说，外面有个狂妄的书生坐在营门口破口大骂，言语十分悖逆，请求把他收监治罪。曹操暴怒，对孔融说，祢衡这坏小子算什么东西，孤要杀他不过像杀一只麻雀、老鼠罢了。只不过顾虑他有点虚名，如果杀了他担心远近的人说孤肚量狭小容不得他。现在把他送给刘表算了，看他怎么收拾这狂妄自大的家伙！于是，曹操专门派人骑着马把祢衡送给了荆州牧刘表。

刘表和荆州的士大夫们早就知道祢衡的大名，把他奉为上宾，格外器重他，让他掌管文书，并且所有的文件材料，都要请祢衡过目审定。有一份文件要立即起草，正好祢衡外出不在家，刘表就叫来其他文人一起起草，一群人费尽才思才勉强写好了文件。哪知道祢衡一回来，拿起文件都没有看完就说写得太差，而且撕得粉碎扔到地上。刘表等人看得目瞪口呆，吓了一跳。祢衡要来纸笔，片刻工夫就重新写了一篇交给刘表，文辞俱美，十分可观。刘表十分高兴，更加看重他。后来，祢衡不断侮谩刘表，让刘表感到十分耻辱，实在难以容忍下去。刘表知道江夏太守黄祖性情暴躁，就也找了个借口把他打发到黄祖那里去了。

祢衡刚到江夏的时候，黄祖也能善待他，安排他担负文书方面的工作。可能在曹操和刘表那里受到了刺激，到了黄祖这里，祢衡开始学得乖巧，工作中孰轻孰重、孰疏孰亲，都处理得十分适宜恰当。黄祖曾经拉着祢衡的手感慨地说："先生，您每次起草的东西都正合我意，简直和我心中想说的话一样啊！"黄祖的长子黄射是章陵太守，和祢衡关系尤其要好。有一次黄射大宴宾朋，正好有人送给来一只鹦鹉，黄射就十分恭敬地举着酒杯对祢衡说："希望先生能以此作一篇赋，让嘉宾们高兴高兴。"祢衡二话不说，稍加思考，提笔就写了一篇《鹦鹉赋》，文不加点，一气呵成，文辞优美，举座皆惊。汉建安元年（196年），黄祖在大船上宴请宾客，祢衡可能又喝多了酒，不断地对客人出言不逊，使黄祖十分难堪，就呵斥了他几句。祢衡借着酒劲，眼睛瞪了黄祖好半天，说道："你个死老头！少跟老子啰嗦！"黄祖非常恼火，忍不住想动手打他。没想到祢衡骂得更加起劲，黄祖气炸了肺，立即下令杀掉祢衡。因为黄祖的主簿一向痛恨祢衡，没有任何迟缓，即刻就杀了祢衡。黄射得知消息后，鞋都顾不上穿，急忙光脚跑来相救，但为时已晚，祢衡已经身首异处。黄祖冷静想想，也非常后悔，就厚葬了他。祢衡死时年仅二十六岁，他写的文章大多流失了。

祢衡的死让司马懿惊得一身冷汗，想起了当年拜师胡昭而招致周生嫉妒的往事。官场是个选择机器，只能适应它，不能让它适应你。要进入这头魔兽的世界，必须收敛你的个性，把自己身上的毛毛刺刺全都整饬干净，然后像一只毛毛虫一样钻进去。他知道，祢衡像一条丧家狗一样，被几个权贵踢来踢去，很大程度上与自己过于目中无人、狂悖不羁有很大关系。不作不死，官场铁律。

## 四、荀彧之死，司马懿的道德楷模不复存在

荀彧是司马懿的伯乐之一，也是他心中最尊敬的师长。所以，荀彧的死让司马懿悲痛万分，对他的影响极大。

荀彧，字文若，是颍川世家的代表人物，南阳名士何颙称其有“王佐之才”。荀彧是著名思想家荀子之后，其祖父、老一辈名士荀淑生有八个儿子，号称“八龙”。荀彧是通过当孝廉走上仕途的，他志向高远，精神纯净，从当官第一天起就立志要做一辈子的汉家命官。精神上的洁癖导致他在生活上也律己甚严，每次出门都是衣冠整齐，还要日日熏香，以至于“荀令君至人家，坐处三日香”。

汉献帝刘协永汉元年（189 年）十一月，董卓率军进入洛阳，霸占朝廷，废立皇帝。荀彧不愿意同流合污，当即辞去才做了几个月的守宫令（掌管皇帝的笔、墨、纸张等物品的官员）。他要捍卫汉家朝廷的尊严，也要保卫自己的精神高地。荀彧回到家乡颍阴对父老说：“颍川是四战之地，如果天下有变，那就会经常受到侵略。大家应该尽早离去，此地不能久留。”但乡亲们故土难离，十分犹豫，最后都不愿离去。荀彧只得独自将宗族迁至冀州避难。

第二年，司马朗、司马懿也有过一次率领宗族逃离家乡远走避祸的经历，得知此事，荀彧对司马家的这两个小兄弟格外刮目相看。

四世三公的袁绍听到荀彧到冀州的消息，待之若上宾，想招致麾下。但荀彧判断，袁绍虽然目前势头正旺，但终究难成大事，就在两年后离开袁绍投奔了曹操——当时还名不见经传又是宦官之后的奋武将军。曹操见到荀彧，立刻心花怒放，把他比作汉高祖的张良：“这是我的子房啊！”曹操当即任命二十九岁的荀彧为别部司马，从此开始了二十余年的合作。荀彧后官至侍中，守尚书令，封万岁亭侯。

曹操在外领兵打仗、纵横天下，毫无后顾之忧，很大程度上是他有了一个计谋一流、人品无双的荀彧。但是，荀彧很少出现在战场，他的主要任务是在后方筹粮、征兵、协调军国事务，很大程度上他又是曹操的萧何。因其任尚书令，居中持重达十数年，被人敬称为“荀令君”。但是，做好这些工作，顶多就是汉高祖的萧何，曹操为什么称他为张良呢？事实上，荀彧不仅仅是一位后勤部长，更重要的是他起到的作用相当于战略家。这十几年中，曹操的所有伟大的战略，基本上都离不开荀彧这位伟大的设计师。荀彧设计的是宏观政策，他要做的是运筹帷幄、决胜千里之外，具体的谋略则由荀攸、钟繇、郭嘉、陈群、杜袭、司马懿、戏志才等这些谋士去制定、去细化、去执行。更加难能可贵的是，荀彧的战略、计策，几乎都是把仁义置于前端，尽量不动兵燹，免得百姓遭殃、生灵涂炭，免得更多的青壮年劳动力丧生于战火。这一点司马懿看得最明白，记得最牢靠，在他自己的戎马生涯中，始终谨记并尽量实践荀彧的理念。

当年董卓威震天下、貌似不可战胜。荀彧果断地用预言鼓励羽翼未丰的曹操说，孟德公有四胜——度胜、谋胜、武胜、德胜，董卓的残暴已经超出常理，一定会因祸乱告终，不会有什么大的作为。

当乱世烽烟四起，天子颠沛流离时，是荀彧劝曹操迎奉天子。从此之后，曹操征战四方，以顺讨逆，名正而言顺。

官渡之战，当曹操粮草将尽，欲退还许都时，是荀彧对他说："情见势竭，必将有变，此用奇之时，不可失也。"（三国志·魏书十·荀彧荀攸贾诩传第十》）这才有了官渡一战曹操克平四州，威震天下……

假如没有荀彧，曹操至多只能是一匹在中原大地上奔跑的猛兽。而有了荀彧，曹操就如虎添翼、蛟龙得水，有了灵魂，有了主心骨。曹操曾说："天下之定，彧之功也。"曹操曾在为荀彧请功的表文中说："彧睹胜败之机，略不世出也。"（《后汉纪·孝献皇帝纪卷第三十》）但是，荀彧追求的是他心中的理想和情怀，不是曹操想要给他的功名利禄。每次曹操向皇上上表为荀彧请赏，荀彧都坚决地推辞不要。曹操一封一封地写信极力劝说，甚至要任命荀彧为三公，荀彧前后十次辞让，曹操才不再勉强。

荀彧不仅极具韬略，还有非凡的眼光。在繁忙的工作同时，荀彧物色、擢拔了一大批执行政策、完善策略的优秀的人才，曹操身边那些能干的谋士也基本都是他推荐上位的。司马懿第二次被曹操征辟进入丞相府担任文学掾，有一个关键的推荐人物，就是曹操最信任的荀彧。“彧又进操计谋之士从子攸，及钟繇、郭嘉、陈群、杜袭、司马懿、戏志才等，皆称其举”（《后汉书·卷七十·郑孔荀列传第六十》）。

但是，荀彧并非不能走到前台亲自处理军政大事。汉献帝刘协兴平元年（194年），司马懿随大哥司马朗率领全家从黎阳避祸回到温县，而曹操正面临着人生最窘迫的时光。那一年，曹操一家老小被陶谦手下大将张闿所杀，曹操率领人马杀回徐州报仇，而这时候他自己的大本营兖州又出了事，他最信赖的朋友张邈和心腹谋士陈宫一起，联合吕布共同背叛了他。兖州诸城皆闻风而叛，曹操进退维谷，眼看就要无家可归，成为一只流浪狗。三十出头的荀彧沉着应对，迅速招来夏侯惇，命令他连夜诛杀了几十个领头叛乱的家伙，替曹操稳定了局面、赢得了时间。

但是，老天好像要专门安排机会让荀彧展现一下他过人的胆识。一波刚平、一波又起，兖州城中刚刚稳定，豫州刺史郭贡又带着数万大军兵临鄄城，想要乘虚而入。谣传郭贡已经与吕布串通一气，眼看就要城破人亡，闹得人心惶惶，不可终日，只有荀彧那张方方正正的脸看不出任何不安与躁动。郭贡请荀彧单独出城会谈，荀彧毫无惧色，立即答应。夏侯惇十分担心，劝道：“令君，您是一州的主心骨，如果单独前往必定会有危险。千万不能去啊！”荀彧显得十分镇定，他分析说：“郭贡和张邈等人本来素无来往，现在这么急着赶来，必定是还没有定下确定的计谋，只是想来趁火打劫捞上一把。等他们大计未定前去劝说，就算不能让他为我所用，至少可以让他暂时保持中立。如果首先就怀疑他，可能反倒把他逼急，让他们死心塌地串通一气来对付我们。”郭贡见荀彧真的是一个人单独出城相见，而且谈笑从容、毫无惧色，又是设身处地替自己打算，说得又特别在理，真是打内心里敬佩，虽然还有几分疑虑，但想想不太值当，过了几天干脆退兵了事，打消了浑水摸鱼的念头。

故此，虽然荀彧比曹操小七岁，但曹操却对他十分敬重，常以师长之礼对待，在外征战期间，无论遇到什么问题总会写信向荀彧请教。钟繇曾说："夫明君师臣，其次友之。以太祖之聪明，每有大事，常先谘之荀君，是则古师友之义也。吾等受命而行，犹或不尽，相去顾不远邪！"（《三国志·魏书十·荀彧荀攸贾诩传第十》裴松之注引《彧别传》）

就像一位伟大的导师，荀彧以超越梦想的洞察力牵引着曹魏集团这艘巨无霸战船逆流而上，扬帆远航，终于统一了北方，打造出了一个威力无边的曹魏帝国。可惜的是，荀彧孜孜以求、殚精竭虑推动的帝国，忽然像一头猛兽，反过头来张开血盆大口扑向自己。或者说，他从来都清楚自己辅佐的曹操本来就是一头老虎，是他荀彧自己一点一点把他饲养、训练成了兽中之王。而到了最后，这头猛兽连他自己也无法控制的时候，他只有以身饲虎，杀身取义。荀彧心中的大汉已经存续了四百多年，曾经创造了无数令人骄傲的伟大，而他自己身在汉家已经五十年，加上祖辈在大汉天空下的各种业绩，要让他身心突然遁入另一个异样的时空，无异于要革他的命。更让他痛苦的是，这一切很大程度上是他自己推波助澜完成的。

曹操与荀彧走到最后，矛盾和痛苦的不光是荀彧。曹操心中也有他难以言说的滋味，但是，对于荀彧的离去，曹操还是充满了遗憾。从某种程度上说，毕竟是荀彧造就了他曹孟德，造就了大魏。当年，他曹操因为出身问题总被人瞧不起，让人在背后指指点点，是荀彧摒弃一切偏见对他推心置腹，对他竭智尽忠。也正是荀彧的到来，像一个巨大的磁场，吸引了无数英雄豪杰群聚在了曹操身边，让曹操在群雄逐鹿中原的争斗中一马当先。

曹操本想就把荀彧当作一个称手的工具、一枚独一无二的棋子，让他在棋盘上给他稳坐中军帐，替他看家护院，无奈这枚棋子是有感情、有情怀的，本身就带着自己的使命，他要支撑的是汉家的朝廷、刘家的天下。

汉建安十七年（212 年），在曹操的授意下，谋士董昭等人开始营造舆论，说曹操应该晋爵国公、加封九锡——九锡即九种尊崇的待遇和器物，根据《礼记》，具体包括九种特赐用物，分别是车马、衣服、乐县（定音、校音器具）、朱户（红漆大门）、纳陛（殿前特别的台阶）、虎贲（守门之军虎贲卫士若干人）、斧钺、弓矢（特制的红、黑色专用弓箭）、秬鬯（供祭礼用的香酒），这是帝王对臣子的最高奖赏了。加九锡，意味着比丞相地位更加高贵，权势基本上接近皇帝了。为得到这个特殊的功勋，曹操还专门秘密地向荀彧咨询此事。荀彧认为，曹操本来兴举义兵的目的是匡扶朝政、还天下太平，应该继续秉持对大汉的忠诚，守住退让的底线。荀彧还劝董昭他们，如果大家还自认为是君子的话，就应该“爱人以德”，不应该劝曹操再进一步。因此，曹操对荀彧有些愤愤不平。

同年，曹操发兵征讨孙权，让荀彧到谯县劳军。荀彧到达之后，曹操乘机把他留在军中，并且封荀彧为侍中、光禄大夫，持节，参丞相军事。曹操军队进至濡须，荀彧因病留在寿春（今安徽寿县），不久忧虑而死，年仅五十岁，谥号敬侯。

荀彧死了，荀彧推荐的一群谋士、干才还在继续为曹操效力。其中包括荀彧的女婿陈群，和对荀彧执弟子礼的司马懿。

第二年，荀彧尸骨未寒，曹操晋封魏公，在大汉帝国的疆域内建立了一个国中之国。

“太祖馈彧食，发之乃空器也，于是饮药而卒。咸熙二年，赠彧太尉。”（《三国志·魏书十·荀彧荀攸贾诩传第十》裴松之引注《魏氏春秋》）从小喜欢捉弄人的曹阿瞒，在荀彧临死之前也要出个谜语让智慧超人的他猜猜看。这一情节虽不见正史，但也符合曹操的个性。关于这个空空如也的食盒，历来有各种解释。有人猜，是曹操要荀彧从此闭嘴，不要再插手他称王的事；有人说，曹操送他一个空食盒，是想表明荀彧对曹操已经没有用了，让他自己想明白。更多人认为，比较合理的说法是曹操想告诉他，你一直想守护匡扶的汉室已经不存在了，你一直认为自己吃的是汉食、拿的是汉俸，这些其实也早就没有了。

无论怎样，荀彧死了。很多人都宁愿相信，是他自己主动寻死的。天要下雨，娘要嫁人，在变天之前他要以一个汉臣的名义干干净净地离去。在这件事情上，他一定也是经过了精心筹划、用了很深的计谋。这一次计谋的对象不是他以前帮助曹操对付的那些敌人，而是自己的主公曹操。这一次，荀彧是赢家。但历史是曹操授意陈寿写的，在《三国志·魏书》里，荀彧名列谋士榜第一名，和荀攸、贾诩一起默默地躺在一起，无论他愿意不愿意，反正他再也无法争辩。

荀彧死了，司马懿的心也随之死了。众人都在怀念他，称赞他。其中，堪称文笔第一的曹植也给荀令君写了诔文《光禄大夫荀彧诔》："如冰之清，如玉之洁；法而不威，和而不亵。百寮士庶，歔欷霑缨。机女投杼，农夫辍耕。轮给辙而不转，马悲鸣而倚衡。"(《艺文类聚》四十九)高山仰止。他本来应该像座高山一样轰然倒塌，却走得那样悄无声息。大音希声，大象无形，他就像一只小鸟从天空飞过，再也不见踪影。

司马懿的道德楷模不存在了，现在需要他自己走出来了，从狭窄的缝隙中侧着身体钻出来。但是，他是要像荀彧那样忠于汉室、至死不渝，还是顺水漂流、随遇而安做一个识时务者？司马懿也有自己的理想，司马懿还有很长的路要走，他不仅要面对曹操，很可能还要面对曹操的儿子、孙子，到了那时该如何自处？司马懿现在还非常苦恼这个问题。

多年以后，司马懿如此评价这位有知遇之恩的汉室忠臣："我一生耳闻目睹所知道的人，一百几十年间贤能的人才，无人能及荀令君。"(《三国志·魏书十·荀彧荀攸贾诩传第十》裴松之注引《彧别传》)

## 五、崔琰之死，伯乐不再

崔琰，字季珪，出生于汉桓帝延熹六年（163年），与司马懿尊敬的另一位前辈荀彧同岁。崔琰是清河郡的名士，曾受学于经学大师郑玄。

崔琰不仅长得五官端正、相貌堂堂，为人也非常正直。汉建安十年（205年），曹操打败袁绍后，兼任冀州牧，特别征召崔琰为别驾从事。曹操抑制不住胜利的喜悦对崔琰说："昨日查核了户籍，可以得到三十万之众。冀州真可称得上是大州啊！"没想到，崔琰毫不客气地回答说："如今天下分崩、九州分裂，袁氏兄弟同室操戈，冀州百姓露尸荒野。王师驾到，还没听闻王者之师布达仁义之声、询问民情、拯救生灵涂炭的百姓，而首先去计较什么扩充了多少实力。这哪里是敝州男女老少寄希望于明公的啊！"崔琰根本不计较自己辅佐过袁绍，也不管自己是初次和曹操当着众人见面谈话。曹操一听，立即肃然起敬，向崔琰表示歉意。当时在一旁的宾客都大惊失色，替崔琰捏了一把汗。

正是看中了崔琰的正派正直，曹操于汉建安十一年（206年）去征讨并州的时候，专门留下崔琰在邺城调教、辅佐曹丕。那时的曹丕还不到二十岁，血气方刚，正是喜欢玩乐的年龄。曹操一走，曹丕就立马像个顽皮的孩子悄悄伪装了服装、车辆，照旧外出打猎，心思全放在了追逐猎物上。崔琰上疏，远的搬出周文王、鲁隐公、夏桀的旧事，引经据典，条分缕析；近的又拿袁绍丧国作为案例苦苦规劝，最后又提出殷殷期望："现今国家衰败，恩惠的施予尚不普遍，男女百姓企盼、想念德政。况且您父亲心系天下苍生，亲自戎马征讨，上下劳顿，辛苦异常。世子您应当遵循正道，谨慎行事以使行为端正，还要思虑治国的大政方针，对内有所鉴戒，对外发扬高远的节操，深加思索你作为世子的责任，不负您尊贵的身份。而您却不惜失去身份，穿着管理山泽园囿者那种卑贱的衣服，急急忙忙地东奔西跑身涉险地，去追求猎获野鸡小兔这类小小的快乐，忘了国家社稷才是最重要的，这实在使有识者痛心啊！希望世子您烧毁猎具，扔掉那些服装，以满足众人的期望，别让老天降罪于老臣！"看到这样忠心虑国、言辞恳切的文字，曹丕顿时觉得惭愧不已，夜不能寐，赶忙奋笔疾书写信答复说："昨日刚刚收到您的谆谆教诲，要我烧猎具、弃戎服。如今猎具都已焚毁，戎服也已脱去。以后再有类似的错误，还望您再次不吝赐教！”从此以后，曹丕把崔琰引为心腹、师长。

正直的人心中有杆秤，所以崔琰也以善于识人著称。汉建安十八年（213 年），知人善任的曹操称魏公、加九锡后，专门安排崔琰担任负责官员选拔与任免的东西曹掾属。崔琰受人之托忠人之事，结果是“文武群才，多所明拔”。

崔琰也是司马懿的伯乐之一。司马懿还没有入职丞相府之前，崔琰就对同僚中的好朋友司马朗说，你的那个二弟“聪哲明允，刚断英特”，而且很不客气地说你几乎达不到那样的水平。司马懿一直没有弄明白崔琰如此断言的依据是什么，但心里始终对这位正直、耿介的前辈存有一份感激和尊重。

汉建安二十一年（216 年），曹操晋爵魏王，崔琰被任命为首任尚书。这时候还没有确立太子，曹操虽然十分欣赏临淄侯曹植出众的才华，一直想立他为太子，但仍然有些犹豫，就以秘密信函征询心腹重臣们的意见。曹操也秘密咨询了刚正不阿、公平正直的崔琰，但崔琰的回函却连信封都不封口，算是把自己的答复公之于众：“我知道《春秋》有大义应当恪守，那就是应该立长不立幼。而且，五官中郎将曹丕仁孝聪明，应当承继大统。崔琰将以死坚守这个原则。”曹植本是崔琰的侄女婿，曹操以为他会推荐曹植，看到崔琰如此大公无私、高风亮节，曹操十分赞赏，但对他没有选择自己钟爱的曹植多少有些遗憾甚至郁闷，感慨叹息之余，调整其职务为中尉。

司马懿和曹操都明白，崔琰这是在有意效仿当年汉文帝刘恒身旁的宋昌。当年，太尉周勃、丞相陈平等人诛灭吕后一族之后，迎立代王刘恒继任大统。刚见面时，周勃提出要单独和刘恒说几句话，而刘恒的警卫队长、中尉宋昌当面回绝道：“如果太尉是谈公事，就请当着大家的面公开讲；如果是谈私事，那么，王者无私事，请您免开尊口。”对于这种把事情端到台面上来议论的做法，曹操还是有点不高兴。

汉建安二十一年（216年），曹操在一片称颂之中荣升魏王。其中，崔琰举荐的巨鹿人杨训上表，极尽能事称赞曹操的丰功功绩，夸赞曹操的盛世美德。杨训的所作所为自然遭到一些清流派的不齿，有人讥笑杨训虚伪地迎合权势，进而批评崔琰荐人不当。崔琰急忙从杨训那里取来表文底稿，草草看后便写信给杨训说："读罢表文，感觉你做得很不错啊！既然有一些人暂时不理解你，那就看时间吧！时间啊时间，随着时间的变化，情况也一定会发生变化的！"崔琰的本意，是讽刺那些指责他和杨训的人喜欢谴责呵斥别人，而不按情理考虑问题。不曾料想，有人却报告说崔琰这封信态度傲慢，充满了怨恨和谩骂。曹操发怒说："世人都有重男轻女的毛病，所以如果谁家生了个女儿，大家都会说'不过生了个女儿耳'，可见'耳'不是个好词。'会有变的时候'，看来他们心里都有不满，也暗含期待，这个意思所指很不恭敬、很不客气啊！"于是，曹操下令罚崔琰去服劳役、做徒隶，相当于软禁、劳动改造。然后，又派人去探看情况。回来汇报的人说，崔琰的言谈表情丝毫没有屈服的意思。曹操更为恼火，下令说："崔琰虽然受刑，却与宾客来往，门庭若市。接待宾客时胡须卷曲，双目直视，好像心有怨忿。"于是，直接赐令处死崔琰。

可以说，崔琰是死于"文字狱"。崔琰就这么死掉了，好像死得太简单了一点，死得有些不明不白。司马懿悲伤不已，想了很长时间才算理出个头绪。自从荀彧郁闷而死，士大夫阶层领军人物已经所剩无几，崔琰不得不成为这些文化精英的代表。所以，在曹操看来，崔琰的一举一动都不再仅仅是他个人的言行，而是代表了一个阶层。而这个阶层的人表面上归顺曹操，但从来就没有真正从内心认同。曹操也知道，崔琰信中那几句"时乎时乎"绝对不是将来要造反的意思，他恼怒的是那些所谓的精英分子对杨训上表的态度。由此可见，内心反对自己的人还大量存在，还敢借机嚣张。如果任由这股力量发展下去，将来未必不会对我曹魏政权构成真正的威胁。“风起于青萍之末，浪成于微澜之间”（宋玉《风赋》），曹操自知来日不多，为大魏计、为儿孙计，必须防患于未然。那么，作为精英人物、清流派的杰出代表，你崔琰自然就是不二人选。谁让你刚正不阿、德高望重？谁让你才冠绝伦、风度翩翩，到了狱中还招摇过市、谈笑自若？不拿你开刀还有谁更合适?!

曾经，崔琰的堂弟崔林和陈群等人一起讨论过一个问题：谁是冀州第一名士。崔林认为，当然是自己的堂兄崔琰！陈群却认为，崔琰“智不足以存身”。意思是，崔琰的智慧连自己的身家性命都难以保全，如何能算冀州第一名士？可崔林不无鄙夷地说，大丈夫看中的是能否遇到明君，是否能够实现自己的抱负。至于如何保全性命，何必在乎呢？

事实上，生性喜欢猜忌的曹操从来就没有放松过对任何人的警惕，只不过随着自己身体的衰败，这种偏执狂越来越严重。和崔琰一样，娄圭这位他青年时代就有交情、为他立下过汗马功劳的人，也是死于曹操发明的一种比“文字狱”更可怕的“腹诽心谤”。有一次，娄圭与南郡友人习授同坐一辆马车，正碰上曹氏父子出行。习授感慨道：“为人父子而有如此排场，真叫痛快啊！”娄圭回道：“人生在世，不能光瞧着别人痛快，得自己痛快才行。”这个习授马上就把两人的一问一答密告给了曹操。于是，娄圭立即被曹操处死。

司马懿明白，自此以后，自己必须做一个完全听命于曹家的人了。否则，以他的才干、口才和大脑，没准什么时候一个莫须有的罪名就会戴到头上。

## 六、杨修之死，聪明反被自身误

杨修，字德祖，弘农华阴（今陕西省华阴东）人，出生于汉熹平四年（175 年）。杨修是太尉杨彪的儿子，杨彪夫人是袁术的女儿，杨修是袁术的外孙。

都说怀才和怀孕一样，时间长了都是藏不住的。对于杨修来说更是如此。那年杨修方才九岁，有个叫孔君平的人到家里拜见杨彪。因为父亲暂时没有回来，杨修就替父亲接待，沏茶倒水，寒暄让座，并端出水果招待。这个孔君平素闻杨修才思敏捷，便有意拿起一颗杨梅笑道："杨梅，真的是你们杨家的果子吗？"杨修不假思索，立即回道："孔雀是先生您的家禽吗？"

杨修世家出身，从小天资聪颖，博闻强记，耳濡目染，积累了丰厚的学识，二十五岁就得到曹操器重，被揽入府中，委以"总知内外"的主簿。杨修也没有辜负曹操的赏识，每遇咨询什么事情，总是随口就答，从未错漏，活似一部百科全书；处理事情也是得心应手，四两拨千斤，不费吹灰之力。杨修靠聪明才智解决问题的故事流传很多，也流传甚广。

曹操新建了丞相府，完工之际前去验收，看完之后一言不发，提笔在门上写了一个"活"字。旁人都莫名其妙，不知何意，而杨修明白地告诉工匠，说丞相嫌门太宽，所以在门上写个"活"字，"门"里"活"，就是"阔"，"阔"就是"宽"，意思是拆掉重建。

有人给曹操送来一盒珍贵的酥糖，曹操吃了一口，也是不说话，在盒上写了个"合"字。众人一头雾水、不解其意，而杨修毫不客气拿过来就吃，也劝大家一起吃："丞相的意思是'一人一口'。所以，大家尽管放心大胆来吃吧！"

但是，像杨修这样才华碾压普通人若干倍的人，总有一个致命的缺陷，这就是无法抗拒崇拜者的仰慕和需求。而当这样的需求来自于曹植这样被曹操看中的公子哥的时候，拒绝就几无可能，甚至等于画地为牢，自我树敌。从理性上讲，在曹丕、曹植争夺世子之位的事情上，杨修是倾向于曹丕的。两个重量级的公子哥都曾经以各种方式向他示好，希望杨修带着唯一的家世、不二的脑子尤其是曹操的圣眷加入自己的战队。面对两份浓烈的爱，感情丰沛的杨修几度失去理智而犹豫不决。看到弟弟曹植热情似火，一趟一趟往杨修家里跑，相对内向冷静的曹丕觉得如此巴结一名下官实在有点下作，就没有继续坚持。无奈之下，杨修半推半就、阴差阳错成为曹植的核心成员之一。相较之下，司马懿虽然内心倾向于文艺青年曹植，但因为已经被曹操指定为曹丕的中庶子，便毅然决然地听命收心，专心辅佐不太对脾气的曹丕。置身官场，心、意也就是情感与理智很难统一，甚至于要经常拧巴着。

以杨修的聪明才智来帮助曹植，表面上看的确是锦上添花，在与曹丕的竞争中几乎是处处领先。曹植喜不自胜，曹丕暗中抱怨，曹操也越来越倾向于曹植。在一场接一场的争储胜仗面前，杨修认定世子非曹植莫属。更要命的是，很多时候曹植和杨修已经在以接班人的心态考虑问题、处理事情了。曹操一次次考验兄弟二人，曹植一再得分，杨修也越来越坚信自己的指导是正确的、成功的。

那一次，曹操同时命令曹丕、曹植出城办事，事先又严令城门守卫不得放行。曹丕遇阻之后，只好按照司马懿的交代，回来老老实实地告诉曹操，卫兵不肯通融，自己出不了城，无法完成使命。而杨修鼓励曹植，说你王命在身，可以当机立断杀掉守卫。杨修这是用太子乃至王者的标准来要求曹植的，曹植虽然有点犹豫，最终还是照做了。

杨修和曹植以为赢得了胜利，可曹操的心里很不是滋味。你们还都是在参加考试的小学生呢！你现在就如此残暴，将来如果真的执掌天下还怎么得了？更令曹操担心的是，自从杨修加入了曹植的战队，曹植简直就把脑子完全交给了杨修，如此容易受别人操纵，怎么能够指望他将来君临天下？但是曹植毕竟是自己钟爱的亲生儿子，那么要想解决问题就必须从杨修身上下手。聪明反被聪明误，可怜的杨修好心好意帮助曹植，结果却把自己的脑袋送给了曹操，放到了断头台上。

让曹操痛下决心修理杨修的，是那件著名的“鸡肋”事件。汉建安二十四年（219年），刘备自立为汉中王，曹操亲率大军进驻汉中，要与刘备决一死战。但刘备坚守营寨，不与接战，弄得曹操进退两难，不知道该如何抉择。就在部下向他请示口令时，正在吃晚饭的曹操恰巧在跟一块鸡肋较劲，便很不耐烦地说出“鸡肋”两个字。杨修听说后会心一笑，当即收拾行装准备回家。有人不解，杨修说，鸡肋食之无味，弃之可惜，丞相心里已经决定撤军了。

任何一个高高在上的人，最忌惮的就是被人猜透心思。何况是曹操这样雄才大略的奸雄，被杨修这样的下属屡次三番猜中意图，无异于裸体行走在大庭广众之下。半年后，曹操预感自己来日不多，为了替曹丕扫清道路、减少麻烦，以杨修泄露国家机密、结党营私的罪名，毫不留情地将其处死。小说传奇故事中，曹操是在“鸡肋事件”之后，为严肃军纪当即斩了杨修。

杨修是个绝顶聪明的人，他不会想不到自己的这一天。所以，临终之前，他发出了由衷的感慨：“我早就觉得自己已经死得够晚的了！”

杨修的死，给司马懿敲响了警钟。在强权政治中，在曹操这样的人面前，一定要克制自己的虚荣心，斩断任何炫耀的欲望，随时随地克制想要出风头的冲动，甚至是要摒弃哪怕是正确的小聪明。一句话，不能聪明外露，必须懂得藏拙。即使你明知自己是正确的，也要紧紧扼住你的念头。须知，一念之差，天壤之别，判若云泥；一念成佛，一念成魔，一念既出，永难改过。

司马懿懂得，身处官场，即使你了解别人，能够洞察秋毫，也不能知无不言，不能自恃口才好而信口开河，要学会闭嘴，要懂得许多话只能并且只适合对自己说，还有的话要一辈子烂在自己肚子里。百战百胜，不如一忍；万言万当，不如一默，一直是官场平安的不二法门。斗争中即使能百战百胜，也不如“忍”；千言万语都妥当，也不如“默”然无言。不仅要做到“口默”，即嘴上不说，最好也要做到“心默”，即不在心里腹诽或是在脑子里较劲。老子云，“多言数穷，不如守中”。即使心中映出万般颜色风景，在心里也要保持沉静的状态，而不去追逐外在的虚无……一句话，身在夹缝中，心就不能肆意横行。

司马懿觉得自己好累，累的不是自己看不懂，不是自己不知道该如何自处，累的是明知山中有豺狼虎豹，还得小心翼翼走进深山，不得不赔着一万分小心与狼共舞。

# 第五章

## 跟定曹操，亦师亦友

## 一、夹起尾巴做人：狼顾之相与三马食槽

生逢乱世，想要安静地读书是不可能的。身在江湖，闭目塞听、两耳不闻窗外事也是不可能的。司马懿已经一跃而入大汉朝廷乃至天下的权力中枢，也必然会陷进是非的旋涡。

来自同僚的明争暗斗是一方面，更重要的是最高领导人对你的信任。偏偏曹操是个疑心极重的人，而司马懿身上又有那么多容易让他疑神疑鬼的地方。虽然司马懿的父亲司马防曾经是曹操的恩人、同僚，两人关系若即若离，不远不近，却始终未断。还有一层关系，就是大哥司马朗已经成为曹操的丞相主簿，相当于十分重要的秘书长，是他非常信任并倚重的人。

尽管曹操政务、军事十分繁忙，众多妻妾需要播撒雨露，二十几个儿子需要关爱、教育，还有一个接一个的诗词大会需要他出席讲话，或者担任主任点评嘉宾，甚至兴之所至当场发表自己的重要诗作。但这一切都没有阻挡曹操对司马懿一次又一次的猜忌、试探，更没有打消曹操的疑心。

在司马懿刚刚出生的时候，曹操曾经碰巧到家里看过。面对柔弱娇小的婴儿，连曹操都生了怜爱之心，并预感到这个小子将来会和自己产生某种缘分。当司马懿真的来到身边的时候，曹操也生出了一点久违的亲切感。但随着操劳过度，曹操的头痛病发作得愈发频繁，晚上的睡眠也越来越困难，而且经常有一些奇怪的梦总是重复。

司马懿刚刚到丞相府的当天晚上，曹操头痛又犯，就喝了两斤杜

康，打算喝晕了早早睡觉算了，免得痛起来生不如死。第二天日上三竿时分，曹操才迷迷糊糊醒来，脑子里却清清楚楚记得，昨晚有个一直纠缠他的梦还没有走远。曹操梦见有三匹高大威猛的骏马挤在一个食槽前面，你争我抢，低头吃草，槽里的草料被吃得干干净净。这三匹马意犹未尽，“咔嚓咔嚓”咬烂了糟朽的食槽，然后开始嚼起朽木来。曹操愣在床上，精神恍惚得分不清是梦中还是在醉酒中，梦中的寓意半天也想不明白。在接下来的一段时间里，这个“三马食槽”的梦竟然又做了好几次，每次都栩栩如生、历历在目，好像真的发生过一样。

曹操是个善于琢磨的人，有一天偶尔看到司马朗、司马懿和后来入职的司马孚三兄弟的名字，不由自主地打了个寒噤：会不会是暗示这兄弟三个要毁我曹家的基业呢？三马食槽，司马一家这弟兄三个将来要篡权夺位？从此以后，只要头痛，只要喝酒，三马食槽的噩梦就始终伴随着曹操，使他终生不得安宁。

更让曹操恐怖的是司马懿的“狼顾相”。随着司马懿在丞相府出现频次的增加，不知怎么回事这个说法就传到了曹操的耳朵里。传说司马懿身体十分灵活，可以像狼一样快速回头，而身体保持不动。有人添油加醋，说狼顾之相的人就像狼一样包藏祸心，总有一天会露出本来面目，给身边的人造成致命的伤害。

事实上，虽然司马懿更爱读书，但由于出身行伍世家，他也从小就舞刀弄枪，十八般兵器不说炉火纯青，也是样样精通。终其一生，练武、读书都不曾中断，因此他的筋骨始终十分的灵活。加上他在出山之前跟后来的夫人、当时的春华妹子勤学苦练了好一阵的空竹，左顾右盼起来脖颈就更加自如，甚至经常瞬间就可以转身向后。要知道，抖空竹在当时可是非常时尚的活动，无论是公子哥儿还是百姓子弟，喜抖空竹的大有人在。京都洛阳街头甚至温县集市上，也经常三五成群聚集着青年后生抖空竹比赛打赌。少年时期的曹植，还专门写过一篇《空竹赋》，在小范围流传，司马懿也曾经恭恭敬敬地抄写过一遍。

对于所谓的“狼顾”，天生不信邪的曹操是不太相信的。但有一天正好司马懿替曹丕送一份文件给曹操，司马懿转身出门的时候曹操忽然想起什么，就猛喊一声叫他回来。在司马懿快速回头的一瞬间，曹操简直惊呆了：司马懿的脖子真的可以一百八十度向后转！司马懿竟然真的可以做到！

“你……真的可以狼顾?!”一时之间，曹操竟然不知道该怎么问，心中的疑惑脱口而出。

司马懿慢慢转过身来，微微一笑：“丞相，在下自小习武，又喜抖空竹，身段比一般人要灵活一些而已。市井传言您岂能轻信？丞相英雄豪杰，武艺超群，相信您也可以。”

曹操自己试着向后转了转头，发现真的可以做到身体不动而头向后转，虽然转的幅度不如司马懿，但的确是可以的。听到脖子轻轻发出的“咯咯”的声音，曹操笑着自我解嘲：“啊？啊！果真如此啊！不过，比不上年轻时候了。”

类似这样的试探还有很多次，都是有惊无险，司马懿总能侥幸化险为夷。在曹操每次怀疑司马懿的时候，都要劝说曹丕要注意他，要防着点，还警告说：“这个司马懿，看起来真的不是什么忠臣良将！这家伙将来很有可能会干涉你的家事，千万要小心提防啊！”

但是，由于曹丕已经和司马懿关系走得很近，几乎是离不开司马懿了。所以，每一次曹丕都会替司马懿辩解，说司马懿忠心不二，不会有事的。曹丕还劝父亲把心放宽，说外面不少人在挑拨离间，那些神乎其神的传说都是有人造谣中伤。

不过，这些有鼻子有眼的故事传说甚至正史事迹纯粹是子虚乌有。事实上，刚入丞相府的司马懿态度中肯、勤勉尽责，在曹操眼里就是个听话、能干的大个子，将来顶多像他大哥一样成为股肱之臣，绝不可能做出篡逆的事来。的确，曹操再大的疑心也不会想到司马懿身上。

所以，这些年，除了丞相府文学掾，司马懿安安静静地做了负责宫廷内外联络的黄门侍郎、替皇上解答朝廷政治的议郎、相当于丞相府人事主管的东曹属、丞相府总务主管的主簿等等，官不大、职不高，但积累了多个部门工作的经验，积攒了一定的人脉，倒是做了个清醒的旁观者。所谓当局者迷旁观者清，也正因如此，他才把大汉的迷局和自己的前程看了一个清清楚楚、明明白白。

司马懿没有想到，以后的政局竟然可以如此惊心动魄，旁观者也能如此身临其境，每天看得惊心动魄。更没有料到，再往后的故事中自己想旁观都不可能了，无论刀山火海，还是万丈深渊，自己不得不纵身一跃，跳进黄河，把自己洗得面目全非。

司马家族是一个尊崇儒家传统的家族。少年和青年时期，司马懿的理想始终是想做一名子夏那样以文学著称的读书人，著书立说，名垂青史。现在，随着时间的推移，自己不得不选择跟随曹操，走上仕途，但也仅仅是想做张良第二，能为伟大的曹操出谋划策就已经十分知足了。

接近曹操的人都清楚曹操的秉性，假借做梦说事杀人就是他的一大发明。曹操军中上上下下都知道他的那个著名的故事，说的是曹操担心有人暗害自己，就经常对身边的人说他梦中喜欢杀人，所以只要他睡着了，大家千万不要靠近，一旦靠近就可能被他不自觉地杀掉。提醒诸位千万小心！为了使大家信服，曹操有一次假装睡着，故意翻身把被子弄掉地上，一名侍从出于好意赶忙过去拾起被子给他盖上。不料曹操一跃而起，拔剑砍死了那名善良的服务员。从此以后，再也没有人敢在他睡觉的时候接近了。

司马懿清楚，这个故事很有可能是喜欢使诈的曹操编造的，目的是让大家相信他真的会梦中杀人，以警告那些想趁他睡觉加害于他的人。

## 二、随曹操出征：实习生、小参谋

汉建安十三年（208 年），司马懿入职丞相府不久，伟大的统帅曹操便以数十万大军，再次开始了他的南征北战。

七月，南征荆州，刘表病死，其子刘琮投降。随即，打败刘备，占领江陵。稍作休整，又率领二十万水陆大军沿江东下，在赤壁（今湖北省赤壁市西北）与孙刘联军五万余人接战。孙刘联军在同样伟大的统帅周瑜的指挥下，黄盖致书曹操，说自己已经认清天下大势，江东六郡人马根本不是中原百万大军的对手，从现实出发，为江东父老考虑，只有投降这一条道路。黄盖与曹操约定，两军交锋的时候，黄盖为先锋军，届时会随机行事，为曹公效命。黄盖用十多艘轻便的战船，将其全部装满柴火，浇上火油，在强劲的东南风的助攻下，点上火的战船势如破竹，冲进曹营的战船中。而曹操的战船又是绑在一起的，一时之间无法解开，火势很快就烧到岸上的营地，曹操只好放弃战斗，大败而回。小说《三国演义》里加上周瑜打黄盖这个情节，纯粹是为了故事的生动曲折，凸显出曹操多疑的性格，彰显出黄盖不惜牺牲的精神。

这场著名的赤壁之战，司马懿应该是参加了的。彼时，他跟随在曹丕身后，只是一名观察员，没有机会发表意见，但是，他记下了每一个细节，一路走一路思考，牢牢记住了这次惨痛的教训，也算有所收获。

受这次战役失利的影响，魏军需要休养整顿。加上曹冲在这一年不幸病死，对曹操是沉重的打击。所以，此后三年内曹操没有再采取什么军事行动，乖乖地待在邺城，喝酒、写诗、想曹冲。

汉建安十六年（211 年），曹操权衡利弊，决定先防守稳住东吴边境，趁机挥师西进潼关拿下马超、韩遂的西北联军。曹操采用离间计，取得了胜利，占领了关中大部分地区。又用了两年时间，彻底占据关西，基本控制了凉州，实现了北方的统一稳定。

这之后，曹操于汉建安十七年（212 年）逼杀了最重要的谋士、强大的道德敌人荀彧，于汉建安十八年（213 年）称魏公、加九锡，并于汉建安十九年（214 年）派夏侯渊一举拿下陇右。这几年可谓春风得意，顺风顺水，彻底走出赤壁战败的阴影和丧子之痛。

不过，这四年中间的一系列战役，司马懿也没有捞到参加的份，只好继续当实习生和小参谋，静静地观察自己主公这一系列疯狂而快意恩仇的举动。根据近距离的观察和缜密的分析，他准确地得出一个可怕的结论：疯狂的曹操已经离死不远了。

司马懿的机会终于在汉建安二十年（215 年）三月降临。这一次，曹操亲率大军进驻长安，准备一举消灭张鲁，占领汉中郡。这一次，司马懿作为丞相府主簿紧随曹操参战，负责协调各职能部门的工作。

汉中郡位于益州东北，四面环山，中间是盆地，土地肥沃，物产丰富，地理位置十分重要。这里有汉高祖刘邦兴旺发达的基业，也被诸葛亮、周瑜和曹操等人同时看中，成为三家必争之地。

汉中太守张鲁是“五斗米教”的教主、道教祖师爷张道陵的孙子。几十年来，张鲁苦心经营，通过符水治病等方式迷惑了不少信众，把美丽富饶的汉中变成了一个宗教活动道场。

曹操听从与司马懿同为丞相府主簿的刘晔的建议，指挥魏军发动强大攻势，张鲁于十一月带领全家向曹操投降。曹操十分高兴，任命他为镇南将军，封阆中侯，他的五个儿子和其他有功人员均被封为列侯。

眼看着与自己同龄的刘晔献计成功，司马懿禁不住立功心切。经过审时度势，趁着曹操收降张鲁心情大悦之际，第一次斗胆向他提出了进一步攻取益州的建议：“刘备使用诈骗手段降服了刘璋而占据了益州，西蜀人民并没有真心归附他。现在他又率军东下江陵与孙权争夺荆州，这是我军攻取蜀地的大好时机，不可错失。我们如今在汉中大胜，益州受到极大震动。如果乘胜前进、大军压境，益州势必随之土崩瓦解。凭借如此有利的形势，非常容易取得成功。圣明的人不可违背时机，但也不可以错失良机。”

司马懿胸有成竹、信心满满地一口气说完，满怀期待地望着曹操那张时而严肃时而诡笑的脸，丈二和尚摸不着头脑，不知道曹操如何决断。司马懿心跳加速，第一次考试，老师能给多少分呢？

曹操听罢，继续眯眼端详益州地形图，以十分平静的口吻回答司马懿：“人生在世，很多人都是苦于不知足啊！既然已经得到了陇右，还要进一步希望得到西蜀，这就有几分贪心了。我看还是算了吧！”看他那轻松的样子，根本不像是在与自己的参谋人员讨论军事问题，而像是一位睿智的长者对晚辈的谆谆教导。

自己辛苦积累、深思熟虑的建议就这样被轻轻地束之高阁了？这么好的战机就这样贻误了？怎么回事？已过花甲之年的主公气血衰败到了如此程度吗？……听他的意思，自己分明就是考了个零蛋啊！司马懿表面上没有露出任何不悦，心里还是稍稍地腹诽了一下。

特别是得知刘晔也向曹操提出了类似建议的时候，司马懿底气似乎更足了一点，更觉得曹操如此决断实在可惜。

这个刘晔可不是一般的人物。扬州人氏的刘晔从小就是个杀伐决断、雷厉风行的狠角色。七岁那年，母亲去世并临终嘱咐他，说自己受了他父亲小老婆的气，希望刘晔除掉那个贱人，好让为娘九泉之下可以瞑目。刘晔牢记在心，经过几年苦练功夫，于十三岁那年手提一把大刀找到母亲的仇人，一道寒光闪过，手起刀落，割下了父亲小老婆的脑袋，恭恭敬敬地送到母亲坟前祭奠。

刘晔二十郎当岁的时候，其智谋胆略被当地一个黑社会老大郑宝看上，要设宴收他做军师。胆识过人的刘晔决定将计就计，设局摆鸿门宴干掉郑宝。但临到现场，狡猾的郑宝滴酒不进，刘晔的几个杀手都不知所措。刘晔干脆一不做二不休，拔出自己佩戴的刀剑，以迅雷不及掩耳之势迅速割下郑宝的脑袋，吓得郑宝的手下不敢做任何抵抗，反倒都纷纷归顺了他。

但是这一次，曹操并没有因为刘晔“有佐世之才”（许劭评语）而赞同他，尽管刘晔分析得更加透彻、言语也更为恳切，曹操也是毫不犹豫地否定了他的建议。

过了七天，有蜀国投降过来的人说，这几天蜀国成了惊弓之鸟，一天当中就有几十起闹事的，刘备虽然斩杀了很多人，也难以安定局势。得此消息，曹操便问刘晔：“今尚可击否？”刘晔的态度完全反转：“今已小定，未可击也。”（《通典》卷一百六十二兵十五）

对于刘晔这种见风使舵的做派，司马懿心里非常不舒服，但此时他也明白曹操决心已下、断难更改，知道多说无益甚至可能还会招致曹操反感，便明确地重申了一下自己的看法，也不再多说什么。他心里清楚，像他这样初入军营，还没有什么资历，更缺乏实战经验，所思所虑也就是纸上谈兵而已。再说，对于曹操这样连你的眉毛被风吹动都能看得见的人，绝对不能犯傻进谏，也犯不上冒死进谏。对于这些，司马懿已经了然于心。

若干年后，当他自己统率千军万马与敌军对垒的时候，想起当年曹操的心境，才准确地体会到了他的难处。尤其值得他回味且终生难忘的，是曹操初征张鲁进攻受挫时的那番话：“我带兵三十余年，如果一着不慎断送我军于敌手，那将会是一种多么可怕的情景啊？”针对深山老林险峻的行军条件，曹操十分感慨：“我看这里住妖魔鬼怪还差不多，要不要它有什么关系呢？我军粮草短缺，不如赶快回去吧！”所以，无论战况是否有利，司马懿始终坚持一个原则，这就是谨慎从事、绝不冒险，因为一着不慎就会满盘皆输。不管别人怎样激将，曹操老师的话司马懿永远谨记于心。

## 三、小心翼翼，跳出立储旋涡

身处官场，必须站队。无论你是被逼无奈，还是积极主动选择。有很多人奉行君子不党的原则，但在几种势力犬牙交错、你死我活的当口，想要置身事外、洁身自好其实是做不到的。因为，那些主动站队、投靠某一个势力集团的人形成一派、站好了自己的队伍，那么作为他们之外的其他人，都将被自动归为另一队，也就是与他们对立的一派。

司马懿的命运与曹丕休戚相关，也与曹操直接关联。这是上天的安排，想躲都躲不开。

汉建安十八年（213 年）五月，曹操被封魏公，封地有河东、魏、赵、中山等几十个郡，司马懿的老家河内郡也属于曹操的封地。

汉建安二十一年（216 年）五月，汉献帝又被迫给曹操加爵，魏公成了魏王，王城定于邺城。曹操继续任大汉朝廷丞相，并兼领冀州牧，集各种权力于一身。

汉建安二十二年（217 年）四月，曹操开始使用天子旌节。十月，汉献帝又赐曹操头戴十二根玉旒的礼帽，乘金银车，套六马。至此，曹操与天子待遇几乎没有差别了。

按照汉朝的规仪，无论是魏公还是魏王，曹操都应该立储确定接班人。但在这三四年中，曹操始终刻意回避这个问题。

立储是一个永恒的难题，无论愿意还是不愿意，必须面对，务必解决，迟早得面对。就目前曹操的儿子们来说，长子曹昂死后，作为嫡长子的曹丕文韬武略、人望口碑都要略胜一筹，理应早日明确身份，根据曹操对他的重视程度也应该不出意外。可近些年来，随着曹操年岁增长，越来越多愁善感，越来越依赖杯中物，每次喝多之后都要下一次决心，决定立自己更喜欢、文学才华出众的曹植。他也的确跟身边的人暗示过，说要立曹植为太子。可他也多次郑重地交代过，凡是喝酒之后做的决定一律不作数。每次酒醒，他都会严肃地询问手下，并庆幸自己没有把立储的决定公布出去。就这样，曹操情感上倾向于曹植，理智上又觉得治国安邦还得是曹丕好点。由于曹操心意分离，这件事一拖几年，迟迟难以决断。

如此一来，许多人就得面临站队这一严肃而危险的问题。雄主曹操目光如炬，注视着每一个人的行动，你把票投给谁、站哪个队，在他那里几乎都是透明的。但是大家又必须尽快作出选择，一来是担心曹操怀疑自己骑墙观望别有用心，二来早点押注以期将来新主能够青睐有加。

站在曹丕一边的，基本上都是曹操悉心为他选拔的职业官吏，一看就颇有接班的架势。

而跑到曹植旗下的，大多是他的文坛好友，一群文艺青年。建安七子当中，有五个人都是曹植阵营的。司马懿的三弟也在曹植府中任文学掾，并以自己的忠厚稳重影响过恃才傲物的曹植。实事求是地讲，这些人虽然也押注曹操对曹植发自内心的爱，但更主要的还是对曹植的真爱。就连司马懿，他在内心里、情感上也是倾向于曹植更多一些。从本性上说，司马懿也是个喜欢舞文弄墨的读书人，真的不愿卷入任何尘世的纷争，只想清清静静地著书立说，潇潇洒洒地和一群弟子们高谈阔论，就像自己敬仰的乡亲子夏那样。

遗憾的是，文艺青年激情多于权谋，冲动大于行动，曹植以为只要自己登高一呼，太子之位就能从天而降到他的头上，于是乎脑子一热，做了一件让他自己后悔终生的事情，让曹操最终彻底放弃了他。

其实那一次是曹操有意设计的考试，让曹丕、曹植各自领命从王城出去办事，但又要求守卫不开城门。受到守卫的阻拦，曹丕无奈，怏怏而归，交了白卷。而曹植受到杨修的怂恿，竟然十分果决地一剑封喉干掉了守门官，顺利出城完成任务获得满分。曹操表面上夸奖曹植出手干脆利索颇有乃父之风，但心里已经对这个容易受杨修等人蛊惑的儿子彻底放弃了希望。不久，失意而又狂放的曹植借酒浇愁，纵马擅闯只有天子才能走的司马门，朝野震惊，曹操震怒，彻底放弃了这位五百年一出的大文豪。

也有人揣测，曹操之所以拖了几年才立曹丕为太子，就是要让那些拥戴曹植的人提前暴露，好为曹丕扫除敌人。司马懿不禁心中暗暗叫苦，又暗自庆幸。尘埃落定之后，赶忙趁着夜半没有人注意，把自己心爱的空竹劈得粉碎，扔进了黑黢黢的漳河水，自己手抄的曹植的《空竹赋》也付之一炬，然后郑重地提醒自己，绚烂的文学梦到此结束，以后只有战士和冲锋，花前月下吟风弄月的事情彻底再见。可惜的是，《空竹赋》从此只留篇名，不见任何正文。

汉建安二十二年（217 年）十月，曹丕终于得到太子之位。曹操亲自安排太子的人马，司马懿及其三弟司马孚成为太子中庶子，相当于侍从官，也算作太子的伴读，每日相见，关系亲密。史称，“每与大谋，辄有奇策，为太子所信重”（《晋书·宣帝纪》）。可以相信，此时的司马懿对曹丕绝对是忠心耿耿的。聪明如司马懿，不会不知道太子对他的将来意味着什么。

遗憾的是，司马懿、司马孚的大哥、两个人的领路人司马朗在当年春天不幸去世，未能继续站在曹魏王国的臣班之列。有人分析，也许这也是曹操格外器重司马家另外两个兄弟的原因之一。曹操是个讲感情的人，司马朗的不幸罹难对他来说的确是个非常沉痛的打击。

好在这一次司马懿没有出现选择困难。虽然他欣赏曹植的才华，还抄写过他的《空竹赋》，但身为曹丕多年的侍从甚至朋友，他早已被贴上了曹丕的标签，别无选择。可见曹操当年把自己安排给曹丕是多么重要，自己是多么幸运！特别是当群臣争相站队的时候，司马懿正好在丞相府任职，没有卷入太子争夺的旋涡。他相信，这很有可能是曹操的刻意安排，有意让他跳出了是非圈。但是这种无法选择的感觉似乎更不好，尤其是自己都三十多岁了，不敢说读尽天下藏书，也至少是读书破万卷了，可到如今还是难以主宰自己的命运，只能听天由命，看他人脸色，听从他人驱遣。司马懿感觉十分不好，但又无可奈何。

## 四、借力解围，计杀关羽

“烈士暮年，壮心不已。”晚年的曹操，心中装有太多的大事。太子确定下来之后，他又开始筹划一系列的战事。他要在临走之前，尽可能地为子孙后代再当一回战士，扫清一切障碍。为了战事需要，他调兵遣将，搜罗了一切可能派上用场的人。

司马懿刚当上太子中庶子不久，就又被他拉回丞相府，担任军司马，秩级为一千石，相当于副郡级。这是司马懿得到的第一份军中职务，虽然负责的是后勤保障方面的工作，但他清楚“兵马未动，粮草先行”的道理，认认真真地研究问题，勤勤恳恳地履职尽责。

司马懿明白，曹操要频繁地打仗，必然要消耗大量的粮食，而要从根本上解决粮食问题，必须从制度设计上做文章。他搜罗历史典籍，仔细研究，向曹操提出“军屯”的建议：“以前，商纣王的大臣箕子曾经提出，要把‘民以食为先’作为治国安邦的重要计策。可现在，像军队士兵这样不从事生产的人至少有二十万。这种情况不应该再继续下去了！虽然现在还不是刀枪入库、马放南山的时候，甲胄戎装还不能收起来，但完全可以让军人一边耕作一边担负守边卫国的任务。”

望着司马懿越来越成熟的脸庞，曹操不住地点头称赞。他以前实行的是让老百姓屯田的“民屯”，司马懿这小子现在更进一步要搞“军屯”，这个办法更加有利于长期作战。这小子才刚刚四十，考虑问题就如此深远，实在是青出于蓝而胜于蓝。曹操当即表示同意，并让有关部门大力推进。

这一措施让大量的青壮年士兵“务农积谷”，渐渐开始“国用丰赡”，不仅极大地减轻了中央政府的负担，也得到老百姓的拥护。(《晋书·宣帝纪》）十几年后，当司马懿自己率军驻扎西北与诸葛亮相持不下的时候，又亲自实践了一下自己当初提出的这一建议，解决了后顾之忧，为赢得战争的主动打下了基础。

曹操不愧是伟大的军事家，早已料到战争不可避免，所以一直积极备战。但是，他没有想到刘备、诸葛亮行动会这么快。

汉建安二十二年（217 年），刘备亲自率领蜀汉大军进军汉中。法正为随军参谋，赵云、黄忠、魏延为大将，诸葛亮坐镇成都，负责军需供应。同时，为牵制魏军，刘备还派出张飞、马超等大将进攻武都郡。蜀军摧枯拉朽，很快就推进到了阳平关，夏侯渊奋力抵挡，与刘备形成了对峙局面。

汉建安二十三年（218 年），曹洪、曹休击退张飞等人，占领了武都郡。眼见汉中战事吃紧、相持不下，曹操不顾六十三岁高龄，舟车劳顿，亲赴长安坐镇指挥。

汉建安二十四年（219 年）正月，刘备率蜀军进至定军山（今陕西省勉县南），夏侯渊也在此安营扎寨严防死守。蜀军制造机会烧毁魏军部分营寨的栅栏，夏侯渊自恃勇猛带人去修理，蜀军在法正指挥下趁机发动冲锋，老将黄忠一马当先，把势单力孤、毫无防备的这些魏军杀得落荒而逃，一代名将夏侯渊被黄忠连头带肩一劈两半，命丧定军山。魏军在张郃统领下继续与蜀军对峙，不再出战。1905 年，任庆泰以小说《三国演义》中这段故事加工拍摄了京剧电影《定军山》，成为中国人自己拍摄的第一部电影。

悲痛不已的曹操担心汉中安危，决定走一着险棋，于三月份从长安穿越褒斜道进至南郑。刘备看曹操远道而来，日益疲惫，交通不便，粮食运输十分困难，就故意不与魏军接战。两军相持数月，魏军伤亡严重，连魏军大将王平都投降了刘备。

形成了这样的局面，曹操进退两难。有天晚上，当部下请示魏军口令时，正在跟一块鸡肋骨较劲的曹操随口说出“鸡肋”二字。当其他人对这个口令的含义懵懂不明的时候，随军主簿杨修二话不说开始打点行装。杨修对身边的人解释：“所谓鸡肋，就是吃起来没多少肉，扔掉又稍微有点可惜。想必魏王是以鸡肋譬说汉中战事，所以我判断咱们必然撤军。”（《三国志·魏书一·武帝纪第一》裴松之注引《九州春秋》）

进入五月，令人烦闷的雨季来临，曹操身体逐渐支撑不住，心中明白自己来日不多、大限将至，还是应该先赶回去处理政事，只好下令撤回内地。鸡肋一样的汉中，只好遗憾地放弃。

这一次进军汉中，司马懿并没有直接参加。但是，对于两军对垒的情况十分了解，对曹操矛盾的心态他也感同身受。当十几年后他遇到类似的情况时，也常常想起曹操手握鸡肋时的无可奈何。

当然，对于杨修的所作所为，司马懿不禁替他捏了一把汗。当杨修正值壮年而被曹操下狱处死的时候，司马懿也会想起杨修一语道破天机的那副得意忘形的样子。

此后，刘备恢复中原的心情更加迫切。曹操撤军后，蜀军乘虚而入占领汉中。刘备又迅速派宜都太守孟达攻占房陵（今湖北省房县），派养子刘封协同孟达占领上庸（今湖北省竹山县西南），还从汉中郡区划出一个西城郡。

在得知刘备这一系列战绩之后，司马懿急忙打开地图，对照看罢不禁倒吸一口凉气。因为刘备占领了这几个地方，就可以从汉中顺沔水经过西城、上庸和房陵直逼魏国的军事重镇襄阳、樊城。思考再三，司马懿立即向曹操说出了自己的忧虑，并明确提醒道：“荆州刺史胡修为人粗暴，南乡太守傅方骄傲奢侈，都不堪重任，不能让他们这样的人守卫边境重镇。”曹操心不在焉，置之不理。这下可急坏了司马懿，但苦于别无良策，只能徒唤奈何。

刘备在七月自立为汉中王后，心气高涨，斗志昂扬，迅速派镇守荆州的前将军关羽开始对襄阳、樊城发起猛烈的攻势。关羽借助天降大雨、汉水暴涨的有利时机，活捉于禁，斩杀庞德，把曹仁围困在樊城不得动弹。紧接着，关羽又把襄阳团团围住。

果然不幸被司马懿言中，荆州刺史胡修和南乡太守傅方见势不妙，先后弃城投降关羽。

这一来，曹操顾不得头痛发作，于十月间赶回洛阳，靠近指挥，以解襄阳、樊城之围。这一次，专门带上了他的军司马司马懿。此刻，曹操的生命还有最后几个月。

但是，此时无论政治形势还是军事形势，都已经对曹魏非常不利了。在关羽“威震华夏”的巨大影响下，弘农郡陆浑（今河南省嵩县东北）平民孙狼率百姓杀了县官响应关羽，引起连锁反应，以至于“自许以南，往往遥应羽”（《资治通鉴》卷六十八）。大汉帝国的首都受到威胁，眼看刘备恢复中原的宏图大志就要在关羽手中变为现实，向来无所畏惧的曹操也有几分胆怯了，提出想迁都到黄河以北，暂避一下关羽锐不可当的兵势。

看着昔日自己心目中崇敬甚至畏惧的曹操也开始英雄气短了，司马懿颇感悲凉，于是耐心地劝说道：“于禁等人的军队是被洪水淹没的，并非作战防守不力。他们少数几个人战败了，但对国家来说不算什么大的损失。如果迁都，就会向敌人显示魏军的薄弱环节。如此一来，淮水、沔水流域的百姓也就不安全了。孙权和刘备两家现在是外亲内疏，现在关羽得志，孙权肯定不太高兴。我们不妨派人去劝说孙权，让他趁机偷袭关羽的后方。这样，樊城之围就会自然解除。”西曹属蒋济走得更远，不仅提出了和司马懿相同的建议，而且还进一步许诺割让长江以南封赏孙权。曹操认为两个人的意见都是一箭双雕、一石二鸟的意思，十分可行，一面派人去给孙权送信，一面派镇守宛城的平寇将军徐晃去支援曹仁。

孙权与刘备本来就是为了各自的利益组成的松散联盟，双方还存在“借荆州与还荆州”等不可调和的矛盾，加上关羽曾粗暴地回绝了孙权“为子索羽女”的请求，还“骂辱使者，不许婚”（《三国志·蜀书六·关张马黄赵传第六》），严重伤害了孙权的自尊心，东吴一方正有趁关羽围困襄阳、樊城之机偷袭他的想法。所以，曹操的使者一到，正中孙权下怀，还意外得到了割地的许诺，更是高兴得忘乎所以，表示要亲自出马讨伐关羽。孙权具体建议，由他的东吴军队去进攻南郡太守糜芳镇守的江陵和将军傅士仁镇守的公安。如果这两个地方失守，关羽定会自己逃走，魏军的樊城之围也就随之自行解除。孙权还郑重其事地特别希望曹操保守秘密，千万不要泄露消息让关羽有所防备。

长期嗜酒如命的曹操此时的大脑基本上已经停止了转动，听谁说的主意都觉得很好、有道理，看完孙权的来信大为高兴，下令就按孙权的意思执行，还嘱咐大家注意严守秘密。但是，谋士董昭提出了一个不同意见，认为应该将计就计，暗中把孙权来信所讲的秘密有意透露出去，逗引关羽主动撤军去江陵和公安与孙权接战。这样既可以解樊城之围，还可以让他们两家相互争斗，魏军坐收渔人之利。

听到董昭这个建议，曹操还是说好。徐晃得到授意，把孙权准备偷袭荆州的打算抄录下来，让弓箭手分别射到樊城和关羽大营。如此一来，所谓的秘密差不多成了人人皆知的事情，樊城魏军士气大振，关羽瞻前顾后、进退两难。

正在关羽举棋不定的时候，徐晃得到曹操派来的援军，立即对关羽发动进攻，打得蜀军落花流水，许多人投水而死，司马懿提醒过曹操可能变节的荆州刺史胡修、南乡太守傅方也被杀。关羽损兵折将，元气大伤，只好撤掉樊城围军，退踞沔水以待时机。

就在这时，东吴军队在孙权、吕蒙率领下溯江而上直抵南郡，傅士仁和糜芳先后开城出降。无奈之下，关羽这才收拢部队全线回撤去救南郡。

看到关羽退兵南撤，憋闷了数月的樊城将士纷纷请战要去追击。曹仁听取了参军赵俨的意见，放任关羽和孙权去自相残杀。很快，曹操不准追击的命令也到了樊城，他也乐意坐山观虎斗。

恼羞成怒的关羽在南撤途中派出使者给吕蒙送信，强烈谴责东吴一方拆散孙刘联盟的恶劣行径。吕蒙趁机采取攻心战术，款待使者，让使者在江陵自由活动，并对蜀军家属进行慰问。回去的时候，使者带回了很多亲人的慰问品和平安家信。很快，关羽营中军心涣散，士气大减，每天都有将士出逃。

关羽继续硬着头皮南下收复江陵，很快就遭遇了孙权的一通猛打，损失惨重，士兵自己逃离的也越来越多。关羽被逼无奈，只得退守麦城（今湖北省当阳市东南）。孙权一不做二不休，又派出朱然、潘璋等人对关羽的残兵败将围追堵截。寒冬腊月，北风呼啸而过，关羽狼狈不堪逃往章乡（今湖北省当阳市西）。一场恶战之后，花甲之年的关羽精疲力竭，被潘璋部下马忠擒获。潘璋二话不说，立即将关羽等人斩首。一代明星战将就此殒落。

此战过后，曹操认为荆州百姓和颍川一带的屯田者这一次表现不太好，那么多人都依附了关羽，就想把他们迁至内地生产生活。日趋成熟的司马懿没有任何犹豫，当即表示坚决反对。他解释说，荆楚一带的老百姓长期处于交战地区，心理都十分敏感，一有风吹草动就会跑掉，非常难以安定下来。现在关羽刚刚战败，那些带头作恶的人或藏匿起来，或四处逃窜，都在观望形势。那些留下来的基本都是老实善良之辈，如果我们将他们都迁往别的地方，让他们离开自己固有的家园，既违背他们的意愿，还将使逃往他乡观望的人不敢返回家园。曹操此时深感大脑反应迟钝，就不再考虑那么多了，便认同司马懿的说法不再追究。事实证明，司马懿的确是深谙民心、深谋远虑。百姓安土重迁，过了一段时间，那些逃走观望的人也都纷纷回转家乡了。

不久，孙权为表示对曹操的归附之意，派人将关羽的首级送给曹操。曹操大哭一番之后，下令给关羽雕刻一个木头身子，让一代英雄身首合一，以诸侯之礼安葬在洛阳城南。也许是受到老朋友被杀的刺激，从此之后，曹操就一蹶不振，转眼到了来年正月就随关羽而去了。

司马懿当然也是目睹了关羽首级的。看到曹操悲痛欲绝的样子，司马懿也情不自禁地眼眶湿润。双目朦胧之际，司马懿在为关羽悲伤的同时，心中也有几分愧疚。虽然孙权也早有偷袭关羽的想法，但曹魏这边的主意毕竟是他先提出来的。思前想后，把这场战役进行了几次复盘之后，司马懿体会到了计谋的作用，真的是一计可顶千军万马，一计已下人头落地、血流成河，为将为帅不可不谨慎用计啊！

## 五、司马懿劝进，奸雄谢幕

冬至前后，东吴孙权同时给驻跸洛阳的曹操送来两样礼物，一件让他大悲大恸，让他心情灰暗到了极点，另一件让他喜极而泣乃至于癫狂。无论是喜是悲，让他体验了大起大落两个人生的极端，身体也由此急转直下，陷入了迷乱状态。

第一件是关羽的头颅。尽管是冬季，孙权也命人进行了仔细清理保护，但看到关羽冰冷惨白的面庞，铁石心肠、性格刚强的曹操还是感觉被人痛击了心脏一样。想当年，曹操多么欣赏和器重这位忠勇双全的好兄弟，不仅赠送关羽战袍、赤兔马，还举荐他为汉寿亭侯。可两个人始终没有君臣缘分，曹操一生以为遗憾。如今，比自己还小六七岁的关羽已经离自己远去，曹操顿时感觉心里空出来一大块地方，没有任何东西可以填补。

和曹操一起端详着关羽的头颅，体会着曹操依依难舍的心情，司马懿更想到了自己的父亲司马防。就在不久前，一场寒流席卷而来，早上起床的时候，夫人张春华照例要前去给公公请安，才发现老人家已经寿终正寝。得到消息，司马懿觉得自己的天塌下来了。大哥司马朗已经病逝，如今父亲也不在了，司马家族的重担无可替代地落在了他的肩上。

孙权的第二件礼物，是一封言辞恳切的书信，希望曹操顺天应人代汉称帝，还表示自己愿意俯首称臣。看完这封其实是“劝进表”一样的东西，曹操立刻换了个人一样，眉开眼笑，容光焕发，腰杆挺直。曹操一边把孙权的信让臣下传看，一边半开玩笑地说：“孙权这小子，他这是想把老夫放炉火上烤啊！”

对于曹操的一举一动，司马懿看得清清楚楚，心下猜测主公今天这般言行应该就是回光返照了。司马懿明白，曹操未必不想当皇帝，但对他来说，道德的底线已经不可触碰了，更重要的是他没有时间了。那么，现在曹操把孙权的来信公之于众并让大家讨论，意图十分明显，那就是考验大家，看看这些属下是否真的忠诚，是否会继续忠诚他选定的接班人曹丕。

曹操身边会有很多聪明过度的人，比如杨修之类，但绝对不会有一个笨伯。果不其然，司马懿几次张嘴想要表态，都被别人抢了先机，连贵人语迟的陈群都不顾礼仪风度争相发言。

侍中陈群、尚书桓阶表示，汉朝气数早就完了，应该尊崇天命、顺应民意，不必过于谦让。

作为自家人的前将军夏侯惇说得更直截了当：“主公您为民除害、使百姓归附，绝对应该成为天下之主。这样才能够既应天命，又顺民心。”

过了很久，终于轮到司马懿说话了，好听的劝进词差不多已经被别人说尽说完了。但逐渐历练成熟的司马懿知道，曹操此刻需要的不是华丽的文采，也不是理由的充足，他需要的仅仅是态度而已。只要态度正确，即使是陈词滥调也无妨，哪怕是听起来有些肉麻也无碍。所以，司马懿的发言只是一个别人发言的小结而已，听上去并无新意：“汉运垂

终，殿下十分天下而有其九，以服事之。权之称臣，天人之意也。虞、夏、殷、周不以谦让者，畏天知命也。”（《晋书·宣帝纪》）

行了，这就够了！听罢群臣歌功颂德的奏请，曹操摇摇头、摆摆手。他知道这些人都是饱读儒家经典的家伙，所以，他也引用了《论语·为政》里面的话回复大家的恭维：“‘施于有政，是亦为政’。若天命在吾，吾为周文王矣。”（《三国志·魏书一·武帝纪第一》裴松之注引《魏氏春秋》）其意思是说，能够对政治施加影响，也就等于参与了政治。即使真的天命所归、不能推辞，我还是愿意做周文王那样承前启后的人，当皇帝的事还是让子孙后代去考虑吧！

司马懿知道，曹操这样做也是情非得已，但到了生命终点，他还是能够兑现他对荀彧等人的诺言，没有走出代汉称帝的关键一步。如果荀彧、崔琰等人在世，他们会做何感想？不管怎样，司马懿是深深受到了触动。三十年后，当他自己也有了类似机会的时候，他始终记着这一天这一幕和曹操这一番肺腑之言。

转眼到了第二年（汉建安二十五年、公元220年）正月，六十六岁的一代枭雄曹操在睡梦中为他波澜壮阔的一生画上了句号。

其时，司马懿就在军中，就在曹操大帐不远处。

一辈子见惯了生死，一辈子决定了那么多人的生死，曹操早就将生死看得云淡风轻。早在几年前，曹操就为自己的死向家人和臣僚交代过一个《遗令》，全文如下：

> “天下尚未安定，未得遵古也。葬毕，皆除服。其将兵屯戍者，皆不得离屯部。有司各率乃职。殓以时服，无藏金玉珍宝。”（《三国志·魏书一·武帝纪第一》）

曹操说，现在天下还没有完全安定下来，我的丧葬事宜就不能遵照古礼去操办了。葬礼结束，所有人员都要脱去治丧的服装；那些在外领兵和屯戍的人，都不许擅离岗位前来奔丧；国家有关部门工作人员要坚守岗位，各负其责。入殓时用相应时令的衣服，也不准使用金玉珍宝陪葬。

不仅如此，在去世前一年半之前，曹操还专门就自己陵墓建设做过具体指示，对墓址的选择等都进行了详细的交代。

但是，到了小说家笔下，为了塑造曹操的奸雄形象，专门写到曹操临死前留下遗嘱，要为自己设立七十二座疑冢，以迷惑后世那些盗墓者："勿令后人知我葬处，恐为人所发掘故也。"（罗贯中《三国演义》）曹操虽然狡诈多疑，但他更崇尚俭朴，这样的做派根本不是曹操的行为风格。

# 第六章

# 助力曹丕，七年磨砺

## 一、协助曹丕称王

曹操去世的时候，作为替他掌管军情、调动部队的丞相府司马，司马懿是紧紧跟随在身边的。司马懿和谏议大夫贾逵密切配合，采取果断措施，制止了军中出现的骚乱，打消了曹彰、曹植僭越的念头，安全护送曹操灵柩回到邺城。

身在邺城镇守的太子曹丕早已得到司马懿派人飞马送来的快报，提早获得了父王离世的噩耗。曹操这一幕波澜壮阔的大戏刚刚结束，现在该轮到曹丕正式登场。

可怜的曹丕，第一场演出就是无穷无尽、惊天地泣鬼神的哭戏，戏码足得可以大哭三天三夜。而且，还要一干大臣、亲朋好友陪着一起哭。很多人的哭绝对是逢场作戏，但到了最后，几乎所有人都相信，起码曹丕的哭是真情流露。事到如今，他真的只会哭，只能哭，也只需哭，嚎啕大哭，痛哭流涕，痛不欲生，哭得死去活来。当年曹冲病死的时候，曹操悲痛欲绝。曹丕好心劝父亲节哀顺变，不料遭到一通抢白："冲儿死了，是我的不幸，却是你们的大幸!"想到此处，曹丕的哭声里，又释放出了长期受到压抑的委屈。

因为身兼导演和编剧的司马懿已经替他编好了剧本，他只要本色出演即可圆满成功。

这一次，人们似乎都不吝惜眼泪。当然，作为文艺大家的曹丕更是个好演员，在几天的哭诉中把父亲的丰功伟绩仔仔细细回述了一遍。等哭到第三天，眼见得所有人都相信了曹丕对父亲的真情实感，眼见得曹丕已经哭得声若游丝差点哭断了气，司马懿安排的另一个重要角色适时登场。这就是司马懿的三弟、太子中庶子司马孚。

那天的朝堂上，司马孚掐算着曹操灵柩回来的行程，估计曹丕和大伙儿哭得差不多了，就迈着司马一家特有的大步走到中间，面向曹丕深施一礼，然后用大嗓门盖过所有的呜咽声："先王过世，普天同悲，天下震动。而当务之急，还应该是早立新主，这样才能邦国安定。堂下诸位，难道我们只会痛哭流泪吗?!"

诸位大臣个个心里明镜一样，立刻懂得了司马孚的暗示，大家见好就收，纷纷止住悲声，七嘴八舌地表示赞同中庶子的意见。

曹丕本想就坡下驴、顺势收场，但想了想觉得还是再哭几声过渡一下比较自然，就又带领群臣低声抽泣了几下。

司马孚再次提高嗓门弹压下了众人的喧哗，情真意切地劝曹丕道："先王既去，现在殿下就成了天下和百姓的依靠。在上考虑到宗庙神灵，在下考虑到邦国社稷，殿下真的应该立即着手继承王位的大事，怎么能和平民百姓家的普通孝子贤孙那样只会哭个没完呢?"

戏码演到此处，所有人都成了优秀的演员，朝堂之中一片应和。曹丕苦尽甘来，心中的郁闷一哭为快，现在该办正事儿了。

但这时候出现了几个不识趣的人，提出来要去许昌找汉献帝请旨，然后再让曹丕继位。曹丕一听差点背过气去，司马孚也有点急眼。好在尚书陈矫处事果断，明确提出反对意见。他说，临淄侯曹植和鄢陵侯曹彰就日夜守在先王身边，前去许昌请旨来回得几十天，这期间要是生出变故、发生动荡，江山社稷不就危险了吗？不能干等皇帝诏书了，先办事再说吧！

为让事情尽量合情合理，陈矫还拉着司马孚一起进到后宫去拜见曹操的夫人、曹丕的生母卞夫人，"以王后令，策太子即位"（《三国志·魏书二十二·桓二陈徐卫卢传第二十二》）。这才算名正言顺。

曹丕心里的一块石头终于落地，但碍于情面，又如此这般地推让了几回，才在司马孚等人紧锣密鼓的操持下，赶在曹操灵柩回到邺城之前，迅速地在王后旨意下达的第二天登上了王座，当上了魏王兼大汉丞相、冀州牧。也就是说，曹丕替代了父王曹操的一切职务，成为曹魏王国和大汉帝国的实际控制人。

在司马懿和贾逵等人的一路护送下，叱咤风云的乱世枭雄、治世能臣以平躺着的方式回来了，回到了一派登基大典热闹景象的邺城，如今属于儿子的王都邺城。不过，这已经是将近半个月之后了。曹操死于正月二十三，葬于二月二十一，“是为不逾月也”。根据当时的民俗，葬仪没有超过一个月。司马懿再次发挥他上计掾的专业水平，把时间掐算得恰到好处。

打仗亲兄弟，上阵父子兵。明眼人暗地里都由衷地佩服：司马兄弟配合得真是天衣无缝！

对于邺城发生的这一切，许昌的大汉皇帝只能选择默认，并派御史大夫华歆前来宣诏，为曹丕的所有职务进行合法性背书。

自古以来，拥立新主都是一本万利的买卖。战国末年，天下纷争进入尾声，卫国商人吕不韦想在大幕闭合之前挤入现场，认为秦国在赵国的人质异人“奇货可居”，是进行政治投机千载难逢的好机会。据《战国策·秦策五》记载，吕不韦专程为此回家与他见多识广的父亲商量。吕不韦问他父亲：“耕田种地能获几倍的利?”父亲回答：“十倍的利。”吕不韦又问：“经营珍珠玉石能赢几倍的利?”父亲说：“百倍左右吧!”吕不韦再问：“帮助立一国之主，能赢几倍的利?”他父亲说：“那获利就太多了！难以估量。”吕不韦得出结论说：“现在努力耕田，不能保证吃饱穿暖，而帮助立一国之君，得到的好处，可以传之后世，这种大大有利可图的事，何乐而不为呢!”吕不韦和父亲商谈后，果断地从经营异人开始，扶持嬴政成为秦始皇，自己也一步登天，权倾朝野，富甲天下，不可一世。

司马懿、司马孚兄弟，自然也和吕不韦一样获得了丰厚的回报。司马懿成为曹丕最信任的心腹之一，加官封爵，成为河津亭侯，担任了丞相府长史，负责打理所有行政事务；不久又担任督军、御史中丞，替曹丕随时监督文武百官的一举一动，成为曹丕倚重的心腹。司马孚等人也皆有封赏。

像很多新君王一样，曹丕在当上魏王和大汉丞相之后，忍不住有些手痒，总想找个人练练手，宣示一下自己的权威。恰好这时有人奏报，江东孙权带领队伍自东向西经过襄阳、樊城。本来孙权是听说刘备那边在搞什么大动作、准备登基当皇帝，想到接壤的地方炫耀一下武力以震慑对方，没想到曹丕的群臣误以为孙权抢夺地盘来了。一时之间，议论纷纷。很多人都认为，襄、樊二城刚刚让水淹得不像样子，缺吃少用，根本抵挡不住孙权的进攻，应该赶快让驻扎襄阳的车骑将军曹仁撤回到南阳郡治所在的宛城。

司马懿知道去年就是自己劝阻曹操没有迁徙那一带的百姓北上，现在如果放弃了，当初的反对也就没有了意义。作为丞相长史、曹丕身边比较重要的大臣之一，不得不硬着头皮提出了反对意见。他分析道，孙权他们最近刚刚打败了关羽，正是想和我们搞好关系的时候，肯定不敢前来捣乱、主动发起进攻。再说，襄阳地处水陆交通重要关口上，是抗御敌寇的要害部位，千万不能主动放弃。

曹丕此时还沉浸在新王新丞相权倾天下、不可一世的强大气势中，对于司马懿的意见只是鼻孔里哼了一声，便不再认真理会。其结果，是孙权一下子被襄阳、樊城这两个天上掉下来的大馅饼砸中脑袋，喜不自胜，等曹仁莫名其妙地一撤出襄阳，便立即派人大摇大摆地占领了这座军事重镇。曹丕后悔莫及，只好拉下脸来又让曹仁带着徐晃重新把襄阳抢了回来。

明知道自己进谏正确，但司马懿再见到曹丕的时候，也没有敢再提过此事。该给主上保留面子的时候，一定要给足，而且还要装得若无其事。

## 二、复仇者曹丕

作为曹丕的亲密盟友和重要臣属，司马懿当然知道自己被任命为御史中丞的原因，也清楚曹丕究竟忌惮什么。既然航船已经离岸、已经别无选择，就别再考虑上哪艘船的事情了。现在要站在船长的角度考虑问题、处理事情，争取把船开得平稳顺利，也只有这样自己才能获得平安。

对于新魏王来说，首先要处理的是曹彰、曹植这些亲兄弟。当年，先王曹操把自己众多的儿子全都封为侯爵，如今对于曹丕来说，这些骨肉兄弟都成了心腹大患。特别是先王曾经十分中意、与自己争夺过太子之位的曹植，和先王最喜欢、在军界颇有影响的曹彰，都是自己一母同胞的亲兄弟。所以，曹丕要求他们两个带头离开洛阳，回到自己的封地上去，必须走，马上走。早已心灰意冷的曹植没有话讲，参加完曹操的葬礼，灰溜溜地就离开了伤心地，发誓要老死他乡，再不回来。一介武夫的曹彰虽然有点小脾气，也只是哼哼唧唧了几句，也没敢造次，乖乖地回到自己的封地。

不仅如此，曹丕还通过司马懿选派了一批忠诚可靠的“监国谒者”，到兄弟们的封地去任职，专门负责监视他们的一举一动，没有曹丕的旨意不许他们随意走出封地半步。

当这些昔日风光无限的公子哥离京之时，竟然没有人敢公开前往送行。早春的寒风中，司马懿在自家庭院里一边踱步一边想象着曹植、曹彰落寞的身影，不禁打了个寒噤，心头涌起一阵凉意。虽然他知道，相对来说，当然是曹丕受到的压抑和心中的委屈更多、更大，但仍然对他如此决绝的做法感到悲哀。

司马懿设身处地替曹丕考虑，觉得此时的曹丕必然要发泄他多年隐忍憋闷的怨气，否则他会憋死，否则他继承王位还有什么意义？有了绝对权力，任性是必须的。但没有想到的是曹丕的复仇才刚刚开始，他不会忘记当年跟随曹植的那几个死党丑恶的嘴脸。最可恨的是杨修，已经被先王曹操以泄露军国机密和私交王室成员的罪名处理了，真是便宜了他！赶走了曹植、曹彰，曹丕立即派人去解决他们的同党丁仪、丁廙兄弟。

丁仪兄弟二人的父亲丁冲和曹操同是沛郡谯县老乡，平日里交情很好，汉兴平年间为黄门侍郎，建安初年为司隶校尉。当年，曹操为是否“挟天子以令不臣”铤而走险犹豫不定时，丁冲给了曹操极大鼓励。曹操如愿以偿、越飞越高，十分感谢这位亲爱的老乡，两个人经常在一起饮酒聊天。无奈这位丁老乡酒量有限，经常烂醉如泥，醉了之后曹操还得派人把他送回家去，怕他发酒疯举刀乱砍。最后，丁冲喝到胃穿孔，生生把自己喝死了。

曹操总感觉对不住自己的这位知己、酒友和同乡，听说其子丁仪颇有才学，就想把自己的女儿清河公主许配给他。有一天，曹操和时任五官中郎将的曹丕商量此事，曹丕直言不讳地说，女人对于男人的容貌还是比较在意的。丁仪虽然有些才学，但是眼睛有点小，恐怕您的爱女不会喜欢他。不如把妹妹嫁给伏波将军夏侯惇的儿子夏侯楙，这样亲上加亲更合适。曹操听说如此，后来就把清河公主嫁给了夏侯楙。

但是，曹操总觉得应该提携一下丁仪，后来就任命他为西曹掾。一次偶然的机会，曹操跟丁仪单独谈了一次话，被其才华深深地折服，就有几分后悔地说：“丁仪的确是不可多得的青年才俊！早知如此，就算是他两只眼睛都瞎了，我也得把女儿嫁给他，况且他只是眼睛小点而已。唉，都是曹丕坏了我女儿的婚姻大事呀！”

后来，丁仪知道了自己没能当上乘龙快婿的原因，就嫉恨起曹丕来。所以，当曹丕、曹植争夺世子之位的时候，丁仪虽然也知道曹植文人气息过重、做事比较放任自流，还是意气用事、义无反顾地站到了曹植一边。同时，丁仪“少有才姿，博学洽闻”（《三国志·魏书十九·任城陈萧王传第十九》注引《文士传》）的弟弟丁廙也成为曹植团队的重要成员。

曹丕继位魏王之后，丁仪就预感大事不妙，但心里总存有一份侥幸，希望曹丕看在父辈的交情上放自己一马。睚眦必报的曹丕先是贬丁仪为右刺奸掾，即丞相府执掌监察，想羞辱他一番逼其自杀。丁仪心里十分清楚自己非死不可，但是自杀几次却对自己下不了狠心。丁仪不甘心、不愿意就这样死了，思来想去，千方百计找到曹丕的至亲好友、中领军夏侯尚，把头磕得咚咚响、涕泗横流请求他出面求情。夏侯尚当然了解曹丕心中有多么仇恨丁家兄弟，所以只能摇头叹息，表示爱莫能助。二月，监国谒者报告曹植酒后胡言乱语、还威胁使者，曹丕盛怒，把曹植贬为安乡侯。一气之下，派出两队人马把丁仪、丁廙兄弟二人及两家男子全部处死。几十口人的尸体被扔在郊外乱坟岗上，许多天没有人敢去收尸。

消灭政敌的同时，曹丕没有忘记给军界洗牌。曹彰虽然是亲兄弟，但是鉴于他近一个时期的恶劣表现，特别是在为父服丧期间的种种言行，把他遣回封地，严加看管，以观后效。曹洪长期和曹植沆瀣一气，属于犯过路线错误的，也让他靠边站吧！

打压曹彰、曹洪的同时，曹丕还打破军制限定，有意抬高夏侯惇和曹仁的地位。夏侯惇连升四级，成为大将军；曹仁升为车骑将军，总领荆州、扬州和益州三地军务。异姓将领中，张辽被任命为前将军，张郃为左将军，徐晃为右将军，臧霸为镇东将军。

除此而外，曹丕重点提拔了自己从小到大的三个好朋友，封侯拜将，把他们放到了最重要的位置上。夏侯尚，封平陵亭侯，拜散骑常侍，迁中领军；曹休，封东阳亭侯，任领军将军；曹真，封东乡侯，拜镇西将军，总领雍州、凉州军事。

看到曹丕如此手段，司马懿佩服有加，又有几分恐惧。虽然他的一切行为都可以理解为巩固权力的需要，但如此残酷无情、斩尽杀绝，还是让人瞠目结舌、不寒而栗。新主曹丕不仅心胸狭隘、小肚鸡肠，手段之狠毒比起曹操来有过之而无不及。司马懿提醒自己不能掉以轻心，得继续低调隐忍。

## 三、帮助曹丕称帝

在曹操手下历练多年，司马懿积累了丰富的经验，也提升了智慧。与曹丕相处日久，相知越来越深。作为一个对天下大势洞若观火的人，司马懿不会不明白曹丕的帝心。但是，在朝廷内外、举国上下一片劝进的大合唱中，司马懿却颇费踌躇，很用了一些心思。

这一年仍然是汉献帝延康元年（220 年），距离曹操去世、曹丕称王仅仅过去十来个月，希望曹丕称帝代汉的风声就如约而至。

有人连篇累牍，有人洋洋洒洒数千言，有人连吹带捧、极尽肉麻之能事，创造了一个又一个舆论高潮。

第一位上书劝进的是左中郎将李伏。他原是张鲁旧部，第一个跳出来就是想引人注目，获得曹丕的好感。他说："殿下即位初年，祯祥众瑞，日月而至，有命自天，昭然著见。"（《三国志·魏书二·文帝纪第二》裴松之注引《献帝传》）

太史令许芝认认真真写了一千多字，把表明魏当代汉的谶纬符瑞罗列了一个清单共计十个方面，供各位官员上书使用。

那位曾与管宁割席断交的华歆此时已经是曹丕的相国，那位《三国演义》中蜀汉对阵时被诸葛亮当场骂得吐血而亡的王朗现在是御史大夫，加上太尉贾诩，三个元老级的大人物上书，却似刚刚出道的文艺青年一般热情、火辣、直奔主题："陛下即位，光昭文德，以翊武功，勤恤民隐，视之如伤，惧者宁之，劳者息之，寒者以暖，饥者以充，远人以德服，寇敌以恩降，迈恩种德，光被四表；稽古笃睦，茂于放勋，网漏吞舟，弘乎周文。”（《三国志·魏书二·文帝纪第二》裴松之注引《献帝传》）把刚称王几个月的曹丕夸成了比周文王还要伟大的千古一帝。

侍中辛毗、刘晔，尚书令桓阶，尚书陈娇、陈群等重量级的官员也纷纷表态，完全赞同李伏的意见。辅国将军刘若自知文采稍逊，就纠集了一百二十人的团队集体上表，比人多，比嗓门大。

曹丕心花弄放，十分享受这个过程，却又喜形不现于色，一再推辞谦让。好事者做过统计，各级官员前后共计劝进十七次，曹丕推让二十余次。虽然没有人相信曹丕真的无意于帝位，但这份假戏真做的执着精神的确让不少人深受感动。

眼见得几乎所有大臣都已经上表劝进，司马懿终于撑不下去，匆匆草就了二百来字，十分平静地呈送曹丕。没有任何惊人之语，也没有特别让人脸红的吹捧，好像不得不做的一个表态：

> “臣等闻有唐世衰，天命在虞，虞氏世衰，天命在夏；然则天地之灵，历数之运，去就之符，惟德所在。故孔子曰：‘凤鸟不至，河不出图，吾已矣夫！’今汉室衰，自安、和、冲、质以来，国统屡绝，桓、灵荒淫，禄去公室，此乃天命去就，非一朝一夕，其所由来久矣。殿下践阼，至德广被，格于上下，天人感应，符瑞并臻，考之旧史，未有若今日之盛。夫大人者，先天而天弗违，后天而奉天时，天时已至而犹谦让者，舜、禹所不为也……”（《三国志·魏书二·文帝纪第二》裴松之注引《献帝传》）

司马懿的奏表不仅上得晚，而且是联合属下的侍御史郑浑、羊祕、鲍勋、武周等人一起写的。在很多人看来，司马懿简直就是在应付差事，起码态度不够诚恳。当然也有人腹诽，认为曹丕那么信任司马懿，司马懿之所以迟迟不表态，是在玩弄阴谋。因为大家都心知肚明，所谓献帝禅让，毕竟是出于无奈；曹魏代汉还是篡汉又怎么分辨得清呢？留到后世，大家会怎么看？会不会戳那些积极劝进者的脊梁骨？

的确，对于所谓的魏受汉禅，说到本质上不就是篡汉吗？作为受传统礼教熏染多年的司马懿，他和恩师荀彧等人一样，内心是不愿意接受的。但事到如今，似乎又走进了无可奈何的死胡同，只能跟着表态同意，而不敢有丝毫违拗。曹丕对自己的一母同胞曹植都能够百般相难，还怕他缺少整治对手的手腕吗？

但是，作为一个同样聪明的人，特别是作为一个了解司马懿的人，曹丕却不在意司马懿的劝进书写得是简单潦草，还是妙笔生花，也不关心他是不是最后一批表态的人，反正你有说法了就好。而且，对于曹丕的颜面来说，司马懿这样睿智的人、中庸的态度，比那些只会一味吹捧的人还要让人感觉自然，更让人信服。

纠结归纠结，但是，一旦舆论一致、上下齐心，称帝程序迅即启动，成为朝廷内外、军政两界的一件大事。到了这时，作为曹丕的得力干将和高级智囊，司马懿又是一位实实在在、不折不扣的操盘手。在没有必要讨论是非的时候，最好的办法就是顺势而为，静观其变，不能再提出质疑，更不能转身而去、背道而驰。

司马懿亲自监督，经过十几天紧锣密鼓的施工，一个简单朴素的天坛在许都南郊的曲蠡落成。一心想带上皇冠的曹丕也不追求什么场面的豪华，匆匆于十月二十九日辛未登坛祭天，成为曹魏皇帝，再改年号为黄初，封华歆为司徒、王朗为司空、贾诩为太尉，实现了曹操一生都不敢践行的愿望。当年十二月，曹魏帝国建都于洛阳。

不出所料，新科皇帝十分清楚远近亲疏，没有忘记勤恳踏实而低调为自己默默出力的司马懿。登基不久，就擢升司马懿为尚书，封安国乡侯。第二年，又擢拔司马懿为侍中、尚书右仆射，与尚书令桓阶、尚书左仆射陈群共同打理尚书台，直接替皇帝曹丕处理日常军政要务。桓阶去世后，陈群接任尚书令，司马懿成为唯一的仆射。而劝进最早的李伏和最起劲的许芝，还是该干什么干什么。对于他们那些豪华的奉承，曹丕只是需要和享受，但是他并不希望身边都是这样的人。

凭借与曹丕的特殊关系，司马懿在曹魏政坛如鱼得水，可以毫无忌惮地按照自己的想法大展身手，把朝廷内外、军政两界的事情都处理得井井有条、恰到好处，自己以前从书本里悟出来的治国之道经过实际操练也都一一落到了实处，自己也因而历练得左右逢源。同时，与自己的顶头上司陈群的关系也拿捏得十分到位，获得了这位资历比自己老的重臣的支持和青睐。

三五年下来，曹丕感觉可以出去走走了，应该找点事情做了。没有料到，这一步把司马懿进一步推向了真正的核心地带，最终让他接触到了国之凶器。

## 四、留守后方，督办粮草

曹操在世的时候曾经说过，“设使国家无有孤，不知当几人称帝，几人称王！”（《三国志·魏书一·武帝纪第一》裴松之注引《魏武故事》）曹操刚刚去世，这个预言就慢慢变成了现实。

天无二日，国无二主。曹丕刚刚称帝第二年，皇帝的感觉才刚刚找到，正在享受天下第一的滋味，曹魏帝国的东南方又冉冉升起一轮红日，孙权在东吴称王了。蜀昭烈帝刘备章武元年（221 年）四月，刘备被一则汉献帝刘协遇害身亡的谣言误导（或者说故意假借这一事件做文章），为使大汉国祚不至中断，化悲痛为力量，也在成都称帝，任命诸葛亮为丞相。

蜀汉新帝为表示恢复中原的决心，帝位才坐了三个月，就于七月亲率大军进行东征，目的是夺回荆州失地、为二弟关羽复仇。看着杀气腾腾、慷慨赴义的刘备，孙权真有点腿软胆怯，赶紧向曹丕称臣，并将从关羽手中俘获的大将于禁送归曹仁。被人朝贡的感觉不错，曹丕于十一月给孙权封了一顶吴王的高帽，想着他应该能体会皇恩浩荡，不至于惹是生非。

但对于东吴来说，搞定了曹魏帝国，没有了后顾之忧，可以全力解决刘备的问题了。魏黄初三年、蜀汉昭烈帝章武二年、吴王孙权黄武元年（222 年）闰六月，东吴大将陆逊率军沿江而上，在夷陵的猇亭（现湖北省宜昌市猇亭区）痛击刘备，消灭了西蜀的大部分精锐之师。此后相当长一段时间之内，刘备是无力东犯了。于是乎，孙权也颇有点感觉良好，心里对曹丕生出一万个鄙视——小子，你爹在世的时候我不敢称王道孤，现如今你都当皇帝了，我才被你封了个王?！孙权越想越觉得来气，心想得硬气一点！本来，曹丕称帝之后，孙权一直俯首称臣装孙子，现在镇住了西蜀刘备，自然也可以跟曹魏叫一下板了。一群老臣早就盼着这一天哪！于是，东吴对曹魏就不再那么恭顺了。当曹丕提出让孙权的儿子到洛阳做人质的时候，孙权果断地把腰杆挺了起来，竟然客客气气地拒绝了。

难道孙权下一步也想当皇帝吗？这年月，果真如曹操所言，想当皇帝的大有人在啊！闻听此讯，曹丕本来也觉得没有什么，但这几年来孙权一直表面恭顺，年年称臣纳贡，现在翅膀硬了就翻脸，岂不是对自己的欺骗和戏弄？这实在让大魏皇帝脸上有点挂不住，尊严受到挑衅。曹丕起先还觉得有几分为难，毕竟他是跟着父亲曹操打过仗的，知道兵马一动意味着什么。但朝廷上下议论纷纷，觉得孙权这老东西坏了体统，必须给点颜色，教训教训。曹丕觉得大家说的也对，否则大魏皇帝的颜面何在？否则他真不知天高地厚了。于是，曹丕派出了曹休、曹仁和曹真三路大军征讨东吴。

孙权一看势头不对，战火烧到自己这边来了，便一边分兵抵抗，一边趁着魏黄初四年、吴王黄武二年、蜀后主刘禅建兴元年（223 年）四月刘备去世的机会，派人到成都隆重吊丧，与蜀汉恢复了盟好关系，双方决定像以前那样一致对魏。

这样一来，曹丕可真的生气了，决定御驾亲征，给孙权点真正的教训，让他知道谁才是真正的老大。经过一年多的准备，魏黄初五年(224年）八月，趁着夏季河水充盈、水流迅疾，曹魏皇帝从许都出发，走颍水、淮水直奔孙权盘踞的广陵郡（今江苏省扬州市西北），发誓不灭东吴不还朝。

出门之前，曹丕郑重其事地召集要臣，宣布了一系列重要决定。其中一项是关于司马懿的，任命他为抚军大将军、假节、领兵五千、加给事中、录尚书事，让这位精明干练、善操实务的老臣留守许都，镇抚百姓，并负责为前线督办粮草军需。对于曹丕和大魏而言，这是一个普通的职位，是一个需要出力、卖命的苦差事，但对于官至二品的司马懿和他背后的家族来说，却是一个里程碑式的转折点。四十有五的司马懿经过多年的蹉跎已经成熟，他知道这个官职的分量轻重，真的有几分战战兢兢、诚惶诚恐。所以，司马懿坚辞不受。

而这一年，曹丕三十七岁，心气正高，一心想要建功立业，对司马懿高度信任，十分诚恳地劝道:“我每天处理很多事务，可以说是夜以继日，根本得不到片刻的休息。升你官职、委以重任只不过是为了让你替我分忧罢了，你不要认为这是什么荣耀的事。”

话既如此，司马懿不好再说什么，只得接受任命。没有了后顾之忧，曹丕兴致勃勃御驾亲征。但是，东吴长期经营长江水道，似乎很难找到机会。加上八九月间正值江水暴涨，波涛汹涌，来到江边，望着茫茫荡荡、浩无边际的江水，曹丕不由得发出感慨:“我大魏虽然有千队骑兵，到了这里也难以派上用场。看来，江南之地真的是不好攻取啊!”“看来东吴有高人啊！没有办法图谋啊!”正当曹丕君臣数人正在船头一筹莫展、望江兴叹之际，一阵狂风从天而降，曹丕乘坐的龙舟险些倾覆。曹丕一身冷汗瞬间惊出，觉得大不吉利，只好败兴而归。

但是，年轻气盛的曹丕对孙权的恼恨未消，江南温柔富贵乡的魅惑又实在难以抗拒，刚过了半年，就决定要在魏黄初六年（225年）的烟花三月再度南征伐吴。当群臣一起廷议时，宫正（御史大夫）鲍勋直截了当地表示反对："我大魏王师屡次讨伐东吴从未取胜，其根本原因是东吴和蜀汉唇齿相依，还有山水险阻可以凭借，有很难攻克的地理优势。"如果话到此处打住倒也没有什么，也算客观地讨论问题。可惜这位耿直的鲍勋又提起了曹丕上次的不堪："以往征吴，连陛下的龙舟都飘摇不定、那么危险，大臣们早吓破胆了。现在又要劳师远征、耗费钱财，臣下以为万万不可。"一旁听话的司马懿等人都替鲍勋着急，但无论怎样使眼色、打手势，这家伙就是视而不见。只见曹丕被当众出丑揭了老底，脸上一阵青一阵白，等他说完，立即暴怒，把鲍勋降职赶出宫去。

和上次的安排一样，司马懿的任务仍然是留守后方，负责军需物资供应和日常事务处理，成为尚书台的负责人。这时的司马懿被曹丕喻为汉高祖的丞相萧何，成为曹丕快要离不开的人了："我每次出兵在外的时候，都对后方的事情深深地牵挂，所以才特意委派给爱卿如此重任。曹参当年在刘邦手下战功卓著，但还是丞相萧何的作用更加重要。爱卿在家留守，让我没有后顾之忧，不是也可以起到萧何那样的作用吗？"

曹丕此次出征带上了陈群，让他以镇军大将军的身份"录行尚书事"，其本意是想让自己信赖的几个重臣都出去走走、经历一下战事。曹丕十分敏感，怕司马懿会不高兴，所以做了这样的安抚。

曹丕带领大军浩浩荡荡地出发，先于五月兴致勃勃地回了一趟谯县老家，和乡亲们吃饭喝酒拉家常，享受了一番衣锦还乡的感觉。酒酣耳热、志得意满之际，在自家老宅门口立碑纪念，碑文有意安排当代大文豪曹植曹子建执笔，碑额由篆书举世无双的钟繇题写，碑文由八分书天下第一的梁鹄抄写，人称“三绝碑”。六月份，又平定了一下利城郡的“徐州兵”叛乱。九月份，又大兴土木，建了一个规模宏大的“东巡台”，以纪念自己几次东征的壮举。十月份，在广陵旧城江边举行了盛大的阅兵仪式，“戎卒十余万，旌旗数百里”（《三国志·魏书二·文帝纪第二》）。然后，再次临江兴叹道：“嗟乎！老天非要用这大江把南北中国分割开啊！”发完感慨，下令撤军。

等曹丕带着十万大军徒步旅行大半年回到许昌，已经是第二年的正月了。曹丕的行辕刚刚兴高采烈地走到南门口，城门突然坍塌。这许昌城门还是汉建安元年（196 年）曹操迎接汉献帝时候匆忙翻修的，本身工程质量就不扎实，距今已经整整二十年了，风吹雨淋，早就存在安全隐患。这一下，把司马懿和所有留守官员吓得魂不附体。司马懿真是累晕了，什么都考虑周到、安排妥当了，怎么就没有想到城门会出问题呢？司马懿相信“子不语怪力乱神”，但他清楚曹丕的性格，由于长期为争夺储位隐忍自己，曹丕已经变得十分敏感，对这些讳谶还是比较在意的，加上几次东征孙权都无功而返，心情非常不好，这要怪罪下来可不是小事。虽然曹丕心里觉得有点晦气，非常忌讳这个不太吉祥的事，但是当场并没有怪罪任何人，只是临时决定不进许昌、不见司马懿，而直接回首都洛阳去了。

司马懿惴惴不安了好多天。直到善解人意的曹丕了解到，司马懿在自己率军东征期间的确十分辛苦，曾经累倒、还为此和夫人张春华闹了一场别扭，担心司马懿会因为此事过于紧张，给他发了一道表扬信，司马懿这才放下心来。曹丕在诏书中写道：“吾东，抚军当总西事；吾西，抚军当总东事。”（《晋书·宣帝纪》）看到曹丕这样信任自己，司马懿既感到欣慰，又诚惶诚恐。

## 五、曹丕去世，指定托孤

事有凑巧，曹丕绕开许昌回到洛阳就病了。虽然御医们都知道他这是多年纵欲过度和南征操劳辛苦造成的，但曹丕更加相信，许昌南门坍塌是一个不好的兆头。曹丕好像看到了自己不远的未来，忍着身体的苦痛和心情的巨大无措，坚持完成了最后一项立太子的工作。

曹丕一生虽妃嫔上百，但只有九个儿子，其中的长子曹叡为皇后甄宓所生。甄宓原为袁绍的儿子袁熙的妻子，曹丕随父亲攻破邺城的时候，偶然遇到甄宓，被她惊人的美貌倾倒，就把她娶了回家，不久就在第二年生下了曹叡。当时的曹丕十七八岁，只知道男欢女爱、极尽风流，根本不懂得十月怀胎之类的产科知识。当年龄渐大又娶了郭女王、刘协的两个女儿等人之后，特别是又有了几个子女之后，心中慢慢开始怀疑曹叡是否自己的亲生儿子。加上郭女王为了自己的地位加以挑唆，曹丕开始逐渐疏远甄皇后。自从当上魏王，曹丕就把甄宓一个人留在了邺城。甄宓长期忍受着孤独寂寞和冷遇，开始抱怨起了曹丕。曹丕越想越生气，越认为自己替袁熙白养了一个大儿子，迁怒于甄宓，便一道诏书赐甄宓自尽。所以，曹丕当了将近七年皇帝，自己的心结始终没有打开，大魏皇帝究竟由谁来继承，是曹丕不愿触碰的话题。现在到了最后的关头，自己行将就木，曹丕只好忍着心灵的剧痛宣布曹叡为继承人。

在病榻之上缠缠绵绵挨到五月，在高温酷暑和疾病疼痛的折磨下，曹丕走到了他生命的尽头。中军大将军曹真、镇军大将军陈群、征东大将军曹休和抚军大将军司马懿，被曹丕指定为曹叡的四位辅政大臣。因为曹休身在东吴边防前线，无法抽身回京，所以曹丕临终前只有曹真、陈群和司马懿三人在病榻前接受诏命。曹丕用尽平生最后一点力气，指着他们三人对曹叡谆谆告诫道："无论有谁离间你和他们三人的关系，一定要小心谨慎，绝对不要怀疑他们！"说完，曹丕就永远闭上了他的眼睛，年仅四十岁。

司马懿知道，曹丕短短的四十年过得有多么憋屈。从建安十三年（208年）入职丞相府开始，司马懿就和曹丕开始接触。机缘巧合，两个人也变成了亦师亦友的关系，后来又成为重要的君臣属下。可以说，司马懿是最了解曹丕的人之一。曹丕当年活泼开朗，喜欢纵马狩猎，喜欢舞文弄墨，如果按照天性发展，他起码会是一个十分快乐的人，或许凭他写作《典论》的才华会成为一代文豪。但为了政治需要，为了爬上权力的最高峰，隐藏自己的个性，曲意逢迎父王的旨意，和自己的亲兄弟明争暗斗，过着自己都严重鄙视的扭曲的生活。所以，当有了机会，他便疯狂地纵情声色，动辄就要引师东征炫耀武力，以缓解自己多年的郁闷。压抑和放纵的结果，就是彻底毁掉了自己的身体，以至于风华正茂的大好年华就抱恨撒手人寰。

好在曹丕天生是一个善良的人，当上帝王之后能够在陈群、司马懿这样一批"服膺儒教"的大臣影响下为大魏增砖添瓦，壮大了国力，也给百姓带来了实惠。曹丕提倡尊孔崇儒，命人编纂了儒家经典的《皇览》，称孔子为"命世之大圣，亿载之师表"（《三国志·魏书二·文帝纪第二》），封孔子之后为议郎、为宗圣侯，下令鲁郡修缮孔庙，强调选拔官吏时注重通晓儒家经典的人，规定按照儒家礼仪进行祭祀；在选拔官吏方面，推行了陈群提出的"九品中正制"（九品官人之法），一个地区的人才根据德行和才能分为上上、上中、上下、中上、中中、中下、下上、下中、下下九个品级，任用的时候上品者任高官、下品者任低官，使人才的选拔和任用有了可直接参考的依据，客观上阻挡了一部分世族家庭子弟进入仕途的通道；曹丕恩威并用，妥善处理了与周边几个民族之间的关系，同西域的关系也得以恢复，为内地经济发展、百姓安居乐业提供了基本保障；曹丕体恤民情，经常免除田租、开仓放粮赈济受灾百姓，把赋税一律减为十一税，即按照十分之一收税；魏黄初五年（224年），曹丕专门下诏说“苛政甚于猛虎”，倡导各级政府官员要有儒家的风范，要遵循圣人的教导，“广议轻刑，以惠百姓”（《三国志·魏书二·文帝纪第二》裴松之注引《魏书》）。想到自己曾经影响和辅佐的人能做到这些，司马懿觉得多年的苦心没有白费，不禁再次佩服曹操当年的一系列人事安排。

司马懿看了看身边的曹真和陈群，想了想远在天边的曹休，想到自己从此以后跻身大魏最高领导班子、成为新皇帝曹叡身边最重要的人之一，不禁流出了滚烫的泪水。大浪淘沙，有多少英雄豪杰、亲朋好友都被历史的旋涡吞噬殆尽，又有多少权谋家、反叛者命丧黄泉，能走到今天的都是何等人物啊！就拿司马懿自己来说，从汉建安十三年（208年）至今，不知不觉十八年过去了，这中间经历了怎样的煎熬、打拼，忍受了多少痛苦与委屈，根本不是常人难以体会的，中间经历了丧父失兄之痛，不知不觉中已是满头白发。今后，要全心全意辅佐这位刚刚二十一岁的毛头小伙，要和他们三位秉性各异的军国重臣合作共事，路不见得比以前好走啊！

在其他三人之中，陈群是当年曹丕的“太子四友”之一，老成持重，忠诚谋国，“九品中正制”解决了选人用人的一大难题，与司马懿关系不错。自从荀彧、崔琰等老一批精英纷纷谢世，陈群自然成为颍川世族的代表人物，但陈群深谙黄老之术，遇到是非一律避开，绝对不做出头的椽子。

比较麻烦的是这两位军界大佬。曹真的父亲曹邵早年随曹操征战四方的时候不幸被杀，曹操就把他当自己的儿子一样对待，整天让他与曹丕等人厮混在一起。将门虎子的曹真作战勇猛，屡立战功，成为曹丕的得力战将。曹仁死后，曹真已经升为中军大将军，成为曹魏帝国最高军事统帅。

曹休也是曹操本家子弟，关系更为亲近。父亲死后，曹休曾随母亲到吴国躲避祸乱。听说曹操兴兵讨伐董卓的消息，曹休立即前往投奔，曹操高兴地抱着他不住地夸赞：“这是我老曹家的千里马呀！”从此以后，曹操让他掌管魏军最威猛的“虎豹骑”，直接担负起保卫曹操的重任。如今，曹休作为征东大将军，牢牢地把守着东南边防。

秀才遇到兵，有理说不清。司马懿告诫自己，今后在和这两位打交道的时候，一定要慎之又慎。

# 第七章

# 初掌兵权，一展身手

## 一、初次用兵，打败诸葛瑾

曹叡继位伊始，皇恩浩荡，封司马懿为舞阳县侯。这已经是异姓功臣封侯的极致。汉建安二十五年（220 年）二月，曹丕为感谢司马懿助他继位丞相、魏王，封他为河津亭侯。紧接着同年十月，曹丕为答谢司马懿拥立自己顺利当上皇帝，封他为安国乡侯。而现在，司马懿寸功未立，曹叡就封他为县侯。俗话说无功不受禄，司马懿明白曹叡这是公然地在笼络自己，而且恩宠还十分优渥。此举一下子就深深打动了年近半百的官场老人，看来这个二十出头的毛头小子很有心机，不可小觑！

但自以为老谋深算的吴王孙权，却十分瞧不上这个始终生活在深宫怨妇之中的公子哥儿。在与南郡太守诸葛瑾分析讨论曹魏形势的时候，孙权就十分鄙视地说："曹操控制将领的本事自古少有，曹丕之于曹操，不及万分之一。现在曹叡之不如曹丕，就好像曹丕不如曹操一样。""如今曹叡年纪不大，没有什么阅历，恐怕只能被人左右。这些人肯定会投机取巧，结党营私，分别支持自己依附的势力。从古至今，哪里有四五个人共同操纵权力而不离心离德，以至于相互攻讦的？"

正是基于对曹叡和魏国形势的这种判断，孙权认为可以打破"兵不伐丧"的古训，乘虚而入，与魏国较量一番。八月，大魏皇帝曹丕刚刚病逝三个月，东吴军队就兵分三路发起了进攻。孙权自己亲率五万精兵，重点进攻荆州江夏郡，迅速地包围了石阳（今湖北省应城市东南）。

诸葛瑾率领张霸等人再夺襄阳，另有一路人马进军寻阳（今湖北省黄梅县西南）。

但是，几乎所有人都错看了曹叡，低估了他的政治智慧。

石阳方面，镇守的人是后将军、江夏太守文聘。他原本是荆州刘表的大将。刘表死后，其子刘琮归降曹操，但文聘却不愿意一起去见曹操。曹操奇怪，专门召见文聘，问他为何迟迟不愿相见。文聘表示自己以前未能辅佐好刘表，不能保全土境，心中又悲痛又惭愧，实在没有脸面早来见人。曹操唏嘘感动不已，夸赞他是个真正的忠臣，仍旧让他守卫江夏。文聘不负所望，曾经多次阻挡关羽的进攻，成为曹魏帝国的重要屏障。有这样一位老成稳重、熟悉水战的大将对付孙权，曹叡表示了充分的信任与尊重。

当朝中有人急于发兵去救援文聘的时候，曹叡为了掩饰口吃的毛病，几乎一句一顿地回道："孙权的优势是水军，东吴军队长于水战。他们这次之所以发动地面进攻，是想出其不意、攻其不备，想要一举拿下。而现在文聘坚守不动，孙权无计可施，已经形成相持局面。按照常理，攻城要用倍数于守城的兵力，孙权是万万不敢长期坚持下去的。"而文聘不愧是经验丰富的老将，无论东吴军队怎样辱骂叫嚣，始终不予理睬，不为所动。孙权见捞不到什么便宜，便在围攻了二十多天后自己灰溜溜地引兵回撤了。

从对敌我双方问题的分析来看，曹叡的确是个聪明绝顶的人。从未经历战场，从来没有杀伐之举，竟然能够如此冷静客观地分析形势，而且头头是道、鞭辟入里，不得不令人信服，让一众大臣刮目相看。司马懿也暗自为曹叡竖起了大拇指。

同样让大家没有料到的，是在迎战诸葛瑾的人选上，曹叡出乎意料地选择了司马懿。多少年多少代，司马家族的祖先浴血沙场，大哥司马朗不幸病逝之后，如今终于又轮到司马懿了。而且，与大哥的州郡属军不一样，司马懿这一次率领的是正宗王牌的中央军。本来司马家几代奋斗铸剑为犁变成了读书人、做了文官，但生逢乱世又不得不尚武好兵。所以，对于司马懿来说，重新掌握兵权实在太重要了。

司马懿抑制不住激动的心情，率领自己的大队人马迅即奔西而去。快速赶到襄阳之后，司马懿不等诸葛瑾做好应战的准备，立即发起了猛烈的进攻。诸葛瑾措手不及，也不熟悉初次用兵的司马懿的打法，一下子就被打得晕头转向，不知道司马懿什么来头，只能稀里糊涂地落荒而逃。司马懿越战越勇，命令部队乘胜追击，斩获吴军首级三千，诸葛瑾的大将张霸也被疯狂的魏军斩杀。

另外一条战线上，征东大将军曹休不负盛名，比较轻松地搞定了寻阳战斗。孙权错误地研判了形势，从此以后不得不对曹叡和司马懿刮目相看。

司马懿的处女战，就这样迅速地完成。曹叡欣慰地望着朝堂上曾经反对他起用司马懿的人，鼻子里发出了一声不易觉察的轻蔑。

曹叡年轻气盛，做事干脆利落，到了年底便以这次与东吴大战的胜利为契机调整了辅政大臣的格局。太尉钟繇离开军界去做了太傅，司徒华歆接替太尉，司空王朗为司徒，镇军大将军陈群为司空；征东大将军曹休升为大司马，中军大将军曹真升为大将军，抚军大将军司马懿升为骠骑将军。虽然同为二品官员，但位次有所提升，司马懿仅次于大司马曹休、大将军曹真，成为军中名副其实的第三号人物。

曹叡深谙御人之术，升官之后不会让司马懿闲着，紧接着于魏明帝曹叡太和元年（227 年）六月，把司马懿派到了宛城，让他都督荆州、豫州的军事。临行前曹叡明确告诉司马懿，其任务：一是与都督扬州的曹休连接呼应，一起防范东吴的来犯；二是时刻关注西边蜀汉的一举一动。听到年龄小自己一半还多的曹叡心机如此周密，司马懿叩首叩得心悦诚服。从不到一年的时间看来，这英明神武的曹叡哪里还需要辅政啊？

## 二、首鼠两端的孟达

军人的天职是打仗，用无数平民百姓的尸骨铺垫自己飞黄腾达的道路。正所谓，一将成名万骨枯。

司马懿虽然击退诸葛瑾小有名气，但与曹休、曹真这些战功卓著的名将相比，他的那点战绩实在算不得什么。现在，曹叡信任，手握兵权，他非常需要一场漂亮的胜仗来证明自己。到了宛城不久，孟达就给他送来了一次这样的机会。

说起这个孟达，司马懿并不陌生。虽然没有与他直接接触，但关于他的一切都了如指掌。这个人简直就是大魏乃至于三国政坛上最耀眼的明星，连曹丕这样一个矜持内敛的帝王都为他折腰，有时候甚至到了低三下四的地步。当然，司马懿从一开始就不喜欢他，心中预感他很有可能会成为一颗流星、灾星。司马懿没有想到的是，几年之后，孟达竟然成了自己练手的敌人，一个让自己军中立威的垫脚石。

孟达，字子度，扶风郡郿县（今陕西省眉县）人。其父孟他，靠花钱贿赂汉灵帝身边的宦官头目张让，进而当上了凉州刺史。孟达继承了乃父的特长，非常善于钻营，惯于见风使舵，是个首鼠两端的投机分子。

孟达原在益州牧刘璋手下为官，后与法正、张松等人一起投靠了刘备。由于孟达的确才辩过人，还在迎接刘备入川过程中发挥过关键作用，刘备十分器重他，并委以重任，让他当宜都太守。等到刘备夺取汉中后，又让他挂帅镇守汉中以东三郡。

但因为孟达毕竟是个叛将，其父名声不好，特别是在攻克房陵过程中杀掉了襄阳蒯氏的名士、诸葛亮的姐夫蒯祺，彻底得罪了诸葛亮的荆州集团。所以，刘备又对他留着一手，专门派自己的义子刘封为副军将军，暗中节制孟达的军队。

刘封年轻气盛、性格刚直，仗着自己的特殊身份和秘密使命，整天对孟达管东管西，不给孟达好脸，有时候欺负得孟达直想杀了他造反算了。天长日久，两个人的矛盾越闹越大，越来越激烈。

汉建安二十四年（219年）末，关羽围困襄、樊二城，遇到东吴大军的激烈对抗，损失惨重。关羽多次呼救刘封和孟达派兵相助，但这两个人热衷于窝里斗，谁都不愿出手相救，就以上庸三郡占领不久、局面不稳、不能轻易离开为由加以拒绝。所以，当关羽战败被杀之后，刘备既恨孟达，也恨刘封。

孟达是个聪明人，知道关羽在刘备心目中的地位，知道自己在刘备这里已经没有前途了。汉建安二十五年（220年），孟达与刘封矛盾进一步激化，已经势同水火。孟达日夜担心刘备降罪，又对刘封的欺压忍无可忍，便以刘封派人夺走了自己军中演奏鼓乐的仪仗队为由，带领自己的几千部下投靠了曹魏。临行之前，专门给刘备写了一封情真意切的告别信，比较客观地倾诉了自己的委屈和离去的无奈。

名将来降，刚刚当上大魏丞相、魏王的曹丕十分高兴。同时，曹丕觉得这是一个可以好好利用一下的题材。曹丕喜出望外地说，前几日刚刚派使者出去宣示过我大魏的威名，孟达这么快就归附了。照这么发展下去，西南一片万里疆土就不会再有外人了，孙权、刘备之徒还能跟谁厮守在一起呢?！但是曹丕又是一个十分谨慎的人，又专门派出人才鉴定专家对孟达进行了一番详细考察。

应该说，孟达除了外貌英俊、才识超群、刚劲威猛之外，还非常善于演戏。考察组向曹丕汇报的结果非常完美，说孟达是“将帅之才也”“卿相之器也”，甚至于说他有“乐毅之量”。这样一来，曹丕是真正的从里到外发自内心地开始喜欢、欣赏孟达了，不仅超规格厚待，任命为散骑常侍、建武将军、封平阳亭侯，还经常成双结对、同车出入，显得两个人关系格外亲密甚至亲热。对此，朝中的清流派纷纷表示担忧，私下拈酸吃醋者大有人在。

随后，曹丕命孟达与征南将军夏侯尚、右将军徐晃一起去突袭刘封。自从孟达降魏之后特别是收到那封辞别信后，刘备也有几分自责，认为关羽之死主要怪刘封统御失当，还把孟达给逼到了魏营，因此严厉责罚了刘封。刘封心灰意冷，颇有怨言。因此，孟达就修书一封，劝刘封也降魏算了。正在这时，蜀国西城太守申仪从背后率兵造反，刘封只得逃回蜀中。曹丕改西城郡为魏兴郡，任命申仪为太守。刘备担心将来刘封对刘禅造成威胁，借机要了自己干儿义子的小命。

对于曹丕破例给孟达的超高礼遇，司马懿心知肚明其深远用意。远人来服，曹丕一是想显示自己德配天下，二是想以此吸引更多的人咸与归顺。但是，司马懿更清楚孟达光鲜亮丽的外表下面，包藏的是一颗怎样的祸心，如果不及早处理会给大魏带来严重危害。最起码，现在得提醒曹丕，让他对孟达这个三姓家奴有所防备。所以，司马懿不惜冒着被曹丕批评甚至罢黜的危险，一反自己几十年为官从政低调隐忍的做法，屡次三番进行劝谏。司马懿认为，孟达这个人说话喜欢迎合、做事偏爱取巧，绝对不能把保卫边疆的重任交付给他。

但此时的曹丕年轻气盛，加之新官上任，急于巩固自己的权威地位和树立孟达作降将的榜样，明知司马懿他们的进谏有一定道理，还是决定试一试，不顾反对，把房陵、上庸、魏兴(原西城）合并为新城郡(郡治在上庸)，任命孟达为新城太守，把整个西南边防重任全部交付于他。他内心不好说出的话是，上庸三郡地处偏僻，人烟稀少，难于管理，算不得多么重要的地方。如果孟达忠于大魏，就让他偏安一隅之地，可以起到标杆作用；如果有了反心再剿灭不迟，即使剿灭不力，到时候放弃也无所谓，让吴、蜀两国去争去抢吧！新城，就是曹丕的鸡肋，或者说是一枚闲子而已。而且，魏兴太守申仪原本就是新城三郡的地头蛇，与孟达素来关系紧张。为赶走孟达甚至扳倒他，申仪多年来一直处心积虑地在找孟达谋反的蛛丝马迹，为此不知道给曹丕上过多少捕风捉影的秘奏，虽然没有确凿证据，但让曹丕心里多了一份安全感，也就暗地里鼓励申仪牢牢地盯着孟达。

以孟达的小聪明，他当然知道自己的所作所为会被司马懿、刘晔这些士大夫们不齿。但是，他也不在乎，同时为扩张自己的势力，主动结交曹丕认可的夏侯尚、桓阶等人。这些人看曹丕如此欣赏，也就和孟达皮里阳秋，维持着表面的热络。孟达自以为聪明，便瞒天过海，脚踩几只船，始终没有中断与诸葛亮、李严的书信来往，也和吴国保持着秘密联络通道。

## 三、闪电突袭，擒获孟达

谁也不曾想到，夏侯尚、桓阶先后去世。魏黄初七年（226 年），春秋鼎盛的大魏皇帝曹丕年纪轻轻也撒手人寰。孟达知道，自己在魏国已经没有人能说上话了，到了必须作出决断的时候了。恰在这时，孙权发动三路大军北上进攻大魏。第二年春，诸葛亮认为北伐时机已到，领兵进至汉中，并与孟达联络，对他当年投降曹魏的苦衷表示理解，希望他能配合蜀军，把汉中与西城（魏兴郡）连成一片，相互支援、密切配合。为了让孟达放心，诸葛亮还专门安排孟达在刘璋手下时就关系密切的李严写信，说他和孔明一样，受先帝重托，非常想找孟达这样的将军一起共事，共同完成恢复中原的大业。李严与诸葛亮同为托孤大臣，如今被诸葛亮踩在脚下痛苦不堪，正想着把昔日的战友劝说回来加强自己一派的力量，所以信写得非常中肯。

经过仔细盘算，孟达决定倒向蜀汉。赳赳武夫的孟达不仅立即回信表示愿意归降，还专门给诸葛亮送去一顶丝绸制作的“纶帽”，与诸葛亮平日常用的“纶巾”相配套；还送去“玉玦”一块，表示决心已下，请丞相放心。

正当孟达与诸葛亮眉来眼去、暗通款曲的时候，魏兴太守申仪得知消息，赶紧上秘奏向朝廷告发。曹叡虽是年轻天子，但做事十分老到，立即下诏，让司马懿全权处理。

事实上，司马懿从来就没有放松对孟达的警惕。收到皇上诏书之后，司马懿马上派人回洛阳详细汇报他掌握的孟达的动向，又派人秘密到新城郡进一步打探情报。为稳住孟达，防止他突然倒戈，司马懿分析形势，给孟达写了一封信进行劝说：“你过去背弃了刘备，投身于大魏。朝廷和天子曹丕对你十分信任，把守卫边疆的重任委托给你，也把对付蜀国的大事交给了你，真心日月可鉴。蜀国人非常愚蠢，你降魏之后他们都对将军恨得咬牙切齿。诸葛亮一直想加害于你，只是苦于还没有找到办法而已。”

司马懿的信好像是完全站在孟达的立场上写的，合情合理，热诚关切。孟达想想，好像司马懿说得挺有道理，就又开始犹豫起来，也就没有认真准备。孟达一拖延，正中司马懿的计策，为他赢得了宝贵的时间。

司马懿命令部队不等曹叡旨意，立即发兵，日夜兼程，加速前进。有人提醒司马懿是不是等等曹叡的圣旨，也有人担心诸葛亮会趁机杀过来。司马懿答道：“孟达是个毫无信义的人，现在他还有所疑虑、举棋不定，应当先发制人，趁机迅速解决掉他！”

而这时，孟达才刚刚获悉申仪告发他的消息，这才开始加固城防、仓促准备应战，同时派人给诸葛亮送信请求支援。在信中，孟达认为：“司马懿所在的宛城离首都洛阳有八百里，距我在的新城有一千二百里。司马懿得知我举兵起事的消息，一定会上奏给朝廷，得到准许才可能发兵。这样反复下来，司马懿的人马需要一个月才能赶到新城。等他大军到来的时候，我的城防已经加固完毕，军事部署也已经布置妥当了。此外，我所在的地方沟深路险，司马懿肯定不会自己亲自来的。如果他派自己的部下前来，我就没有任何害怕的了。”

孟达之所以对司马懿作出如此的判断，是因为他自认为了解司马懿是一个一贯谨慎、内敛的人，断然不敢不经请示朝廷就随意发兵，也不会自己亲自前来冒险。孟达万万不会想到的是，此时的司马懿完全不是他想象的那样。如今的司马懿，可以说已经脱胎换骨，变成了另外一个人。

司马懿早已深思熟虑，而且果断地采取了行动。为争取时间，司马懿对于曹叡心中有数，所以他敢于“将在外，君命有所不受”。而且，无论孟达是否真的要降蜀，但对于司马懿来说，必须干脆利落地把它做成铁案，让孟达永世不得翻身，这就需要快刀斩乱麻，以最快的速度赶到新城、杀掉孟达，到时候让他有口难辩。孟达啊孟达，不是说你“才辩过人”吗？我看你还怎么辩、与谁辩?！对于司马懿来说，这场战斗必须胜利，必须全胜，必须速胜。

兵贵神速。司马懿是个行动派。寒冬腊月，天寒地冻，他亲自督促大军，仅仅用了八天时间就赶到了新城郡，并悄悄安排自己的参军梁幾把孟达的军事布防摸得一清二楚。孟达还在权衡轻重，拿不定主意究竟把自己卖给曹叡、孙权还是诸葛亮。眼见得司马大军来势凶猛，只好把自己的人马收缩到上庸城里，飞马向汉中的诸葛亮加急求告：“我起事才刚刚八天时间，司马懿的人马就兵临城下了。他简直太神速了！”同时，孟达也派人去向东吴求援。

诸葛亮本来就对孟达持有戒心，又担心万一孟达真的回到蜀国与李严联手对抗自己，现在又获悉司马懿已经把上庸围得水泄不通，也就象征性地派了一部分人马边走边看。孙权知道上庸山高路远，犯不上为一个孟达惹恼曹魏，也就派人做了做样子。而司马懿这边早有防备，分出两队人马前去阻截，蜀军和吴军坐山观虎斗，并不真心救援。

没有了后顾之忧，司马懿全力以赴对付孟达。魏太和二年（228 年）

正月，司马懿命令部队开始行动。由于事先有了梁幾的工作铺垫，司马懿轻车熟路带领部队渡过上庸的护城河，又成功突破了护城的木栅栏，迅速来到城下，把上庸城围得铁桶一般。不等休息，魏军从八个方向同时发起攻击，一拨更比一拨激烈。十六天猛攻之后，孟达等不到蜀国和吴国的援军，自己的人马战斗减员十分严重，军心开始动摇，他又气又恼，感觉要撑不住了。就在这时，孟达的几个部将打开城门向魏军投降，司马懿大队人马一拥而进，迅速占领了上庸，俘获上万人，并活捉了孟达。孟达还想讲讲条件，司马懿岂是讨价还价之人，当即命人砍下孟达首级，快马传给洛阳的曹叡。

司马懿考虑到孟达在新城经营多年，其社会关系盘根错节，如果不铲除孟达存在的土壤，以后难免还会出现新的麻烦。于是奏请曹叡，把与孟达有关联的七千多户全部迁往地处东北的幽州，严禁他们返回原籍。

还有一个地头蛇申仪也必须处理。在新城期间，司马懿查到魏兴太守申仪有不法行径。这个申仪自以为山高皇帝远，自己在魏兴经营多年，便私刻印章大肆收取不义之财封官授爵。司马懿回到宛城后命人请他来宛城，申仪以为要褒奖他告发孟达的事，没想到司马懿迅速问清了他私刻印章的事情，将他绑缚洛阳交有司定罪。

解决了孟达之后，蜀将姚静、郑他等人率领七千余人找到司马懿，投降了魏国。司马懿更满意的是，这是自己第一次同诸葛亮的较量。虽然是间接的，但是已经能够明确无误地感觉到了他的存在。假如诸葛亮不像孟达那样过于轻看初次掌兵的司马懿，战况如何发展尚难预料。难道诸葛亮没有记住司马懿击退他的哥哥诸葛瑾那一次？假如他对待孟达的支援不掺杂太多顾虑，这一次能否顺利擒获孟达也未可知。司马懿站在宛城西门楼上，向西看了半晌，也想了半晌，直到火红的太阳沉到山坳底下。

一场闪电战以司马懿完胜告终。司马懿又转身遥望东北方向，心想曹叡这下应该满意吧？

洛阳这边，曹叡早已得到捷报。等到孟达首级送到，曹叡下令扔到洛阳最繁华的大街上放火烧掉。

## 四、贡献伐吴新方略

战上庸、擒孟达，不仅让司马懿展露了军事才能，政治才干也得到一定的发挥。在大魏政坛上，在皇帝曹叡心目中，司马懿分量越来越重。魏太和二年（228 年）四月，孟达被消灭不到三个月，曹叡就紧急召见司马懿，让他火速赶赴洛阳，说有大事相商。

得到旨意，司马懿没敢多加耽搁，只几天工夫就匆匆上路了。凭借当过上计掾的大脑，司马懿一路之上仔仔细细分析了最近的天下大事和大魏朝廷里的微妙变化，基本上已经知道曹叡要谈什么事了，而且做好了应对的预案。

事情还得从诸葛亮说起。原来在“隆中对策”的时候，诸葛亮设计的是从荆州、益州两个地方一起出兵，然后一起北上夹击中原。荆州一直控制在东吴手中，原本指望利用孟达打开由宛城通往北方的道路，随着司马懿平定孟达叛乱，这个计划也无法实施了。眼下，蜀汉上下都在等着诸葛亮的战略决策，尤其那些老将和中原老兵眼看都要等不起了，每日里依依东望，都想早点回到中原故土。所以，诸葛亮决定不再等待了，蜀建兴六年（228 年）正月，诸葛亮趁大魏皇帝还沉浸在擒获孟达的喜悦当中，亲自率领二十万大军由汉中向西北，经祁山，直达天水。

蜀军之所以能大摇大摆地快速占领陇右，得益于诸葛亮的声东击西计谋。诸葛亮事先放风说蜀军准备由斜谷出兵，然后攻占郿城（今陕西省眉县西南），进而直逼长安。为此，诸葛亮还专门派出老将镇东将军赵云和扬武将军邓芝，进驻斜谷南口的箕古，以此迷惑魏军。

魏军果然上当，曹叡得到情报，即命大将军曹真赶赴郿城阻挡蜀军。这边曹真拉开架势要与诸葛亮拼命，可蜀军已经以迅雷不及掩耳之势直出祁山了。天水、南安、安定三郡望风披靡，不战而降，连天水参军姜维都投降了诸葛亮。

消息传到洛阳，曹魏朝廷一片哗然。曹叡虽然表面镇定，却也慌了神，急忙派右将军张郃领兵五万迎战蜀军，自己也赶到长安坐镇指挥，给魏军打气加油。对于曹叡来说，这是第一次直接指挥打仗，第一次近距离感受战争的氛围。虽然有几分紧张，但鼻子好像闻到了血腥，神经高度兴奋。

诸葛亮当然了解张郃这位身经百战的魏军名将，慌乱之中急忙派出参军马谡去占领关中和陇西之间的重要关口街亭。不料马谡是个夸夸其谈、言过其实的书生，以为占领了制高点就可以居高临下掌握主动权，不听副将王平的劝阻，强行把军队布防在了远离水源的山上。

张郃引兵来到街亭，本想有一场硬仗要打，但看了蜀军如此布防，便心中暗笑一声，立即包围了马谡占据的山包，并切断水源。没过几天，蜀军因为缺水少粮自动丧失了战斗力，陷入一片混乱，马谡根本无法指挥。魏军趁势发起攻击，蜀军不战自溃，马谡落荒而逃，街亭被魏军牢牢掌握。

诸葛亮知道大势已去，第一次北伐不会有好结果了，只好心有不甘地退回了汉中。诸葛亮是个律己甚严的人，不仅挥泪斩马谡，还向后主刘禅上表，请求免去自己的丞相职务。

魏军这边，曹真趁机收复了安定郡，张郃也立即收复了天水郡和南安郡。

对于曹叡来说，自己亲自出马，力挽狂澜，迅速扭转了不利局面，简直是一场天大的胜利。四月份回到洛阳，曹叡仍然抑制不住连日来的兴奋，马上派人火速召回司马懿，要共商吞吴灭蜀大计，他要一统天下定江山。

司马懿回到洛阳，还没有休息过来，就被豪气冲天的曹叡叫到宫中，开门见山就问他如何吞吴灭蜀，吴国和蜀国应该先灭掉谁。司马懿不忍给年轻气盛的曹叡泼冷水，尽量客观地根据自己的判断，提出应该先从伐吴开始。司马懿认为，东吴向来以为我们曹魏之人不习水战，所以才敢于盘踞在东关（今安徽省巢湖市东南）。如果要打击敌人，必须掐住他的咽喉，使劲撞击他的心脏部位。现在看来，夏口（今湖北省武汉市）、东关是东吴的心脏、咽喉，如果我们用步兵攻打皖城（今安徽省潜山县），把孙权的注意力引到东边，诱使他率主力从鄂城（今湖北省鄂州市）东下去救皖城，我军乘虚而入，再以水军顺汉水而下攻打夏口，无异于神兵天降，获得胜利是必然的。

曹叡虽然一直生活在宫廷之中，也没有什么阅历，但天资聪颖，对于以前曹操、曹丕历次进攻东吴的套路也做过认真分析研究，如今听到司马懿的策略，顿时觉得眼前一亮，认为他的方案不同凡响，而且切实可行，命令司马懿赶快回宛城操练水军，做好战时准备。

司马懿想到曹叡把打造大魏水师的重任交给了自己，这就意味着他以后在军中的分量会极大地增加，心中暗自高兴，又深感责任重大，迅速领命回到宛城，开动马力，按计划造船扩军，加紧训练。经过一段时间，司马懿感到水师打造得有了一定的规模，便奏请曹叡准备开始进攻东吴。

但是，司马懿走得有点快了，步子迈得也有点大。曹叡虽然总想政由己出，对付起陈群、司马懿这些外姓重臣没有任何障碍，但对曹休、曹真这样自己家族里的人就没有那么随意、那么容易了。司马懿的伐吴方略固然很好，可以充分突显自己的作用，但也有一个明显的缺点，那就是撇开了曹休。殊不知，近十年来曹休一直战斗在对吴第一线，经历过无数大仗，既有功劳也有苦劳。现在司马懿的计划中，曹休这位名副其实的征东大将军几乎没有正经差事，只是给司马懿当配角、打掩护。曹休心有不甘，但又苦于没有什么新鲜套路去说服曹叡，心里就始终憋着一股闷气。恰在五月，孙权送来了一个机会，曹休像鱼儿看见了鱼饵，立即咬钩。这样一来，就完全打破了司马懿苦心经营的伐吴大计。

## 五、孔明搅局，计划泡汤

魏太和二年、吴王黄武七年（228 年），自从春绿江南，东吴的孙权就一直处于一种莫名的兴奋状态。听到诸葛亮北伐的消息，那种蠢蠢欲动的感觉立刻清晰起来：诸葛亮蜀汉才几个人几条枪都敢跟大魏较量较量，我东吴也不能歇着吧？这种想法持续到五月份，终于憋出个自认为绝好的计谋。孙权招来鄱阳太守周舫，让他派人去诈降魏国的大司马、扬州牧曹休，先敲掉这个卧榻之侧的大老虎再说。周舫觉得计策很好，便决定亲自去诱骗曹休，给曹休写信说自己得罪了孙权，长期受他打压，不想在东吴混了。他愿意把鄱阳郡献给魏国，希望曹休派人前去接收，以免夜长梦多。

此时的曹休，刚刚听说上个月司马懿和天子商定了一个所谓的伐吴新方略，看看里面没有自己什么事而正在郁闷，忽然收到周舫派人送来的信，感觉是一件天大的好事，这要是办成了还有司马懿什么事？但曹休毕竟是位久经沙场的老将，为谨慎起见，一面派人到鄱阳去暗中查访，一面又派人向朝廷报告。曹休顺势向曹叡提出建议，如果周舫来降属实，咱们大魏索性几路大军一起出动，跟他们大干一场，一举拿下东吴孙权。

曹叡正是好大喜功的年龄，恨不得一夜之间平定天下，想想曹休等人更加熟悉东吴军事，既然有降将主动上门，干脆就顺水推舟、一鼓作气拿下东吴算了！再说，司马懿的计划再好也是远水解不了近渴，训练水兵、造大船费时费力又费钱，还指不定猴年马月才能成行呢！于是，曹叡同意了曹休的计划，还派遣建威将军贾逵、督前将军满宠等四支军队两万人直攻东关，司马懿从宛城领兵五万进攻江陵。弄来弄去，在曹休的误导下，曹叡又走到了三路步兵伐吴的老路上去了。

司马懿知道，这种打法是重蹈覆辙，注定要失败，但这一次自己还是小配角一个，那就执行命令配合行动吧！自己的伐吴方略就先放在心里吧！

担心的人不止司马懿一个。尚书蒋济认为，曹休孤军深入去和东吴的精兵强将对战十分危险。再说，驻守于上游的吴将朱然可能会从曹休后方袭击，而吴军随时会东进切断曹休退路，实在看不到此战对魏军有什么利好之处！满宠也上书曹叡说："曹休将军虽然精明果断，却很少指挥打仗。现在他的行军路线背后是湖、一旁是江，前进容易后退难，这就是兵法上所讲的洼地。如果走进了无强口（夹石东南），可就危险了，应该加强戒备。"

为骗取曹休信任，整个东吴从上到下都在演戏，孙权和周舫上演了一出"苦肉计"，孙权时不时派人百般刁难，周舫万般无奈，以至于割发自取其辱，两个戏精配合得天衣无缝。演出十分精彩，曹休的暗探不出意外地上当受骗，弄回来一堆假情报，严重误导了曹休。于是，曹休立即来了精神，按照约定率领骑兵、步兵十万余人开往皖县去接应周舫。等到曹休进入吴国境内，来到皖城东北的石亭（今安徽省潜山县东北），很快就发现自己上当受骗了。吴军在大都督陆逊的指挥下，迅速对曹休形成了三面包围之势。两军一接战，曹休立即溃不成军，十万大军损失过万，"牛马骡驴车乘万辆，军资器械略尽"（《三国志·吴书十三·陆逊传第十三》），落荒败逃到了夹石。果然如满宠担心的那样，吴军又从无强口阻断了曹休的退路。

就在这千钧一发之际，豫州刺史贾逵率领的人马及时调整进攻路线，赶来救援曹休。贾逵部下有人担心以两万人去救曹休，无异于羊入虎口，提出再等等后援。贾逵则认为："曹休已经惨败，又没有了退路，进不能战，退又退不出来，情况非常险恶。现在吴军就是以为曹休没有援军，才敢这样狂轰乱打。如果我们现在火速前进，就可以出其不意、先声夺人，打击吴军的士气。吴军发现我们后，一时半会弄不清我们究竟有多少人，一定会撤退。如果我们现在就在此等待援军，敌人肯定会趁机切断险要的退路，到时候即使我们的人马再多又有什么用处？"

于是，贾逵率领人马一鼓作气占领了夹石，并真心实意地拿出自己的粮食和军用物资供给曹休的军队，帮助曹休重新整顿队伍，平安退回扬州。吴军误以为魏军大队后援部队赶到，立即撤离了战斗。但是，曹休恩将仇报，不仅不表示感谢，还埋怨贾逵救援太迟，并以大司马的名义当场呵责贾逵，敕令贾逵帮他捡拾弃仗。贾逵不做计较，十分坦荡地对曹休说："我本是为国家担任豫州刺史，不是来为大司马捡拾弃仗的。"

那边曹休他们推进得太快，失败得也太快，司马懿这里还没有走到江陵就接到了曹叡的命令，让他停止进军，回转宛城待命。

带着满身的伤痛和满满的愧疚退回寿春后，曹休立即给曹叡上书请求降罪。这是十余年来，曹魏在与吴国交兵过程中损失最为惨重的一次。如果不是老将军贾逵不顾个人安危及时救援，曹休面临的可能就是全军覆没的命运。曹叡念及他的宗亲身份，不仅没有处理他，还送了很多礼物，并好言劝慰。曹叡越是这样，曹休就越是羞愧、气恼，身上的恶毒发作，背部长了一个毒疮，不到一个月竟然抱恨离世。

在宛城休整期间，司马懿又想到了他的伐吴方略。为加强自己的力量，司马懿请求曹叡把张郃调到荆州归他指挥。但是，当张郃领命赶到荆州，已经是寒冬腊月，江水太浅，大船行驶不便，司马懿的攻吴计划被迫暂时搁浅。

紧接着，诸葛亮出人意料地又在年底发动了第二次北伐，西部战事岌岌可危。曹叡着急上火，紧急召回张郃去对付诸葛亮。司马懿眼睁睁地看着张郃的队伍消失在滚滚红尘里，只好摇摇头，发出一声长叹。司马懿精心设计的吞吴方略，就这样被诸葛亮给搅了局。诸葛亮，真是个战争狂人啊！司马懿一边恼恨，一边又十分好奇，一个小小的蜀国，诸葛亮何以这样厉害，一年之中，一头、一尾，竟然发动了两次战争。

# 第八章

## 遭遇孔明，难分伯仲

## 一、司马懿、诸葛亮，相见恨晚

司马懿出生比诸葛亮早两年，出山却比他晚很多，名声更比人家差得远。远在走出茅庐之前，诸葛亮已经把自己炒作得闻名遐迩、炙手可热了。

当二十九岁的司马懿还在河内郡日夜操劳计算着全郡的田亩收入、人口出生率的时候，二十七岁的诸葛亮已经在对“三顾茅庐”的刘备侃侃而谈，陈说三分天下大计了。旋即，诸葛亮出山辅助刘备，一鸣惊人，声震江湖。此时此刻的司马懿即使把算盘珠子扒拉得震天响，也不知道自己明天要去哪里吃饭，不清楚自己未来的命运掌握在谁的手里。而诸葛亮不仅对自己未来的使命责任胸有成竹，而且有了指点江山、扭转乾坤的道场。那是汉建安十二年（207 年）。

第二年，汉建安十三年（208 年），诸葛亮远赴东吴，成功说服孙权与刘备结盟，参与赤壁之战，大败曹操。这一年，司马懿臊眉搭眼地走进丞相府，终于成为曹操的一枚小小的文学掾，日常主要工作就是替领导整理图书、收集信息，偶尔起草点不太重要的文稿。不过这一年司马懿也有一个很重要的收获，那就是他的长子司马师诞生。

汉建安十四年（209 年），诸葛亮任军师中郎将；建安十六年（211 年），诸葛亮与关羽、张飞、赵云镇守荆州；建安十九年（214 年），诸葛亮留关羽守荆州，与张飞、赵云率兵与刘备会师。刘备进成都，掌管巴蜀。诸葛亮被任命为蜀军军师将军，署左将军，兼任大司马府事。诸葛亮披荆斩棘，宏图大展，顺风顺水，芝麻开花节节高。这些年，还基本上没有司马懿什么事。

汉建安二十年（215 年），诸葛亮大权在握，开始着力整顿巴蜀内政。这一年，司马懿作为军事参谋跟随曹操收降汉中张鲁，好不容易得到一次说话的机会，建议曹操“得陇望蜀”，趁机攻取蜀国。不仅没有被曹操采纳，还受到领导一顿不轻不重的奚落。

建安二十五年（220 年）正月，曹操去世，司马懿得以参与办理丧事。紧接着的二月，帮助曹丕继位丞相、魏王。作为回报，司马懿被封为河津亭侯，任丞相府长史，转督军御史中丞。转眼之间来到十月，司马懿协助曹丕废掉汉献帝，建立曹魏帝国。曹丕自立为帝，封司马懿为安国乡侯，担任尚书之职。四十二岁的司马懿，终于在曹操死后时来运转，干了一票大活。

而偏安西南的刘备、诸葛亮抓住机遇，马上在第二年，即魏文帝黄初二年、蜀昭烈帝章武元年（221 年）建立蜀汉政权，刘备称帝，诸葛亮任丞相。司马懿也小有进步，在这一年迁侍中、尚书右仆射。至此，两人在各自的政权中基本上地位相仿、旗鼓相当了。

可惜的是，仅仅两年之后的蜀建兴元年（223 年），刘备就遗恨万年、撒手人寰，白帝城托孤诸葛亮。诸葛亮被后主刘禅封为武乡侯，领益州牧，开始荣耀而艰辛的辅政生涯。诸葛亮责任在肩、自我加压，加紧调整巴蜀内政，稳定因刘备战败而混乱的人心，并率部南征，稳定南部四郡。同时，积极做着各种准备，意欲兴师讨魏，匡扶汉室，恢复中原。

这一段时间，司马懿越来越受曹丕倚重，工作相对而言却比较轻松——不是陪曹丕征吴，就是在曹丕征吴的时候留守许昌。当然，地位也日新月异，在魏文帝黄初五年（224 年）转任抚军大将军、假节，加给事中、录尚书事。

间隔一年之后的魏文帝黄初七年（226 年），魏文帝曹丕病逝，魏明帝曹叡继位。司马懿成为四名辅政重臣之一，被封为舞阳侯，迁骠骑将军，政治生涯跃上一个新台阶。这年八月，司马懿牛刀小试，率军击退进犯江夏的东吴军队。

魏明帝曹叡太和元年、蜀后主建兴五年（227 年），四十七岁的诸葛亮向后主刘禅呈交著名的《出师表》，并率军北上进驻汉中，开始了声势浩大、连续数年、锲而不舍、悲壮惨烈的北伐。而司马懿都督荆、豫州诸军事，屯兵宛城，出奇兵闪击孟达，完成了自己领兵打仗以来一个完美的标杆式战役，令敌人也令没有与其交过手的诸葛亮等人刮目相看。这应该是司马懿和诸葛亮的第一次交手，尽管两个人并没有正面接触、直接对垒，但彼此都闻到了对方的气息，领略了各自的神采。

魏明帝太和二年、蜀后主建兴六年（228 年）正月，司马懿破上庸、斩孟达。趁此机会，诸葛亮第一次兵出祁山，开始北伐，上演了失街亭、斩马谡等脍炙人口的戏码。司马懿则腾出手来，专心应对东吴的战事。不料，诸葛亮到了年底又卷土重来，又进行了第二次北伐，终因粮草补给不上饮恨退兵。

魏明帝太和三年、蜀后主建兴七年（229 年），作风顽强的诸葛亮刚一开春就发起了第三次北伐，一鼓作气占领武都、阴平二郡，震动曹魏。

本来，这时的司马懿远在七八百里之远的荆州破上庸、战东吴，诸葛亮的这前三次北伐都与他没有一点瓜葛。但在我们不少后人的印象中，司马懿却迫不及待提前登场了。其中最引人入胜的是所谓的空城计。诸葛亮第一次兵出祁山，在错用马谡失掉街亭之后，大好形势急转直下，只好引兵撤退，并亲自带五千人马去搬运西城粮草。刚刚搬走一半，司马懿就率领十五万魏军狂奔而来包围了西城，把诸葛亮和两千多士兵困在了城中。诸葛亮急中生智，下令打开城门，让百姓正常出入，自己则羽扇纶巾，带着琴童登楼抚琴。司马懿犹疑再三害怕中计，急忙后撤，让诸葛亮狠狠地玩了一把。

这一颇具传奇色彩的故事没有任何史书记载，只见于陈寿《三国志·蜀书五·诸葛亮传第五》裴松之注中郭冲的说法，但历代史家包括裴本人均以为不确。到了罗贯中写《三国演义》，为了故事生动，却兴致盎然地添油加醋，甚至于把诸葛亮运粮的西县（即今甘肃省礼县）与司马懿所经过的西城（即今陕西省安康市）都混为一谈了，只能当作是小说家言，不可较真。

而在今天司马懿的老家河南省温县一带，《空城计》的故事则是司马懿唱给诸葛亮的。说的是有一次司马懿把两个儿子司马师、司马昭都派出去领兵打仗了，自己在老家孝敬里晒太阳打瞌睡，忽然闻报诸葛亮率军来偷袭自己的老窝。

这安乐寨是司马懿得势之后在老家温县孝敬里旁边修的一座城池，坐落在黄河北岸的丘陵上，相当于都城洛阳的后花园。诸葛亮不远千里前来偷袭，着实把司马懿老爷子吓得够呛。但毕竟是身经百战的老军头了，司马懿眯瞪起来，赶紧想办法。他让村里的卫兵、老弱病残兵和成年村民穿好甲胄装扮士兵，操起各式兵器，首尾相连，沿着平时用来堆柴火、放杂物的洞穴，首尾相连，钻进钻出，给敌人造成一种数不清人数的假象。而司马懿自己，穿着休闲的家常便装、软布鞋，摇着芭蕉扇、带着几个琴童登上了城门楼的露台。司马懿轻摇扇子，打着呵欠，听着弹琴，显得十分轻松惬意。诸葛亮以为有诈，赶快命令罢兵，等后撤上百里想明白其中的蹊跷再杀奔回来的时候，司马懿的两个好儿子早已回来救援。

从心情上讲，司马懿真的希望早一天能够和那个神一样存在的诸葛亮交手会面，一决高下。魏太和四年（230 年），曹叡任命曹真为大司马、司马懿为大将军。七月，曹魏大军开始进军汉中，诸葛亮、司马懿终于有机会正面相对、一决高下了。

等待了这么多年、经历了沟沟坎坎，才有了这一天。因此，司马懿格外珍惜与诸葛亮的每一次交手。

## 二、分道伐蜀，失之交臂

诸葛亮第三次北伐，占领曹魏的武都、阴平二郡一年有余。虽然是两个无足轻重的小地方，但毕竟是攻城略地，功劳一件。到了魏太和四年（230 年），年轻气盛的曹叡才从东吴战事中分神出来，开始筹划怎样对付诸葛亮，从而收复失地。

曹叡拜曹真为大司马，统领西线战事；拜司马懿为大将军，加大都督、假黄钺，成为一品大员、军中的二号人物。

得知消息，司马懿替自己也替曹真感到高兴。他心里比谁都清楚，除了身份特殊，曹真不仅忠勇可嘉，因为勇斗猛虎得到曹操的赞赏，被任命为虎豹骑将领，在军事上也颇具才干，很善于识人用人，也十分善于调兵遣将、排兵布阵。蜀军第一次北伐，曹真因为不熟悉诸葛亮的神机妙算，中了调虎离山之计率军杀向箕谷，致使陇西陷入军力真空，南安、天水、安定三郡慑于诸葛亮和赵云的威名不战而降。但曹真很快纠正了自己的错误，硬碰硬地在箕谷打退了赵云等人，死死地堵住蜀军不让前进，迫使蜀军全面退却。经此一役，魏军恢复了信心，在曹真率领下迅速收复失地。接下来，曹真准确研判形势，派郝昭带领一千余人死守陈仓，蜀军二十多天也没有攻克。

但不知什么缘故，新年伊始就开始筹划并封帅拜将，但曹真迟迟不见动静，直拖到七月雨季才想起来，向曹叡提出了一个多路进攻的方案，准备率主力穿过斜谷进攻汉中的蜀军。由于诸葛亮的前两次北伐都是无功而返，曹魏军方就趁机夸大其词，说是自己击溃了蜀军，言下之意根本没有把对手放在眼里。曹真奏表道，蜀军屡次三番袭扰边境，弄得老百姓鸡犬不宁，让我们军方也颜面扫地。我认为应该主动进攻、兴兵讨伐，彻底打击他们的嚣张气焰。如果我们几路大军同时进攻，绝对可以一举拿下。

曹叡发扬民主，让群臣讨论曹真的计划，引起了各种议论。应该说，曹真的御敌方略并不高明。甫经抛出，连不懂军务的辅政大臣、司空陈群都明确质疑。老成持重的陈群说，当年太祖曹操到阳平讨伐张鲁的时候，首先做的就是派人尽可能地收割当地的庄稼，以增加粮食储备。即使如此，还没有拿下张鲁，粮食就已经快接济不上了。现在，我们准备得不够充分，褒斜谷地形复杂、十分危险，进退都很困难。如果再转运输送粮草，蜀军一定会围追堵截、大肆抢劫。为此，就得分兵防守，减少战斗人员。面对如此复杂的情况，不能不深思熟虑、周密部署。

尽管曹真调整了计划，打算改走另一条主要通道子午谷，但伐蜀的决心和整体方略并没有改变。曹叡继续发扬民主，让大家再次对改良版的作战计划发表意见。陈群仍然坚持己见，认为这样过于劳民伤财，说大军远征开销太大，供应困难。曹叡把皮球踢给曹真，曹真决心已定，听不得任何不同意见。

最终，皮球又被踢回到曹叡这边。年轻气盛的曹叡看军方如此坚决，也决心赌上一把，遂决定调用三路大军攻击汉中，准备会师汉中郡治所在地南郑。自从一年多前大司马曹休石亭大败以来，军队士气低落，自己总感觉脑门子不够亮堂。他急需一场伟大的胜利来证明自己的雄才大略，证明自己开疆拓土的决心实力，证明自己不愧是曹家的杰出后代。

三路人马中，大司马曹真当然是绝对的主力阵容。这支队伍要由长安出发，南下走子午谷，穿越南山（即今秦岭），到达会师地点南郑。曹真踌躇满志，势在必得，要赢一场和他地位匹配的战役，不光击退诸葛亮的蜀汉军团，也要给司马懿等觊觎他地位的人看看自己的实力。

第二路由张郃、郭淮、费曜等人率领，取道斜谷，进攻南郑。

尽管曹叡和曹真心中有几分别扭和不情愿，但鉴于目前曹魏帝国的状况，这第三路只能是羽翼渐丰的大将军司马懿率领。而司马懿此前一直驻扎在宛西，现在仍在荆州境内。作为配合曹真主力的助攻手，司马懿的任务是由西城（今陕西省安康市西）沿汉水西进，到达南郑与曹真等人会合。

对于曹真他们翻来覆去折腾的伐蜀方案，远在宛城的司马懿不会不知道，但并没有放在心上。一则是曹真他们不愿意让他过问与闻，他想了解但鞭长莫及；二则是他乐得当一个旁观者，他还有他自己的事——那一段时间，司马懿热衷的是自己家老二司马昭的亲事，无心也无暇顾及远在西边的诸葛亮和曹真。

司马懿自己兄弟八个，可到了自己的儿子辈，子嗣情况好像不是很好。大儿子司马师已经二十二岁，妻子夏侯氏系出名门，父亲夏侯尚是曹丕的重臣征南大将军，母亲是曹真的胞妹德阳公主。两人结婚数年，可至今只生丫头不见小子。司马懿一心想着子孙后代人丁兴旺，嘴上不说心里起急，但鉴于亲家公母的面子也不能说什么。

如今二儿子司马昭已满十九，司马懿便四处张罗要给老二说亲订婚。挑来选去，最终确定了司徒王朗的孙女、散骑常侍王肃的女儿王元姬。王家是徐州东海郡郯县（今山东省郯城县）有名的经学世家，王朗就是小说《三国演义》中两军阵前被诸葛亮辱骂吐血而死的那位老英雄。这姑娘虽然年方十四，却熏染得知书达礼，让司马懿、司马昭无话可说。两家高高兴兴地给孩子们订了亲，想趁热打铁风风光光地把婚礼给办了。

这个时候，恰恰收到了朝廷的诏令，司马懿哭笑不得，对天长叹。如果仅仅是曹真的命令，司马懿还有办法应付。可现在这样大军西进、孤注一掷的做法，显然是受到曹叡支持的，他也只能放下儿女婚姻大事积极参与，下达命令三天之后开拔西进。

面对曹魏大军的浩大声势，神机妙算的诸葛亮早已经成竹在胸，做好了各种预案。他亲自率领蜀军主力进驻南郑东北部的乐城、赤阪，死死把守进入子午谷的山口，轻摇羽扇，静待敌军。此外，他还让后主刘禅封李严的儿子李丰任江州都督，负责战事的后勤补给，从而赢得李严好感，让李严领兵两万增援汉中。

事实上真的不是诸葛亮能掐会算、“多智而近妖”，而是因为他始终比较理智、冷静，比曹真他们更相信并遵守常识和常理而已。谁都知道，七八月份正是雨季，而且山谷之中经常有连阴雨，一下就是十几天甚至几十天。而无论是子午谷还是斜谷，地形地势都十分险要，平日里行人骑马走路都很不容易，何况大军远行、兴师动众，又是粮草又是兵器，更加困难重重。

果然如此，曹真的人马从进入子午谷就遇到了大雨，走了一个多月，雨也下了一个多月，行程非常艰难，刚刚走了一半。不仅将士们身心疲惫，曹真自己心里都直犯怵，特别是看着越来越多因为受潮腐烂发霉的粮食，更是连连叫苦，当年曹操把“鸡肋”当作军中口令的往事一再翻腾出来。他真希望曹叡能够给他个面子，早点下令撤军、班师回营。

张郃的那一路情况也十分不妙，军队走走停停，又冷又饿，军心逐渐开始动摇。

从行军开始，司马懿就充分发挥他任职上计掾期间练就的看家本领，每天精心计算着曹真、张郃他们的行军速度——正常行走的速度、道路泥泞情况下的速度，然后推算出三路人马距离会师地点南郑的大致远近，在此基础上决定自己这支队伍每天需要走多少里路，不能太快赶在曹真他们前面，也不能走得太慢相距太远。前后两个月，总共向西推进五六百里，与八天奔袭一千二百里一举拿下孟达的闪电战相比，慢得有点不可思议。但是在表面上，司马懿和他的军队逢山开道，遇水搭桥，水陆并进，威武霸气，表现得相当顽强。即使如此，在进入蜀国境内巴东郡朐忍县的时候，司马懿还是遭遇到了阻拦。司马懿好不容易有了一个与蜀军短兵相接、直接较量的机会，果断地抓住时机，打了个漂亮的小胜仗，最终攻克了新丰县。曹叡闻报，也不得不发令嘉奖。

不过，这个《晋书·宣帝纪》上明确记载的胜利也有点匪夷所思。朐忍、新丰远在南边，三路人马相约的会师地点在北边，两个地方真的是南辕北辙。好多人都不知道司马懿把大家带到巴东郡是什么意思，难道是一次徒步旅行？司马懿当然有自己解释的腹稿，那就是在大山里转晕了、迷路了。对于这种说法，曹真心知肚明，也只能无可奈何，由他去了。

更重要的是，司马懿不仅算计曹真、曹叡，更算计诸葛亮。司马懿善于算计具体的事情，而诸葛亮则精于天算。在严阵以待、以逸待劳的同时，诸葛亮还派出了大将魏延等人率精兵插入羌中（今甘肃省南部），突袭魏军侧翼，对曹真形成了极大的干扰，给朝廷造成了极大的压力。

## 三、时运不济，无奈撤军

形势越来越危急，曹叡却没当回事。除了醉心于建造各式各样豪华气派的宫殿，他这一段时间一直在忙着到处找地方观光避暑。

果不其然，面对这种胶着的状况，以司空陈群、太尉华歆为代表的一干老臣实在憋不住了。

不过，首先憋不住的是少府杨阜，理由很简单也很管用：各路大军刚刚行动就遭遇连阴雨，粮草运输费用日增。万一接续不上，可就是背道而驰，前功尽弃。应该遵循古书的教诲：“有利便攻、遇难就收，这是军事法则。”言下之意是：两国交战，天天都要耗费银两，开支实在太大，严重影响皇家的生活质量啊！不如让曹真他们班师回营吧！少府属于九卿之一，是专门负责管理皇家财政收入和日常支出的官员，按说不应该谈论军事，杨阜这一着急，曹叡马上就明白什么意思，心里想着自己女人们的衣服首饰，想着还要建几个宫殿，心里已经同意了八九分。

当年读书时不专心被朋友管宁割席断交、锄草锄到金子面露喜色被管宁鄙视的华歆，如今是曹叡的太尉，相当于军委主席、国防部长，那可是中央政府最高军事长官，过问曹真他们的军事情况是本职工作。所以，奏表也写得理直气壮：领兵打仗是迫不得已的事情，必须选择合适的时机。衷心希望陛下先好好治理国家，兴兵讨贼完全可以往后放一放。何况兴兵伐蜀需要千里运粮，这是非常不利的因素；还要翻山越岭孤军深入险境，真的没有必胜的把握。听说，今年很多地方已经因为征兵服役耽误了农桑。治理国家应该以民为本，而老百姓过日子又以衣食为本。如果朝廷治理得好，国家没有饥寒之患，百姓没有离土之心，天下幸甚，吴、蜀两个贼寇的破绽坐等可得啊！

客观地说，曹叡还是非常聪明的。听过大家的意见，他马上给自己找台阶下。曹叡回复华歆道：你为国家大事考虑得如此周全，我非常赞赏，也非常欣慰。想那吴、蜀二贼长期倚仗山川天险，使得祖父、父亲屡次三番前去征讨也没能如愿，我今天哪里敢自命不凡说就一定能够战胜他们呢？这一次的战事，是因为有不少将领认为不尝试一下的话，敌人是不会自行灭亡的，所以才动用武力来看看能否找到战机。假使时机未到、天命难违，像周武王姬发那次讨伐商纣王的时候中途撤兵那样，当然是很好的借鉴。我不会忘记你诚恳的劝诫的。不少人私下议论，能够自比周武王，曹叡是不是自视过高了一点？

散骑常侍王肃也很会引经据典，古人云："如果千里运送军粮，士兵就会面带饥色；如果等候现去砍柴做饭，军队就很难常吃饱饭。"这说的还是平日里在平原上行军的情况，如果身临险境还要开山劈路，其艰难困苦恐怕要高出百倍呀！如今阴雨连绵，山陡路滑，大家拥挤不堪、彼此影响，粮草又远在后方接济不上，这些都犯了行军的大忌。听说大司马行军月余，才刚刚走了半程子午谷。修理大雨冲毁的道路十分繁重，听说所有士兵都参加了劳动。这样一来，敌军就正好可以以逸待劳了，这也是兵家十分忌讳的，也是特别可怕的。

够了，已经不需要别人再上书了。曹叡像周武王那样，英明果断地下达诏令，让三路大军即刻停止进军，原路返回，等待时机成熟，等待天命降临。

曹真如释重负，也怀着一腔的不甘。吊诡的是，当曹真的军队撤出子午谷，火辣辣的太阳立刻爬上了山头。更让人气愤的是，连续六个多月的晌晴白日，其间老天爷一滴雨也不曾下。

秋去冬来，在汹汹议论和鄙视的眼光中，曹真身心疲惫不堪地回到长安，精神松懈，急火攻心，一头栽倒床上，一病不起。曹叡闻知，马上派人把曹真接回洛阳进行医治，还到家里殷切探望。如此一来，曹真更加羞愧难当，心中横着的怨气更加膨胀，生命危在旦夕。

司马懿意犹未尽，略感遗憾：兴师动众，劳民伤财，可还是没有见到诸葛亮的影子。而当听说曹真病倒、一蹶不振的消息，替他惋惜之余，情不自禁地又热切地盼望着什么。

而对于诸葛亮和他的蜀汉大军来说，三次北伐虽然只占领了武都、阴平两座看似无关紧要的边境小城，但能够在强大的魏国境内如入无人之境、来去自如，轻松自在地玩老鼠戏猫的游戏，还拖垮了魏军大司马、名将曹真，对内还借机收拾了江东集团的带头大哥李严，大长了蜀汉的威风，不能不令人钦佩。司马懿知道，诸葛亮这个小自己两岁的老师的确不是凡人。

尤其令人意想不到的是，诸葛亮专门安排的一支奇兵，神出鬼没，突然出现在魏国境内的安南郡，蜀国大将带领的机动部队成功地把雍州刺史郭淮和曹真留守关中的大将费曜的魏国铁骑诱骗到一个林深路险的山路上，用蜀国最先进的武器诸葛弩把魏军杀得人仰马翻，大败而归。

更加让人把诸葛亮奉为神明的故事还有很多。

在魏军奉命撤退的过程中，司马懿算定诸葛亮一定会安排追击，就向曹真建议做好防备。心有怨气的曹真和司马懿打赌说不会，还说："如果蜀兵来，我愿将天子所赐玉带一条、御马一匹与你。"于是在退兵的时候放松警惕，被蜀军追上打得落花流水，幸亏司马懿率领另一路人马赶来相救，曹真才算捡回了一条命。但是，诸葛亮继续写信羞辱曹真，曹真终于"恨气填胸；至晚，死于军中"。（罗贯中《三国演义》第100回）

而诸葛亮自己在退兵的时候，也是神机妙算巧安排。说的是诸葛亮回到成都，严厉惩罚了贻误军粮供应的都尉苟安。怀恨在心的苟安暗中投靠了魏国大将军司马懿，然后带着任务回到蜀国，趁机在宫中散布流言蜚语："诸葛亮自倚大功，早晚必将篡国。"身边的人不断吹风，后主刘禅听信谗言，果然下诏令诸葛亮班师回朝。但诸葛亮即使后退也要玩一场漂亮的行为艺术，采用"添兵增灶"的办法迷惑司马懿，让魏军以为蜀军人马越来越多，不敢放肆追击。

这些后世演绎出来的故事基本上都是诸葛亮的神话传说。神仙也好，妖道也罢，风流总被雨打风吹去。但当时的司马懿亲身领略了诸葛亮纵横捭阖、长袖善舞的风采，发自内心地佩服诸葛亮。只可惜这次只是当了一回旅游家，与诸葛亮失之交臂，不免又有几分遗憾。但是想到曹真的身体状况，料想他必定是来日无多，自己一定要抓住机会和诸葛亮当面锣对面鼓地较量一番。

## 四、当上大魏最高军事统帅

自从撤军回到荆州，司马懿最惦记的是曹真和诸葛亮的动向。分析三国天下大势和魏国朝廷的军政人事，他十分清楚，自己的命运即将出现一次重大转机，而在很大程度上要拜他们二人所赐。

谁也不曾料到，仅仅过了不到半年，魏明帝太和五年、蜀后主建兴九年（231 年）二月，顽强的诸葛亮就又亲率大军兵出祁山，进行了第四次北伐。这一次，诸葛亮不仅自己疯狂地围攻祁山，一副志在必得的架势，还使用各种手段说服鲜卑族的首领轲比能从侧翼袭扰魏军。

此外，为解决运送粮食的老大难问题，诸葛亮还用上了他苦心钻研了很长时间发明的“木牛”。根据各种记载，这种独轮车可以装载三四百斤粮食，在山道上推起来十分方便，一天可走二三十里。在蜀军将士的耳朵里，“木牛”走起路来吱吱呀呀，声音十分好听，听到木牛的叫唤，不再为粮食发愁，都从心眼里佩服自己的丞相。

消息传到洛阳，曹叡着急得对后宫都没了兴趣。沉疴缠身的曹真更是急火攻心，再次受到精神打击，于三月份命归西天。战死沙场的将士是光荣的，病榻上走掉总有点丢脸和遗憾。魏明帝曹叡对他给予极高的评价：“大司马蹈履忠节，佐命二祖，内不恃亲戚之宠，外不骄白屋之士，可谓能持盈守位，劳谦其德者也。”（陈寿《三国志·魏书九·诸夏侯曹传第九》）为表彰曹真的军功，曹叡有意擢拔了他的儿子曹爽，此人后来成为司马懿最大的麻烦和对手。

西线战事更让曹叡焦虑。现如今，曹休、曹真都不在了。放眼看去，曾经兵强马壮、战将如云的大魏帝国，可以倚重的真正能够领兵打仗的再无他人。没有选择，无可奈何，他迅速召回司马懿，并派他火速赶往长安，接替曹真都督雍凉二州诸军事。朝廷上送别之际，曹叡殷殷嘱托：“西方事重，非君莫可付者。”（《三国志·蜀书五·诸葛亮传第五》裴松之注引《汉晋春秋》）

自己日思夜想的与诸葛亮正面交锋的机会终于降临！听到曹叡这样说，司马懿万分感动，涕泪交加，倒头就拜。想着新的使命，不觉又兴奋异常，不敢有任何耽搁，第二天就离开洛阳赶往长安。

走在路上，司马懿冷静下来，十分清醒地理出了自己即将面对的三个问题：怎样对付诸葛亮，怎样和曹真原先的属将们共事，如何解决自己军队的粮草。当然，还有一个更重要也更致命的永恒难题，那就是怎样持续不断地取得魏明帝曹叡的信任。

先说诸葛亮。虽然司马懿朝思暮想的都是早日见到诸葛亮这个神一样的存在，能够和他亲自交手切磋。但神出鬼没、变化无常的诸葛亮这一次究竟会采取什么战略？他设计的木牛到底有多厉害、能发挥多大作用？自己要采取什么战略，是攻是守？一路之上，司马懿不断通过军报获悉前方的情况，知道诸葛亮已经把祁山魏军将领贾嗣、魏平的人马围困多日，魏军眼看就要撑不下去了。

其次是怎样团结雍凉的高级将领。司马懿初涉军界，目前比较可靠的人马都在荆州，自己如今是孤身一人去长安，那可是曹真经营了多少年的老地盘，要去统御的将领都是曹真的老部下。车骑将军张郃、雍州刺史郭淮、后将军费曜、征蜀护军戴凌等等，尤其是张郃好像比司马懿资格还要老，战功卓著、威名远扬，是曹魏有名的“五虎上将”（张辽、乐进、于禁、张郃和徐晃）中唯一还活着的。谁是可以依靠的人，谁有可能是不肯合作的死硬派？如果与他们起冲突会不会威胁到自身的安全，又怎样才能轻松地化解危机？

最后是粮草供应。每次打仗，都会遇到这个棘手的问题。可这一回似乎更加突出，眼下正是青黄不接的时节，无论蜀军还是魏军都必须靠后方运输，而诸葛亮已经用高超的智慧发明了“木牛”，先行解决了这一难题，只有自己还没有想出妥当的对策。当然，在上邽县（今甘肃省天水市附近）有一块魏军的自留地，种有谷麦。但眼下离成熟收割还有一段时间，何况这里已经是两军对垒的前线阵地，诸葛亮何曾没有打这片庄稼的主意。

说起这片庄稼，不能不提司马懿的三弟司马孚。这个司马家的老三为人忠厚、老成持重，却也不乏精明谨慎、深谋远虑，在有的问题上他的眼光比别人都要远，思考得比其他人都深。曹叡当初打算设置一个掌管军队开支的度支部，选拔尚书时首先就考虑到了司马孚。据说曹叡征求意见时问身边的近臣，司马孚跟他二哥相比怎么样？得到的都是一边倒的肯定回答。曹叡高兴地哈哈大笑，说这样一来我不就有两个司马懿了吗？

司马孚经过认真调查研究，总结了很多军界大佬们的经验教训，并进行了深入思考，上任不久即向曹叡提出了自己的设想：关中地区总是遭受蜀军和边地其他民族入侵和劫掠，粮草布匹等物资供应严重短缺，建议从冀州挑选五千名身强力壮的农民到上邽驻扎、生活，春夏时候耕种，秋冬农闲时候练兵御敌。上邽位于渭水南岸，地势平坦，土壤肥沃，相对于陇上其他地方，这里可谓鱼米之乡。这已经是用军队屯田的雏形了。曹叡听后十分高兴，照准并下令立即施行。现在，司马懿和诸葛亮心中惦记的，可都是司马孚这一政策带来的千顷良田。

当然，要想取得彻底的胜利，更需要曹叡的信任。从现在来看，曹叡对于司马懿还只是君臣之间的使用，远远没有达到信任的程度，甚至还在怀疑他、监视他。起码把张郃派给他指挥，就不完全是件好事。如果自己和曹真一样铩羽而归，群臣会怎样议论？曹叡会不会把我一撸到底？司马懿想，此役必须取胜，起码不能败。这是底线。

尽管还没有具体对策，但一路之上，司马懿已经把几个基本问题考虑清楚。所以，司马懿一到长安就立即全面了解情况，随即作出一系列部署：下令费曜、戴凌以四千精兵留守上邽，保卫庄稼；自己则抑制不住激动的心情，要亲自带领张郃在内的其余所有兵马到祁山去会一会诸葛亮。

## 五、初会诸葛亮

司马懿生怕在祁山见不到诸葛亮，就充分发挥闪电战特长，带领大军以日均百里的速度扑向祁山，五六天时间就行程大半，赶到了隃麋县（今陕西省千阳县）。已经憋了一路的张郃终于找到休整的间隙，尽可能耐心地向司马懿陈述自己的看法。司马懿心中冷笑一声，好啊，果不其然！还没有同诸葛亮交手，与张郃的嘴皮子官司先开战了。

对于司马懿的调遣，张郃开始的时候不好直接反对，以免弄得司马懿下不来台。但几天下来，心里越来越紧张，越来越担心。特别是现在已经快接近祁山，这种感觉就愈发强烈。他说，自己与诸葛亮打了好多年交道了，十分清楚诸葛亮诡计多端，一贯喜欢声东击西那一套把戏。张郃断定，诸葛亮此次一定还是那个套路，应该派人在长安附近驻军，看好自家大本营，诸葛亮的目的绝对是要偷袭长安。一旦长安失手落入贼寇之手，老窝被人端掉，那可就没有办法收拾了。

在曹魏帝国的军事版图上，西部边境要直接面对蜀汉势力，还得抵抗异族入侵，责任十分重大，历来属于最重要的地区。自打建安二十五年（215 年）跟着曹操占领关中，张郃就不曾离开过，特别是对蜀作战经验丰富，可以说诸葛亮两次北伐无功而返，张郃都起到了至关重要的作用。

诸葛亮第一次来犯时，街亭之战击退马谡赢得关键胜利迫使蜀军撤军的是张郃。诸葛亮第二次北侵过程中，昼夜行军奔袭南郑把诸葛亮逼回汉中大本营的也是张郃。所以，张郃提出反对意见司马懿并不感到奇怪，他如此坚决地当众明确反对也可以忍受。没有想到，张郃话音未落，一群将领竟有不少人高声附和。这一来，司马懿感到了问题的严重性，也明确了危险来自何方。司马懿想自己一定要顶住，即使张郃说得有道理，也坚决不能听他的，更不能让他把其他将领拐带走，不能损失自己作为主帅的威严。

当然，长于精算的司马懿不是三岁小儿，丝毫没有和张郃一班人要性斗气的意思。秀才遇见兵，有理说不清。他何尝不知道诸葛亮的把戏，但是诸葛亮神出鬼没，谁又知道他明天在哪里？他有可能偷袭长安，为什么就不会偷袭其他地方呢？所以，当下必须以最快的速度找到诸葛亮，以全部的主力压制住他、起码是“看住”他。

对于张郃的建议，司马懿做了耐心细致的解释，说诸葛亮主力现在祁山，咱们必须全力以赴对付他。你来判断一下，如果咱们前方的兵力足够对付他，就可以分出一部分人来，就说明你是正确的。如果没有足够的兵力对付他，分兵行动就不合适，是会吃大亏的。想当年强大的楚军被黥布一举击破，原因就在于此。

张郃毕竟有大将之风，觉得司马懿说的也有一定道理，作为下级也不再争论，跟着继续往西。

都知道诸葛亮用兵变化多端，善于声东击西，但很难猜出他的真实目的。现在的诸葛亮打听到了司马懿的动向，临时决定留下王平一队人马继续佯攻祁山，而自己带着魏延等大将，快速往东转移，目的直指上邽。半路之上，诸葛亮甚至都知道会与司马懿相遇，但将军赶路、不追小兔，并没有接战，而是悄悄避开，继续快速开进。到了上邽，以迅雷不及掩耳之势给主动挑战的郭淮、费曜一顿痛击，趁他们眩晕之际挥舞镰刀开始收割麦子。虽然这些麦子还没有完全成熟，但碾碾还是能出不少粮食的。更重要的是，蜀军把这些粮食收割以后，即使到了完全成熟的时候，魏军也没有办法收割了。

诸葛亮这一举动在魏军上下引起了一些骚动，对诸葛亮这尊神的恐惧再次弥漫开来，连司马懿都觉得有点失算。更让司马懿恼火的，是诸葛亮比自己聪明，让自己大队人马白白兜圈子耗费时间、消耗体力、消磨士气，他占据了主动，让司马懿陷入被动。明知是这样，也不能继续纠结过去的判断失误，必须迅速根据新的情况调整部署，率军驰援上邽。他勉强解释说，诸葛亮这人考虑的问题太多，决断的少。他在上邽一定会先安营扎寨，等一切都弄稳妥了，才出来抢收咱们的麦子。不用着急，这两天咱们日夜兼程赶过去就可以了。

但是，司马懿就是司马懿，面子归面子，脑子归脑子。话虽如此，但接下来采取的措施则是“敛军依险，兵不得交”（《资治通鉴》卷七十二）。你有你的千般计，我有我的老主意。司马懿命令各军人马都找个安全可靠的地方好好休息，诸葛亮挑衅也无须理会，没有他的命令都不许出兵。司马懿自己驻军到了上邽东边三十里地的小陇山上，居高临下，易守难攻，做好了长期驻扎的打算。

诸葛亮知道司马懿是要拖下去了，就每天找一群嗓门大的人前来叫阵，各种难听的话像雨点一样落到魏军大营，也灌到司马懿的耳朵里。一些将士忍受不下去纷纷请战，司马懿下令各营军官百般安抚，自己则听着六月的雨声打坐、写字、冥想。一旦发现蜀军收割麦子，司马懿便立即下令骑兵前往驱赶，顺便抢回一些蜀军割好但来不及带走的麦子。当蜀军趁势杀出，魏军二话不说，毫不恋战，扛着麦捆，拨马就跑。如此反复一个多月，诸葛亮寻找不到任何机会，只好假装退兵引诱魏军追击。

司马懿当然知道这是诸葛亮的阴谋诡计，带领人马在后面慢慢地跟着，若即若离，速度不快不慢，距离不远不近。蜀军跑得快，魏军就追得紧；蜀军放慢脚步，魏军也缓缓地跟在后面；蜀军回过头来要开战，魏军就安营扎寨，坚守阵地。

司马懿这些看似小儿游戏一样的招数弄得蜀军哭笑不得，让诸葛亮双眉紧锁，不知该如何应对。走着走着，诸葛亮发现甩不掉司马懿这条难缠的尾巴，干脆到卤城（今甘肃省天水市西南）之后命令大军抢先在南山、北山两个地形有利的地方安下营寨不走了。

司马懿见状，也立刻下令寻找安全地方驻扎固守。诸葛亮派出骁勇善战的魏延亲自来挑战，张郃等人急得摩拳擦掌，司马懿只当没有看见，不予理会。蜀军使出更加绝命的狠招，在魏军营寨周围挖沟筑墙，并切掉水源，做出一副要困死司马懿的架势。

魏军的一些将领气愤已极，便又推张郃作为代表找司马懿讲道理，蜀军长途奔波来和我们打仗，如果我军不与蜀军交战，他们肯定会认为这样对我军有利，目的是采用拖延战术战胜他们。现在我们在祁山的守军已经知道我军主力就要来了，一定会增强信心坚守阵地。我军不妨就在此驻扎，悄悄地派出一支奇兵绕到敌后，然后再前后夹击。实在不应该像现在这样跟做贼似的老跟在人家屁股后面，连靠近一点都畏畏缩缩，真的有损我军的威风。现在诸葛亮这里是一支孤军，粮食缺乏，这样下去眼看着就要跑掉了！

张郃的说法不能说没有道理，态度也十分诚恳。但是，司马懿依然是外甥打灯笼——照旧（舅），我行我素，继续保持原有的节奏尾随在后。接下来，有更多的将军看不下去，不堪忍受，开始在背后议论纷纷。特别是被困祁山的贾栩、魏平眼看解围无望，实在憋不住了，就给司马懿修书一封，嘲笑他畏蜀如虎，司马公这样难道就不怕天下人耻笑吗？

这些话传到司马懿耳朵里，虽然心有不悦，也不便发作。但是，那些老资格的军方负责人看司马懿默不作声，以为他有所心动，便继续轮番鼓噪。司马懿想想也对，继续这样下去自己人造反不服管教了怎么办？如果诸葛亮真的跑了岂不是遗憾？拿定主意，马上分兵行动，派张郃攻打驻扎在南围（祁山南屯）的蜀将王平。至于诸葛亮，当然是自己亲自去会一会了。

王平原本是曹操的战将，归顺蜀汉后，成为诸葛亮手下不可多得的老将，能打能守，作风顽强，他统领的五营兵主要是强悍无比的少数民族兵源，乃蜀军精锐中的精锐，享有“无当之师”的美名，又因为他们翻山越岭如履平地，被称为“飞军”。街亭之战如果不是王平力战，马谡会败得更加难看。自打蜀军北伐，王平就一直在此驻扎，准备得十分充分。同样强悍的张郃使尽了浑身解数，还是久攻不下，弄得自己精疲力竭，军队也士气低落，只好骂着这位老对手，灰溜溜地放弃战斗，撤退了事。

这边的司马懿情况更加不妙。得知司马懿率军来攻，诸葛亮派魏延等人前往卤城迎敌。司马懿终于和自己心目中的老朋友、老对手交上了手，兴奋之情难以抑制，满怀激情地指挥大军全部压上，要见一见诸葛亮的庐山真面目。但是，真正一较量，却让司马懿十分失望甚至沮丧。魏军疲于奔命，军中又弥漫着“诸葛亮恐惧症”，而蜀军以逸待劳，斗志昂扬。一场惨烈的战斗下来，魏军丢盔弃甲，望风而逃，与张郃一样，赶紧躲回营寨，浑身发抖，闭门不出；蜀军“获甲首三千级，玄铠五千领，角弩三千一百张”（《三国志·蜀书五·诸葛亮传第五》裴松之注引《汉晋春秋》）。尽管关于这次战役也有另外的记载，说“亮屯卤城……帝（晋宣帝司马懿）攻拔其围，亮宵遁。追击，破之，俘斩万计。”（《晋书·宣帝纪》）这样的说法几乎没有人相信，恐怕连司马懿也羞于承认自己此役的赫赫战功。

## 六、谁杀死了张郃

诸葛亮有他的难言之隐，现在的他最着急的是寻找战机给司马懿上教练课。

但是，有了教训之后，张郃不再着急请战，司马懿独自体味着被偶像痛击的感觉，两个人见面也只能相视一笑。这样一来倒也相处平安，倒是如了司马懿的意。就这样耗着吧！起码是个平手，起码不会再添败绩。可是往下该怎么办呢？司马懿左思右想，不得要领，当年那些所有学过的计谋如今全成废柴，完全派不上用场。看来，只能坐井观天、听天由命了。诸葛亮上回北犯取胜曹真，不就靠的天意吗？这一回就姑且也信他老人家一次吧！不信老天就永远会垂青他诸葛亮。如果真的是天命不可违，让我无功而返，那就留着遗憾且待下回吧！如果有下回的话，如果曹叡肯再给他机会的话。留得青山在，不怕没柴烧。

眼看进入了六月，天气逐渐热起来，又进入到了魏军难以忘怀、心有余悸的雨季。就这样，两军僵持之中，司马懿、诸葛亮同样如坐针毡，饭量越来越少，失眠的时间也越来越长。正当司马懿感觉快要撑不下去的时候，忽然得报诸葛亮退兵了。不仅司马懿没有弄明白怎么回事，连诸葛亮都有几分丈二和尚摸不着头脑。

诸葛亮得到的是后主刘禅的口谕，说是让他即刻撤兵，快回成都，但什么原因并没有说。诸葛亮心有不甘，但想到出来已经三四个月了，粮草已经消耗差不多了，再这样拖下去也终究不是万全之策，也就别再玩什么“将在外，君命有所不受”这套把戏了，顺坡下台阶回去休整吧！

司马懿经过多方打听，知道诸葛亮真的撤兵了，而且探听到了真实原因。原来，是一直对诸葛亮怀恨在心的李严在起作用。李严担心雨季来临，无法完成供应粮食的任务，害怕将来诸葛亮责罚自己，就指使别人假传圣旨，急召诸葛亮回来。

消息准确无误，司马懿立即抖擞精神，发出指令，派张郃全力追击诸葛亮，痛打落水狗。

可问题是，现在的诸葛亮根本不是什么落水狗。以前急着找诸葛亮较量的张郃，此刻却冷静得很，赶忙向司马懿建议说：“军法，围城必开出路，归军勿追。”（《三国志·魏书十七·张东于张徐传第十七》裴松之注引《魏略》）

司马懿横下一条心，坚持军令不肯改变，而且还追问张郃，前些时候诸葛亮风头正劲，你们都那么着急找他玩命。现在，诸葛亮仓皇逃窜，你反倒胆怯、不愿意追赶了？司马懿的“以子之矛，攻子之盾”，弄得张郃也不好再拿什么军法去和主帅理论，只好领命，硬着头皮去追杀蜀军。张郃作为久经沙场的老将，岂有不懂得穷寇莫追的道理的？后世小说家竟然说他是主动请缨要追击蜀军，司马懿再三苦苦相劝也没有拦住他。（罗贯中《三国演义》第101回）

谁都知道，诸葛亮从来不会轻易撤军，即使败得很惨的情况下，也会漂漂亮亮地玩对手一点小把戏，为此吃亏上当甚至丢命者大有人在，当年跟随曹真出战的王双丢掉性命就是一例。这一次，诸葛亮想要继续试验一下他的另一个新产品投入实战的效果，这就是可以拉力五百斤、连发十箭、射程在四百米开外的“十矢连弩”。在道路狭窄、山势陡峭的地方，老对手王平挑选的三千个弓弩手严阵以待，就等着张郃进来送死。

当张郃惴惴不安地刚追到木门谷（祁山东北方向），早已埋伏在高处的蜀军万箭齐发，惊恐万状的魏军落荒而逃，张郃自己也被弓弩击中右腿动脉，鲜血喷涌难以阻挡，于极度痛苦中慢慢毙命。当蜀军顺利撤走，魏军残存的士兵找到张郃的时候，发现他被射成了血里呼啦的刺猬，其状惨不忍睹，令人堕泪。

听到张郃的死讯，魏明帝曹叡十分悲痛，仰天长叹：“蜀未平而郃死，将若之何！”（《三国志·魏书二十五·辛毗杨阜高堂隆传第二十五》裴松之注引《魏略》）对于司马懿，曹叡明知他整个战役都是被诸葛亮牵着牛鼻子兜圈子、结果是损兵折将，非但没有任何责罚，还派使者亲赴长安慰问，并给他增加了不少封邑。今天的大魏帝国，司马懿成为唯一可以依靠的将帅，他的这种无可替代的存在就是合理的，根本没有办法以是非胜败来评价他。

本次战役本来是司马懿决定和诸葛亮拼个你死我活的，没有想到死的却是张郃。虽然这也是司马懿客观上造成的，但是主观上他并没有真的想置张郃于死地。他十分清楚，虽然他心里忌惮张郃等不太听话的原曹真部下，但是如果张郃真的死了，不光是曹魏大军的重大损失，他也会招致更多怨恨，在军中树起更多敌人。神仙打架，小鬼遭殃。任何争斗，惨死的往往都是旁观者、第三人。

对于司马懿来说，能有今天的结果也算意料中事。通过几个月的你来我往，深入了解了诸葛亮，虽然没有战胜他，还吃了不少亏，但也没有被他打败。诸葛亮这样的天神，又有谁可以战胜呢？下一次吧！司马懿十分期待。

## 七、扩军备战，暗中角力

一次战役结束，即是下一次的开始。优秀的政治家都懂得这个道理。天资聪颖的曹叡不会不懂，所以他必须装得若无其事、宽宏大量，不跟司马懿计较，而且还要对他好言抚慰，增加封邑，大加犒赏。

司马懿和诸葛亮当然也懂，所以两个人都有点遗憾，但都不着急，他们都明白机会就在自己掌握之中，想什么时候来就什么时候来。虽说这一次两个惺惺相惜的高手已经互有书信往来，毕竟还没有照过面，还不知道对方究竟长的何等模样，还没有亲耳聆听过彼此的声音——两个人的老家河内郡温县（今河南温县）、徐州琅琊阳都（今山东临沂）相隔不远，下一次如果能见上一面、聊上几句，彼此的口音听起来应该都感到亲切吧？

司马懿这边，自己还在收拾心情、清理头绪，已经有两个人迫不及待地来提醒了，他们是司马懿自己的军师杜袭、督军薛悌。他们二人判断，根据诸葛亮的个性，蜀军肯定会卷土重来，进行第五次北犯，这个时间点应该是明年割麦子的时候。到那时候，陇西的粮仓正好见底。如果诸葛亮还和以前那样与我们抢收麦子僵持不下，麻烦就大了。应该趁着现在西线没有战事紧急征调粮食，妥善囤积起来以备不测。

虽然给主帅分析形势、提出对策是他们的本职工作，但是能够如此积极主动，尽管司马懿的判断和他们的推理有出入甚至出入还很大，心里还是非常高兴，十分赞赏，当众表扬了他们的清醒冷静，能够居安思危。司马懿耐心地与二人分析道：“诸葛亮已经几出祁山、一攻陈仓，都是受挫而退。即使他再次北犯，一定不会过来攻城拔寨，而会寻找开阔之地与我会战。我判断必定是陇东，而不会是陇西。而且，诸葛亮比我们更加清楚粮草不足的危害，这次回去他肯定会大量囤积粮食，做好更加充分的准备。我预料，没有三年充分准备，诸葛亮是不会再贸然行动的。”（《晋书·宣帝纪》）一番话说得二人心服口服。

接下来的备战备荒工作是司马懿的长项。温县是块种粮的风水宝地，司马懿将近三十岁才离开老家，虽然作为官宦子弟他不用像普通老百姓那样从事农业劳动，但一年四季怎样随着节气变化伺候庄稼，他还是比较清楚的。对蜀作战是一项长期任务，单靠后方输送粮食永远存在不确定性，必须从根本上加以解决。好在三弟司马孚替他考虑在先，那些迁入冀州的五千农民已经在上邽试验了数年半军半民的屯垦方式，取得了初步效果，证明这条路是可行的。司马懿不费吹灰之力，照章办理、扩大规模即可。两三年的时间，陇右地区良田千顷，阡陌纵横。一到麦子成熟时节，金色的麦浪一眼望不到边，让人心生喜悦，信心满满。

庄稼地要靠水灌溉，兴修水利必不可少。经过勘测和规划，司马懿调集大量人力、物力，疏浚了汉武帝时期修建的长达二百多里的成国渠，并延伸一百多里，使渭水惠及更多的百姓。此外，在临晋（今陕西省大荔县）利用洛水建设了一个水库灌溉工程，名谓“临晋陂”，沧海桑田，造福一方。这两项工程“溉田数千顷，国以充实”。（《晋书·宣帝纪》）

通过上一轮较量，司马懿对蜀军的“木牛”和诸葛连弩等新式武器留下了深刻印象，痛下决心要改造装备。短时间内武器装备的设计和制造水平不可能大幅度提升，但充分满足需求应该是基本的要求。司马懿挑选了京兆（今陕西省西安市西北）、天水等地建设炼铁作坊，官办官督确保质量，批量生产武器装备。

诸葛亮在回撤汉中的路上也已经打定主意，连年北伐对蜀国造成的影响巨大，损耗国帑，男丁伤亡过多，生产受到严重影响，没有两三年的休养生息真的缓不过来。文武之道，一张一弛，必须适当调整一下。而且，眼下更加棘手的是要严肃整饬一下蜀国的官场，具体来说就是要马上解决李严的问题。李严之于诸葛亮，已经成为一块心病，北伐路上的绊脚石。

这个李严原本属于荆州牧刘表的部下，曹操入荆州时转投刘璋，刘备来时又率部投降，起到了至关重要的作用。加之李严在政治、军事、内政等方面才干突出，一直得到刘备重用而一路升迁，成为尚书令。

蜀章武三年（223年），李严为中都护统，管内外军事，与诸葛亮二人一起受刘备遗诏辅佐后主刘禅，旋即被后主封为都乡侯、假节并加光禄勋，手握蜀汉三分之一的军队。李严本身就自视甚高、性情孤傲，从此以后更加目中无人，无论军政处处与诸葛亮掣肘。为了孤立诸葛亮，李严还几次违心地劝诸葛亮加九锡、晋爵称王，被诸葛亮严加叱责。

蜀建兴四年（226年），诸葛亮在汉中的时候曾发出指令，让李严带领军队共同北伐。但李严利令智昏，拿军国大事与诸葛亮讨价还价做起了生意，提出要诸葛亮划分五个州作为巴州，而且明确提出自己担任巴州刺史。诸葛亮当然没有同意，那次北伐也因而泡汤。无奈之下，诸葛亮只好派他驻扎江州，蜀汉东部地区成为他呼风唤雨的自由王国。

饶是如此，李严愈发感到不公平，认为诸葛亮党同伐异、排斥异己，自己受了天大的委屈，总想借机扩大地盘、壮大实力，与诸葛亮的荆州集团分庭抗礼、平分秋色，甚至把诸葛亮撵回荆州。同为先帝的托孤大臣，你诸葛亮凭什么压人一头？

所以，当诸葛亮第三次北伐因军力不足调李严北上汉中的时候，私欲膨胀的李严首先想到的是怎样敲竹杠、自抬身价，绝口不提带兵北伐配合丞相，而是绕着弯子提出要求开府建衙，拥有独立人事权，强化自己的班底。诸葛亮看准了李严的贪欲，许以骠骑将军、金印紫绶、位列三公等优厚条件，同时承诺让他的儿子李丰担任江州都督，暗示他：“你若不在，你儿子说了算！”但是，诸葛亮秉持孔子的教导“唯名与器，不可假人”，根本不跟他讨论开府的事。

当时的蜀国大将军一职空缺，骠骑将军名义上就成为全国最高军事长官。李严像咬到鱼饵一样，兴奋地带着自己两万名宝贝疙瘩一样的士兵，高高兴兴地开赴汉中，暂时也不提开府的事了。殊不知，诸葛亮调虎离山成功，趁机控制了江州。到了汉中，战事紧急，诸葛亮把李严指挥得团团转，名义上是什么中都护署丞相府事务，实际上成了他的秘书与跟班，最多就是个后勤部长吧！每念及此，李严都恨得牙根直痒，发誓一定要寻找机会摆治一下阴险狡诈的诸葛老匹夫。

千错万错，李严不该头脑发热，在千钧一发的战场上给诸葛亮制造麻烦，更不该自作聪明伪造圣旨调诸葛亮撤军。当然，也有人揣测，那个撤军命令本来就是子虚乌有的东西。

以诸葛亮的神通广大和足智多谋，还没有回到成都，就已经把如山铁证摆到了李严面前。一夜之间，骠骑将军李严被褫夺一切权力和职务，贬为庶民，发配边地梓潼郡。在边境苦寒之地想着诸葛亮的种种不易，希望诸葛亮能够开恩再次起用自己。后来当听到诸葛亮去世的消息，感觉从此无望，于不久也随诸葛亮而去。其儿子李丰江州都督的职务也被免除，但诸葛亮还是安排他做了个普通官员，后官至朱提太守。

解决了李严的问题，蜀国上下整齐划一。诸葛亮不敢稍作松懈，马上开始布置工作——生产粮食、改进武器装备。英雄所见略同，其工作思路和司马懿如出一辙。有所区别的是，诸葛亮考虑得更加深远，落实得更加周密。他精心选择沔水之滨的黄沙（今陕西省勉县东），组织军队一边从事农业生产，一边加紧军事训练，此举和司马懿让民夫边生产边进行军事训练的做法有异曲同工之妙。除了继续大量制造独轮车“木牛”，“流马”也研制成功。“流马”运用了更多的机械装置，自动化程度更高，更适合山地行走。“木牛”“流马”大批量生产，极大地提高了粮草运输能力。

战争，比拼的是两国的实力，而实力来源于政治家的胸襟和眼光以及动员人民的能力。诸葛亮、司马懿，都是那个中国历史上最为混乱年代当之无愧的政治家。他们不仅能够根据胜利的目标控制战争的节奏，还能够有效利用难得的和平时期发展生产，积极备战。为真正做到“兵马未动，粮草先行”，诸葛亮还在斜谷靠近蜀军一方修建类似粮食储备库的“邸阁”。三年里，“木牛”“流马”经常悄悄地行走在斜谷小道上，运送了很多粮食储藏进邸阁。

此外，诸葛亮发现并大胆起用原本是自己丞相府从事人事管理工作的西曹掾蒲元。这位著名炼钢高手、兵器专家利用自己高超的淬火热处理技术，把蜀军的兵器改造得矢坚刀利、所向披靡，盔甲等装备也得到很大改善。

## 八、明枪易躲，暗箭难防

诸葛亮、司马懿这对战场上的对手、政坛上的难兄难弟，有时候会有类似的遭际。当他们在专心打仗或备战，身后总会有人捣乱，甚至暗中陷害。不同的是，李严之于诸葛亮，那是和尚头上的虱子，是明摆着的问题，诸葛亮完全可以自己解决。而在司马懿身后，却有一支当时天下无二的神笔在恶毒地构陷他，差点颠覆了他的命运。更加让人后怕的是，事情发生的整个过程司马懿竟浑然不知。

危险往往来自被人们遗忘的角落，构陷则容易来自熟悉的人。事情是从东阿王曹植给明帝曹叡的一封上书开始的。

魏明帝太和五年（231 年）七月，西部战事帷幕刚刚闭合，与诸葛亮斗法身心俱疲的司马懿刚刚喘匀了气，京城洛阳一场不见硝烟的战斗就擂响了战鼓。四十岁的曹植给自己的亲侄儿明帝曹叡上书，历数封地之苦、监禁之累。如今，在秦皇汉武一般英明神武的侄儿的正确领导下，迎来了清明盛世，希望能放宽对诸侯王们的监管，给这些皇亲国戚些许自由。这篇《陈审举表》情真意切，感天动地，洋洋洒洒，文采斐然，凡两千字，可谓魏晋文章的代表作之一。

颇有文学造诣的曹叡看后，不仅被叔叔飘逸的才华所折服，更被字里行间流露的亲情所感染。是啊，父亲曹丕当年为了避免这些叔伯兄弟们掣肘自己、觊觎大位，强行把诸侯王遣送到封地，并让地方官员严加看管。所以，绝大多数诸侯顶着王爷的虚名，实际上与软禁没有差别，日子过得实在清苦。八月，曹叡下达诏书，来年新春，召所有诸侯王入京觐见，要举办一个盛大的王爷大聚会。

于是，魏明帝太和六年（232 年）正月，西北苦寒之地寒风凛冽，司马懿不顾条件恶劣热火朝天地屯田炼铁。这边厢，大魏帝国首都洛阳一派春光，各地诸侯王一一闪亮登场。一时之间，万人空巷，观者如堵。天生口吃的曹叡和颜悦色、慢条斯理地和亲人们拉家常、诉离情，一幅其乐融融、政通人和、国泰民安的盛世景象。但是也仅限于此，除了表面上的和和气气之外，聪明绝顶的曹叡除了答应对这些叔伯兄弟稍稍放宽监管之外，没有作出任何进一步的让步和宽宥。派对结束，这些风光无限的诸侯王从哪来还回哪去。作为大魏帝国一国之主，曹叡的心里自有万千风云，曹植的《陈审举表》只不过暗合了他的心意而已。

表面文章做完，曹叡开始重新认真思考叔叔提出的更重要的问题。曹植固然想要改善待遇，想要侄子重视自己，但作为一个阅尽人间风云、看破凡世红尘的人，他更看重的是如何让曹魏江山万年不绝。虽然远离曹魏政权已经十几年，他依然洞若观火。他写道：

> 昔汉文发代，疑朝有变，宋昌曰：“内有朱虚、东牟之亲，外有齐、楚、淮南、琅琊，此则磐石之宗，愿王勿疑。”
>
> 臣伏惟陛下远览姬文二虢之援，中虑周成召、毕之辅，下存宋昌磐石之固。
>
> 臣闻羊质虎皮，见草则悦，见豺则战，忘其皮之虎也。今置将不良，有似于此。

故语曰："患为之者不知，知之者不得为也。"

昔管、蔡放诛，周、召作弼；叔鱼陷刑，叔向赞国。三监之衅，臣自当之；二南之辅，求必不远。华宗贵族藩王之中，必有应斯举者。

夫能使天下倾耳注目者，当权者是也。故谋能移主，威能慑下。豪右执政，不在亲戚，权之所在，虽疏必重，势之所去，虽亲必轻。盖取齐者田族，非吕宗也；分晋者赵、魏，非姬姓也。惟陛下察之。

苟吉专其位，凶离其患者，异姓之臣也。欲国之安，祈家之贵，存共其荣，殁同其祸者，公族之臣也。今反公族疏而异姓亲，臣窃惑焉。今臣与陛下践冰履炭，登山浮涧，寒温燥湿，高下共之，岂得离陛下哉！不胜愤懑，拜表陈情。若有不合，乞且藏之书府，不便灭弃，臣死之后，事或可思。若有毫厘少挂圣意者，乞出之朝堂，使夫博古之士，纠臣表之不合意者，如是则臣愿足矣。（《资治通鉴》第七十二卷）

曹植用汉文帝刘恒的典故提醒曹叡，一定要想明白谁才是咱们曹魏的"磐石之宗"；又以周文王靠兄弟、周成王靠叔叔的例子点拨侄儿，叔叔我才是那个足以辅佐你的至亲。写着写着，情绪激动，干脆直接告曹叡，现如今曹魏政坛已经存在"置将不良"的现象了，叔叔作为清醒的旁观者，真的为你着急，但又不能替你分忧啊！你一定要选周公、召公这样的人来辅政，我们曹家这么多诸侯、贵族，必定有可以胜任愉快的人。取代齐国的不是齐王的吕姓宗亲，而是田氏家族的人；分裂晋国的也不是姬姓的人，而是韩、魏两家。

话说到这个程度，意思已经再明白不过：陛下一定要清醒冷静，小心提防外姓家族将来篡夺曹魏帝国的大好江山！

作为一个聪明绝顶的大国君主，对于曹植担心的、忧患的、提醒的，曹叡自然都十分清楚。主政以来，他每天都在这样的政治旋涡里上下翻滚，早已留心并开始思考这些问题并在琢磨对策。比如对司马懿，曹叡心中一直有所忌惮，所以始终都有人盯着他，万一有变可以控制他，但目前还得用他甚至仰仗他，这个分寸必须拿捏得十分到位。

但曹植不了解的是，曹叡时时刻刻在防备异姓势力崛起的同时，他实际上更害怕的则是公族宗亲势力抬头。远的不说，自己父辈之间的绞杀就殷鉴不远啊！所以，曹叡耍了个小聪明，给曹植回了个诏书，非常礼貌地表示感谢，并狠狠地夸了夸叔叔。至于想出来工作、辅佐自己，那些给社稷添乱的事情就不要考虑了。

满怀期待的曹植所有的希望全部化为泡影，一下子如坠深渊，从此一蹶不振，以至于一病不起。转过年来，郁郁寡欢中一命呜呼，终年四十一岁。

忙于战事的司马懿听到曹植去世消息的时候，同时还看到了他临终前不久写的一首诗《吁嗟篇》：

吁嗟此转蓬，居世何独然！
长去本根逝，夙夜无休间。
东西经七陌，南北越九阡，
卒遇回风起，吹我入云间。
自谓终天路，忽然下沉渊。
惊飚接我出，故归彼中田。
当南而更北，谓东而反西，
宕宕当何依，忽亡而复存。
飘飖周八泽，连翩历五山，
流转无恒处，谁知吾苦艰？
愿为中林草，秋随野火燔，
糜灭岂不痛，愿与根荄连。

同为一个时代的文学少年、文艺青年，虽然司马懿要大曹植十三岁，但曹植那些优美的诗文、无人能及的才华，曾经深深地吸引过他、打动过他、影响过他，尤其是那篇《空竹赋》。没有想到，如今一场致命的打击，竟这样从身边轻轻地划过去了。

## 九、大战来临，君臣同心

感谢曹叡对自己的信任，让我能够用三年时间认真地准备一场战役！虽然司马懿十分清楚，皇帝这也是无可奈何之举，对自己并非完全放心，相反地心里还装着不少忌惮。

司马懿认为自己已经做好了充分准备，但一打起仗就知道魏军还差得很远。因为这三年中间诸葛亮并没有睡大觉，而是在做着比司马懿还要精心、充分的准备。

三年时间，倏忽而逝。魏明帝曹叡青龙二年、蜀后主建兴十二年、吴大帝孙权嘉禾三年（234 年）二月，距魏蜀上一次交兵正好三年，诸葛亮发动了第五次也是最后一次北伐。其声势浩大，天下皆惊。没有了李严等人的掣肘，后主又一直拿他当“相父”侍奉，可以说诸葛亮再无顾忌，可以充分施展自己的抱负。当时蜀国在册人口不足百万，此次用兵竟有十万，可谓真正的举全国之力，诸葛亮一生的荣耀成败在此一举。

魏国自然也是君臣一致、上下同心。为表示支持，魏明帝曹叡派来了秦朗的两万人马，统一受司马懿调遣。司马懿明白，曹叡派秦朗还另有所图，目的是监管自己，但毕竟添了生力军，还是深受鼓舞。特别是秦朗带来的曹叡关于这次战役的敕令，让司马懿十分赞同：“但坚壁据守以挫其锋，彼进不得志，退无与战，久停则粮尽，虏略无所获，则必走矣。走而追之，以逸待劳，全胜之道也。”（《三国志·魏书三·明帝纪第三》）

但是，战略思想统一了，具体的战术还有待商榷。军师参谋都认为诸葛亮会引兵驻守武功（今陕西省武功县西），这样便于进攻长安。所以，魏军应当以渭水为天险，在北岸防守。司马懿认为，老百姓和粮食都集中在渭水南岸，那里才是兵家必争之地，应当在渭水南岸直接面对蜀军，不能把土地和百姓拱手相让给诸葛亮。他还进一步判断，诸葛亮可能会选择五丈原驻兵。为了消除部分将士的“诸葛亮恐惧症”“恐蜀症”，司马懿还略带戏谑地说，如果诸葛亮是一个勇敢的人，就应该选择武功，这样靠山往东，可以直取长安；如果往西去了五丈原，我军就万事大吉了。魏军不少将士都私下议论，为了百姓、土地，主帅这次胆子真大！

不出司马懿所料，蜀军在先锋大将魏延的指挥下，直取褒斜道北上，目标是占领陇右。由于士气正旺、装备精良，推进速度很快，四月间已经进至渭南，在渭水南岸的五丈原（今陕西省岐山县南）安营扎寨，与魏军大营遥遥相对，做出一副决战的架势。

后世很多人替诸葛亮这一决策惋惜，认为他不该选择五丈原。他们哪里知道诸葛亮的苦衷，他此次北伐目的并不是长安而是陇右。五丈原南接秦岭，北近渭水，东西狭长，出褒斜道北口往西即是，易守难攻，驻扎此处诸葛亮是经过深思熟虑的。在给东吴老朋友步骘的信中他解释道：“仆前军在五丈原，原在武功西十里余……马冢在武功东十余里，有高势，攻之不便，是以留耳。”（郦道元《水经注卷十八》）

此外，诸葛亮还有他的难言苦衷。这几年来，操劳日甚，他渐渐感到自己身体已经向他发出了警告。他预感到，攻取长安、拿下洛阳从而恢复中原、匡扶汉室，可能是他此生不可能完成的任务了，他要趁此次北伐占领陇右这片大粮仓，为以后魏延、姜维他们完成自己遗愿打下基础。

可是对于诸葛亮西上五丈原究竟要做什么，司马懿和军师们一时半会还揣摩不透。不过，对于诸葛亮的部署，驻守西部十余年、对当地山川地理十分熟悉的雍州刺史郭淮一眼看穿，他急忙禀报司马懿，如果蜀军渡过渭水北上，占领了北原，再与北边的山脉打通，隔断陇上的道路，就会使陇右与关中的联系受阻，陇右的老百姓和夷人就无法得到安宁，这对我们非常不利啊！

司马懿的确还没有考虑到这一层，琢磨了一会儿认为很有可能，就立即下令让郭淮迅速进驻占领北原。还未等郭淮筑好工事，蜀军果然对北原发起了进攻。经过一番战斗，郭淮击退了蜀军。诸葛亮顿时感觉不好，自己占领北原、与五丈原互为犄角、然后对魏军形成包围的计谋彻底告破，下一步就非常被动了。夜深人静之时，诸葛亮又独自在帐中咳血了。

但是，诸葛亮毕竟是诸葛亮，一计不成再来一计。很快，司马懿就得到探报：诸葛亮留下少数人马留守五丈原，自己率主力杀奔魏军的西围了。如果蜀军拿下西围，就相当于把魏军的包围圈撕破了一个缺口，司马懿当即决定率部驰援。

这一次，郭淮再次显示了他非凡的军事天才。他认为，诸葛亮玩的一定又是声东击西那一套，进攻西围是假，其目的必然是阳遂（今陕西省眉县西）。司马懿明智地听从了郭淮的建议，分兵少数人假装去救西围，实则派郭淮火速支援阳遂。

果不其然，诸葛亮趁着夜色深重，亲自率领大军奔袭阳遂去了。不料，在地势开阔的积石原遇到了严阵以待的郭淮铁骑。诸葛亮明知硬拼会吃大亏，两军稍一接触就下令撤军，退回五丈原。聪明的郭淮牢记王双、张郃血的教训，目送不追。自此，陈仓、北原、魏军大营已经对诸葛亮彻底形成合围之势，诸葛亮只剩下褒斜道南撤一条道路。诸葛亮咳血咳得彻夜难眠。

其间，司马懿也瞅准战机，悄悄地偷袭了一次蜀军。“斩五百余级，获生口千余，降者六百余人。”（《晋书·宣帝纪》）对于采取防守策略的司马懿来说，这个战绩已是不俗。司马懿明白，即使诸葛亮在包围圈中已经无法施展拳脚了，也轻易不能惹他。接下来，魏军便紧闭营门，过起了小日子，不再理会蜀军。

对此，诸葛亮早有准备，命令大军拿起锄头，在渭水南岸的良田上开始耕种，“分兵屯田，为久住之基”(《三国志·蜀书五·诸葛亮传第五》)。你司马懿不是要打防守吗？那我就在这里搞大生产，丰衣足食，长期待下去了。看我们谁能耗得过谁?！但是，诸葛亮也越来越担心自己的身体，不知老天能否保佑他继续耗下去呀！魏军消耗的是钱粮，而诸葛亮自己消耗的可是越来越少的珍贵的心血。

实际上，诸葛亮心中有数，暗中他已经悄悄地打下了另一张牌，而且是非常重要的牌，那就是东吴出兵。在蜀军出动之前，诸葛亮还花费不少精力恢复了他苦心经营的“孙刘联盟”。诸葛亮给孙权的信写得豪气干云、正义凛然，说什么汉室不幸，纲纪法度皆遭废弛，曹贼叛汉谋逆，祸及天下，绵延不绝。贵我双方都想兴兵讨贼，可惜至今未能完成共结联盟打败曹魏的夙愿。鄙人身负昭烈皇帝重托，岂敢不忠于汉室、尽心竭力。目下，蜀国北伐大军已在祁山一线集结完毕，狂妄的贼寇很快就要被消灭于渭河之滨。恳请贵方践行同盟之义，派出将士一起北伐，共同平定中原、匡扶汉室。

当年的司马懿五十六岁，诸葛亮五十四岁，孙权也已经五十二岁。看到两个比自己年长的老大哥都亲自鏖战在第一线，孙仲谋二话不说，立即响应诸葛亮。五月，东吴出动十万大军、分三路向合肥、襄阳、广陵进发，其本人则亲赴合肥督战。

闻听消息，诸葛亮深感欣慰，曹叡则有几分恼火，扬眉剑出鞘，决定御驾亲征，为司马懿扫除后顾之忧，让他专心致志对付诸葛亮。司马懿除了钦佩明帝的英明果断，还生出几分知音般的感动，仿佛看到了魏武帝曹操的风采。

五六月的江南一带，最是炎热的时候。不久，由于疾病流行，吴军非战斗减员十分严重。在魏军猛烈的打击下，一次拼杀中孙权的侄子孙泰丢掉了小命，吴军士气受到很大影响。当听说魏明帝御驾亲征，孙权掂量轻重，便想撤军了事。更重要的是，在连续几次的刀兵相接中，吴军伤亡惨重，孙权不再犹豫，七月未过，即命退守东吴。进军江夏的陆逊一路虽心有不甘，但在取得了几场小胜之后，眼见捞不着更大便宜，也悻悻而退。

魏明帝本人离前线战场还有好几百里地，东吴偃旗息鼓，东南战事风烟俱净。于是乎，朝廷中便有不少人出来吹捧曹叡。甚至有人说，司马懿和诸葛亮相持不下，又耗粮食又费钱的，应该放出风去，说大魏皇帝要御驾西征、亲赴长安，那诸葛亮率领的蜀军一定会闻风而逃，不战自溃。

曹叡也喜欢听奉承话，但同时又能够保持难得的清醒。听到大家把他吹得神乎其神，只微微笑道："孙权败逃，诸葛亮早已吓破了贼胆，司马懿足够对付他的，我一点都不担心。"

曹叡如此轻松幽默，司马懿也搞了个小游戏以活跃气氛。东吴三路大军大胜的消息传到西北军事前线，司马懿挑选了两千多名嗓门又大又亮的士兵爬上大营四角瞭望台，可着劲山呼万岁，弄得魏军莫名其妙，以为曹叡真来督战了。诸葛亮派人打听，得到的消息是东吴派使者前来乞降，魏军将士十分兴奋，所以都情不自禁地想喊喊。诸葛亮听了不禁笑出声来，东吴孙权是不可能投降的，即使要投降也没有必要大老远跑到西北你司马懿大营来呀！司马懿都快六十的老头子了，还胡扯八道、谎话唬人，真招人烦！

无论诸葛亮真笑还是苦笑，魏军大营热闹了好几天，魏军将士们轻松起来，恐惧沉闷的空气去掉大半，司马懿的目的达到了。

但是，治军严厉的诸葛亮是个严肃的人，他不会让自己的队伍涣散下去。所以，在两军艰难对峙的日子里，每天都要指挥军队进行军事训练。诸葛亮自己"乘舆、葛巾，持白羽扇，指挥军队，众军皆随其进止"。听说诸葛亮对自己要求这么严格，司马懿由衷地表示佩服，赞曰："诸葛君可谓名士矣。"（裴启《语林》）事实上，这时候的诸葛亮已经油尽灯枯、外强中干了，他之所以要这样硬撑着做出这副样子，就是为了吓唬魏军和司马懿，也给自己的队伍增强信心、提升士气。

接下来，就是长达三个多月枯燥的相持和等待。司马懿、诸葛亮都明白他们彼此等待的是什么，一个急切盼望着，另一个则忧心忡忡希望这一天尽量晚点到来。

## 十、棋逢对手，艰难相持

在这段沉闷的日子里发生的事，被后人编出来个诸葛亮“火烧上方谷”的故事。说的是诸葛亮为了诱使司马懿出营对战，专门派人用木牛、流马装载了很多粮草进入上方谷，又让魏延加以逗引，自己则在上方谷扎下中军大帐。司马懿自作聪明，派人去劫蜀军祁山大营，只等诸葛亮回去营救，然后计划自己进入上方谷，火烧蜀军粮草。诸葛亮见机行事，拨一支人马佯装去救祁山，司马懿自以为得计，亲率大军杀进山谷。早已等候多时的马岱一声令下，万千火把从山上一起掷入山谷，同时万箭齐发，又有无数个地雷瞬间炸响，可怜魏军顿时陷入一片火海。司马懿搂着自己两个宝贝儿子司马师、司马昭抱头大哭：“我父子三人皆死于此矣！”话音未落，电闪雷鸣，狂风大作，暴雨如注，不到一刻已经浇灭了大火。司马懿抓住时机拼命逃窜，可是料事如神的诸葛亮早已轻松占领了他的渭南大营。司马懿无可奈何，只好又一路狂奔回到渭河北岸。从此，无论蜀军怎样辱骂叫阵，司马懿总是龟缩不出。（罗贯中《三国演义》第103回）故事生动曲折，引人入胜。只不过出现了时空穿越、乾坤大挪移，依靠火药引爆的地雷也穿越了八九百年，把北宋才出现的火药提前发明出来了。

当然，这样拖延下去只会对蜀军越来越不利。僵局必须打破。诸葛亮灵机一动，似乎受到了某种启发，不日便派人给司马懿送来一个包装齐整的包袱。一众将官正在议事，都感觉奇怪，也十分好奇。司马懿信心满满，心情大好，当场命人打开包袱。众目睽睽之下，包袱被一层一层打开，最后展现在一群军旅汉子们面前的，竟然是一身花花绿绿的女人衣服和亮光闪闪的一堆女人首饰。

虽然都是行伍出身，但大家都不是笨人。几乎所有的人第一时间都明白了诸葛亮的险恶用心，有几个脾气暴躁的将军手握兵器嗷嗷直叫，要请命去和蜀军决一死战。

说实话，司马懿看了以后也十分的生气。但转念一想，很快就明白，诸葛亮的意思无非是讥讽自己胆小得像个女人一样，躲在闺房之中不敢出战，是想以此来激怒自己。诸葛亮啊诸葛亮，你为了逼我出战，连这种下三滥的招都出了，可见你已经黔驴技穷、无计可施了。想到诸葛亮的身体状况，想到他恢复中原的宏愿可能很快就要成为泡影，司马懿不禁对诸葛亮生出几分同情。

不少故事和文艺作品都津津乐道，说司马懿厚黑得厉害，穿上诸葛亮送的女人衣服，高兴地走出大帐转了三圈，目的是想借机气一气诸葛亮。事实上，司马懿作为一个读书人，现在特别能理解诸葛亮，他只有替他难过。但是看看周围的世界，看看自己身上的铠甲，司马懿又意识到此刻自己毕竟不是书生，而是十几万魏军的主帅，他必须有所作为才能制止将军们的冲动。于是，司马懿装作火冒三丈、气炸了肺的样子，立即让军师给明帝上书请战，司马懿视死如归，要与诸葛亮拼个你死我活。为了让众将相信，还把请战书让大家一一过目，那些不认字的老军头也不再啰嗦什么。

俗话说，将在外君命有所不受。如果司马懿真要出战，只管下达命令便是，何苦煞有介事地千里迢迢上书请旨？郭淮等几个聪明人看在眼里笑在心中，也不说破。

曹叡、司马懿，君臣早有默契。所以，曹叡接到司马懿的请战书后并没有马上作出指示，而是又拖延了几天。一来二去，时间又耗了不少。又过了些时日，圣旨请到，还来了一位性情耿直的军中倔老头辛毗，皇上以他为大将军军师的身份节制诸将。

这个老头可不是一般的倔。当年曹操选太子摇摆不定的时候，辛毗坚决主张立嫡立长，给曹丕帮了大忙。曹丕继承王位那年，想迁移十万冀州人口填充京师，受到辛毗强烈反对。曹丕不听他的，他就拉着曹丕的衣襟不放，迫使曹丕答应不再移民。辛毗由此得了个外号"骨鲠臣"，美名远播。

辛毗还有一个智慧女神般的女儿辛宪英。当曹丕听说自己被确立为太子之后，抑制不住激动的心情，竟然一把抱住辛毗，说了一堆感激的话。对此，辛宪英一针见血说道："太子代君主宗庙社稷者也。代君不可以不戚，主国不可以不惧，宜戚而喜，何以能久？魏其不昌乎！"（《三国志·魏书二十五·辛毗杨阜高堂隆传第二十五》裴松之注引《世语》）其非凡的洞察力和预见能力令人惊讶。

每当蜀军前来叫阵，魏军大营里谁要出营应战，就会看到这位军中倔老头手持皇上御赐的符节站立门口，再把两只铜铃般的眼珠子一瞪，便都灰溜溜地回营歇息不再吱声了。司马懿自己也假意请求出战，辛毗冲他挤挤眼睛，用符节把司马懿挡在营中。司马懿一而再再而三地闹了几次，辛毗演技越来越好，也假意吓唬了司马懿几次。不用司马懿再多操心，诸位将军都乖乖地待在营中，眼看着司马懿手不释卷研读《周易》《论语》，自己在旁边眼皮子打架。

其时，洛阳城中也有不少不了解西线战事进展的人议论纷纷，有人批评司马懿胆小如鼠，有人甚至开始揣测司马懿的居心。身为度支尚书的三弟司马孚也心急如焚，时刻惦记着二哥和魏军的情况，不断地写信询问。在回信中司马懿说："亮志大而不见机，多谋而少决，好兵而无权，虽提卒十万，已堕吾画中，破之必矣。"（《晋书·宣帝纪》）司马懿敢于如此大吹大擂，除了已经窥见天机，更重要的是想制造必胜的舆论，让皇上和京城官员们放心，以免再有人跳出来掣肘。

在蜀军这边，姜维有几分失望地对诸葛亮说，辛毗带着曹叡的符节显然是为了帮助司马懿、节制不听话的将领，看来魏军绝不会再出战了。

诸葛亮回答，司马懿原本就不想出战，他之所以向曹叡请战，不过是个借口，做个样子给将领们看看而已，这样他才能平复属下的不满情绪。将在外，君命有所不受。如果他有把握打赢我们，完全可以自己决定随时出战，何苦千里上表去请旨出战啊！

但是，戏到这里，便再也演不下去了。尽管诸葛亮智慧超群，演技一流，但没有对手，自己的独角戏只能是越来越无趣。作为主角，诸葛亮已经足够灿烂夺目，占据舞台中央的时间也足够长了。老天留给他的时间真的不多了。

对于这一点，司马懿同样清楚。恰好这几天“有长星坠亮之垒”（《晋书·宣帝纪》），对此身边的人都纷纷猜测诸葛亮必败。司马懿不太信这一套，但对于诸葛亮要命归西天这一点深信不疑。他靠的是自己多年养成的非凡的信息收集、分析、加工能力。每次诸葛亮派人送信或者下战书，他都会假装漫不经心地与使者“闲聊”几句，获得一些看似平常实则暗藏玄机的重要信息。归纳综合起来，就是诸葛亮每天都要起早贪黑，工作十分辛苦；管事也管得特别的细致，谁犯了错误要打二十大板以上的事都要亲自过问；此外，诸葛亮最近胃口不好，越来越不好，一天连三四升饭也吃不下了……当时无家可归的人或是孤寡老人官府每天要发五升的救济粮食，还总被抱怨不够吃的。司马懿真不愧是个情报搜集和分析整理的高手，很快作出准确判断：诸葛孔明食量太小，而事务繁杂，的确已经日薄西山，活不了多少时间了！

得出这个结论，作为魏军主帅的司马懿顿时感到身上一阵轻松，一种久违的感觉；而作为读书人、作为和诸葛亮一样命运的属臣，司马懿渐渐迷茫起来，诸葛亮即将远赴天国，去寻找他的轻松与快乐，而没有了对手的司马懿下一个角色是什么？命运又将如何？

八月，天气转凉，废寝忘食的诸葛丞相终于积劳成疾，一病不起。

趁着头脑清醒，他必须赶快交待后事，尤其是要决定军政大事的继承者。诸葛亮尽力支撑着虚弱的身体，用了很长时间与后主刘禅派来慰问的尚书仆射李福把各项事情一一交代清楚。不过，几天之后李福又带着刘禅的问题赶了回来。诸葛亮心里明白，不待李福发问就主动对李福说，我知道你折返回来的意思。虽然我们已经有过详谈，仍然有重要的事情需要明说。你可能想问我走之后谁来接替，蒋公琰（蒋琬）是比较恰当的人选。李福忙又追问，蒋琬之后，谁可接任？诸葛亮回道，费文伟（费祎）可以。李福接着问再往后者，诸葛亮轻轻合上双眼，不再作答。他是累了，他也无法继续回答了，因为他的确不清楚届时会有哪位翘楚会崭露头角，更不清楚那时蜀国乃至天下的情势了。不久，五丈原萧瑟的秋风中，诸葛亮北望中原，心中无限苍凉，于夜间含恨而去。蜀汉帝国的顶梁柱终于坍塌，“鞠躬尽力，死而后已”成为一代名相诸葛亮的真实写照。

但是，诸葛亮仍然在“战斗”，他还要继续陪伴蜀军将士走很远很远。

## 十一、拖垮蜀军，声望日隆

根据诸葛亮临终前的安排，蜀军在丞相府长史杨仪和护军姜维的指挥下，秘不发丧，悄悄开始撤回汉中。司马懿凭着感觉判断，诸葛亮已经死了。所以，司马懿二话不说，立即带领憋屈了三四个月的魏军急追而去。但是，姜维好像早有准备，指挥蜀军后队变前队，要反冲过来进行决战。司马懿想着穷寇莫追的道理，千万不能遭诸葛亮暗算，便喝住军队重新回到大营继续等待。

等到第二天，几路人马打探消息回来，得知蜀军真的撤军了，司马懿怀着复杂的心情，带领人马登上了久违的五丈原，冲进了神秘的蜀军大营，“获其图书、粮谷甚众”。(《晋书·宣帝纪》)看到蜀军大营的格局规划和安营扎寨的方式，司马懿由衷地称赞说，诸葛亮真是天下奇才啊！

司马懿还亲自走进诸葛亮的中军大帐，仔细地检视每一样东西，好像在缅怀一位熟悉的老朋友。与诸葛亮两次打交道了，两个人之间的书信往来也不少。在一堆杂乱无章的文稿中，司马懿想找到自己写给诸葛亮的信，可翻了半天也没有找到，心里有点怅然若失。看着满地凌乱不堪的东西，想象着诸葛亮临死前的心境，不觉眼眶有点湿润。

看到司马懿多愁善感的样子，辛毗等人颇不以为然，说诸葛亮生死未卜，别在这里婆婆妈妈的了！为今之计，还是得听从曹叡的旨意，小心为妙。司马懿对自己的判断十分有把握，他说，对于军队来说，文书、地图和兵马粮草是至关重要的。现在蜀军把这么重要的东西都扔下不要了，谁见过舍掉心肝脾肺肾这五脏还能活着的人呢？所以，不应该再有怀疑了，应该快马加鞭，加速追赶。

蜀军知道司马懿一定会派人追赶，一边撤退一边在队伍后面撒下了很多扎马钉。对此，司马懿早有准备，先派两千名士兵穿上软底的木屐在前开路，把扎马钉一一清理干净，后边的大部队再陆续跟进。但是，这样一来就耽误了不少时间。这个时候，蜀军已经走了好几天，连个影子都看不见了。当魏军追到褒斜道一半路程的时候，司马懿想见好就收吧，下令停止追击，原路返回。

由于司马懿过于小心，没能追上蜀军。当地老百姓心有怨言，便有好事者编出个笑话，说是“死诸葛走生仲达”，意思就是已经死了的诸葛亮，吓跑了活着的司马仲达。司马懿听到传闻，表示理解，并对身边的人自我解嘲说：“我能算计到活人，哪能算计出死人啊！”

到了小说家罗贯中笔下，这个故事更加生动形象。在撤离的过程中，蜀军担心司马懿追赶，就利用魏军对诸葛亮的恐惧，精心制作了一个等高傀儡木像，并穿上了诸葛亮平日的衣饰，看上去栩栩如生。司马懿追上的时候，蜀军突然开始反攻。司马懿还没有回过神来，又远远看到了羽扇纶巾、从容自若的诸葛亮，望去难辨真假，顿时大惊失色："孔明尚在！吾轻入重地，堕其计矣！"（罗贯中《三国演义》第 104 回）然后，自己带头拨转马头狼狈逃窜，一口气跑了五十里地才敢停歇，并恐惧地问左右自己的脑袋还在不在脖子上。

事实上，临终之前诸葛亮更多的心思用在了怎样防止魏延反叛上。根据诸葛亮的安排，魏延的任务是断后。如果到时候魏延不听指挥，大军就自行其是，不必顾虑。

客观地说，魏延是蜀汉军中非常优秀的一员战将，因为屡建战功被刘备破格提拔，又因为数次大破魏军被诸葛亮重用。作为将帅，他骁勇善战，颇有谋略。但身处关系错综复杂的官场，他又单纯得像个愣头青，暴躁得像个野蛮人。特别是和杨仪这样的文官打交道特别不顺畅，总是三句话说不完就开始吵架，杨仪把魏延骂得狗血喷头、灰头土脸。魏延吵不过人家，气急败坏，拔刀就要去砍人。而这时杨仪就撒泼耍赖，哇哇大哭，鼻泗横流。每次看到这一文一武两个重要官员闹成这样，诸葛亮也毫无办法，只能小心在意不让他们矛盾激化。这就为日后把魏延逼上绝路，埋下了深深的祸根。

在杨仪这样的对手看来，自视甚高的魏延一定是"后脑勺上长了反骨"，不仅不服从诸葛亮的临终嘱咐，对于杨仪他们的领导也很不满。魏延当面对前来试探他的司马费祎抱怨道："丞相不在了，可我魏延还在啊！丞相府的人负责把灵柩送回去安葬，我留下来率领队伍继续打仗。怎么能因为一个人去世了就终止北伐讨贼的大计呢？何况我魏延何许人也，怎能听他杨仪的调遣去断后呢?!"

非但如此，魏延当场还要拉费祎入伙，联名通知所有将领重新商议部署。费祎假装说自己完全赞同，最好再叫上杨仪一起决定。杨仪是个文官，基本不懂军事，他肯定会同意将军您的想法。我这就代表将军找杨仪商量去！费祎走了不大一会儿，魏延感觉不好，急忙派人去追，但费祎已经走远了。

杨仪、姜维听了费祎的介绍，都感觉魏延此人十分危险，紧急商量之后立即按照诸葛亮事先的交代撤军。魏延大怒，二话不说，自己带人先行撤离，并烧毁了沿途的栈道。杨仪他们只好一边修路，一边跟着魏延的军队慢慢后撤。等到魏延部队走出褒斜道，又立即堵住出口，调转回头袭击跟在后面的杨仪率领的人马，完全不顾诸葛亮的灵柩还在军中。

对于魏延这种明显的叛乱行为，杨仪他们派资深老将王平去对阵。王老将军正义在胸、高声喊喝："丞相才死，尸骨未寒，你们竟敢自己人打自己人！"魏延部下本来就觉得错在魏延，都不愿为他卖命，便都借机一哄而散。魏延见事不好，慌忙带着儿子和亲信仓皇逃走，很快被马岱追上杀死。

稍后一点时间，司马懿对于蜀军发生的这些内乱是知道的，也想趁乱而入，彻底消灭蜀军，但由于"有诏不许"，只好作罢。（《晋书·宣帝纪》）有不少人指责司马懿，说他放弃了历史上最好的灭蜀的机会。还有人搬出历史，说他当年跟随曹操占领汉中时就曾以"益州震动"为缘由劝说曹操直接攻蜀，这一次机会更好了反而不敢轻举妄动了。但他们哪里能揣度到司马懿的心思：真的追杀过去就一定能赢吗？"打到成都去，活捉刘后主"，真的不是一句口号那么简单的！再说，真的灭了蜀，我司马懿干什么去？所以，也有人认为，《晋书》上记载的司马懿没有得到魏明帝允许而放弃追击，其实是为尊者讳，司马懿此刻所奉的有可能还是当时辛毗带来的那个诏书。作为目前大魏军中唯一的最高军事长官，司马懿不得不考虑自己将来的位置乃至命运。而且，就像这两次与诸葛亮打交道总结出来的经验教训那样，对敌斗争，没有胜利无关紧要，但一定不能输掉，一旦失败，一切就都不复存在了，以后发展的根基就随之失去了。

司马懿、诸葛亮，两位绝世的天才高手，也许他们之间的较量不像别人的争斗那么轰轰烈烈，那么精彩好看，但正是因为他们两个人真正的知彼知己、将遇良才、旗鼓相当，所以他们两个人相互克制、相互制约，让对方的计策无法施展。他们两个人以自己的才华和智慧来相互搏杀，而避免了更多将士送命疆场，避免了更多的生灵涂炭。两个人虽然都是军事将领，手握大权，可以生杀予夺，但是两个人都有读书人的天下眼光、文人情怀。

但是无论如何，诸葛亮倾其一生心血的北伐至此算是彻底失败了。司马懿尽管没有直接战胜诸葛亮，但总算率领魏军保住了家园，经受住了考验。更重要的是他自己积累了经验，收获了荣誉，还笼络了郭淮等一批军中名将对他的支持和信任。

蜀汉内部忙着钩心斗角，争权夺利，已经很少人操心北伐中原、匡扶汉室的事情，对魏国基本上已经构不成什么威胁。更重要的是，蒋琬接替诸葛亮之后，十分务实，力主让老百姓休养生息。蜀军中间也有个别不服气的如马岱，曾经发起过一次小规模的侵犯。司马懿派出老将牛金，三下五除二就解决了马岱，斩敌首千余级。没有了诸葛亮，蜀军简直就像丢了魂一样不堪一击。这个小小的胜利更加坚定了魏军的信心，极大地挫伤了蜀军中姜维等主战派的力量。

边境安宁，大魏帝国声威远播，那些以前在中间左右摇摆的少数人也开始心向大魏。不久，就有武都氐王苻双、强端主动带领部族六千多人前来归顺，大长了皇家的威风，让曹叡心花怒放。

司马懿苦心经营的成国渠和临晋陂也显示出巨大的作用，关中连年丰收，百姓足食，官府高兴。凑巧的是，关东粮食歉收，饥民遍野，朝廷为此十分着急。听到消息，司马懿立即下令送去五百万斛粮食，以解燃眉之急。

西部安宁，曹叡开心。所有这些，都给司马懿政治生涯加了不少的分。他也趁此机会招兵买马、扩充军队，把雍凉打造得铜墙铁壁一般，从而在军中建立了自己强大的人脉。

魏明帝青龙三年（235 年）正月，司马懿由大将军升任太尉，又增加了不少封邑。鉴于三任大司马曹仁、曹休、曹真都是刚一当上就死了，上下都认为大司马这个职务不够吉利，长期以来形同荒废。所以，太尉即成为最高军事长官。司马懿虽然声望日隆、心情大好，但他深深懂得月满则亏、水满则溢的道理，天天读书、写字，揣摩易经，竟然都有不小的长进。

# 第九章

# 辅佐曹叡，艰难支撑

## 一、从书生到将军

魏太和二年、蜀建兴六年（228 年），曹休兵败石亭，曹叡一举吞并东吴的雄心壮志转瞬即逝。曹魏帝国朝廷上下意志消沉，曹叡整天沉溺后宫，懒于理政。

故此，魏太和三年、吴大帝黄龙元年、蜀建兴七年（229 年），三国争斗的舞台上曹魏帝国销声匿迹了。先是诸葛亮在春季发动第三次北伐，一举占领了魏国的武都、阴平二郡；四月份，孙权称帝，改元黄龙；接下来，诸葛亮借庆贺孙权称帝的机会，与吴国重新盟誓，两家明目张胆地宣称要平分曹魏。整整一年，曹叡像睡着了一样。

魏太和四年（230 年）二月，在曹休病逝一年多后魏国终于调整了军方高层，大将军曹真毫无悬念地升为大司马，骠骑将军司马懿升为大将军，加大都督，假黄钺。自从成为一品大员、军中二号人物，许多人都向司马懿投去赞佩的目光，只有他自己心里好不酸楚。从马背走进书房，祖先数代人用了几百年；而几乎是一夜之间，在他还懵懵懂懂之际，就已经被打回武将原形。真是造化弄人啊！

虽然成为了大将军，司马懿却还是驻扎宛城，主要任务也照旧——西盯蜀汉，东看孙权。眼瞅着魏军与三次北伐的诸葛亮打得不可开交，自己却只能坐山观虎斗，曾经让曹叡豪气冲天的伐吴方略也无人提及了。除了在家装病那七年，现在是最惬意的时候，每日里练练字，看看书，然后昏睡一觉，简直像神仙一样。以风痹在家那些年，其书法已练到一定程度。这些年日益精进，自成一体，形成了飞扬飘逸、灵动多姿的风格。

可惜这样的日子到了七月份就结束了，诸葛亮第三次北犯，司马懿的任务是配合曹真合围蜀军。只不过天降大雨，道路险峻，还没有到达指定地点，诸葛亮就已经于九月退军了。

魏太和五年、蜀建兴九年（231 年）二月，诸葛亮顽强地发动了第四次北伐。长期征蜀累坏了身体的大司马曹真忧愤交加，于三月份在洛阳家中病逝，留下无尽的遗憾。

曹叡别无选择，把司马懿从宛城召回，又火速派往长安，把曹真原来都督雍、凉二州军事的重任压到了他的肩上。曹叡那句“西方有事，非君莫可付者”的嘱托，简直让司马懿感动得声泪俱下。从这时开始，一直到魏明帝青龙二年、蜀建兴十二年（234 年）八月，司马懿凭借无人能及的耐力和坚韧，顶住了蜀军的死缠烂打，直至诸葛亮命丧五丈原。

至此，曹魏帝国军中大佬只有司马懿硕果仅存。拖死了诸葛亮，更让司马懿的美名如日中天。一时之间，连曹叡都发愁该如何奖赏司马懿。论爵位，他已经是县侯，达到了异姓大臣的最高级别。论职务，他已经是一品大将军，再往上只有让他接替已经病死了三四年的曹真当大司马，那就是曹魏帝国名义上的最高军事统帅了。可是，曹叡出于本能反应，不愿把这个职务给司马懿，所以就一直空着、拖着。

特别是光禄勋高堂隆的提醒让曹叡更加警惕。那一段时间，曹叡特别喜欢沉湎于温柔富贵乡。为安排他的数千名美女，就得不断修建宫殿。昭阳殿、太极殿、总章观、崇华殿，一个比一个豪华、气派。一次，崇华殿意外失火，曹叡一怒之下杀了十几个有关的官员。许多人对此颇有微词，但大都敢怒不敢言。

对此，性情耿直的高堂隆毫不客气地批评了曹叡。不劝还好，这一劝反倒激起了曹叡的逆反心理，曹叡决定还要在原址上修建一座更为高大的金龙殿，然后，两边再建上青霄阁、凤凰楼。施工过程中，工匠们偶然发现宫殿上面有一只喜鹊在筑窝。众人纷纷感到奇怪，曹叡想到高堂隆上知天文、下知地理，便叫他过来询问。高堂隆思索片刻，说出了一番让曹叡心跳加速的话："喜鹊筑窝，反倒让鸠鸟居住。此乃不祥之兆，也就是说，有可能您盖的宫殿到头来，却被别人所居住，陛下不能不防呀！"

听了这话后，曹叡不禁为之动容，不由自主地就联想到了司马懿，想起了关于他的种种传说。魏青龙三年（235年）正月，曹叡升司马懿为太尉，仍旧镇守雍、凉。司马懿知道，曹叡对自己是明升暗降，说明他已经开始严重怀疑自己了。潜龙勿用，以后千万不能再出头张扬了，就老老实实在西边凉快地方待着吧！

紧绷的神经一放松，精神世界也随之发生变化。司马懿这样一调整心态，发现遇到的都是让人高兴的消息：蜀将马岱骚扰边境，司马懿根本不用出马，将军牛金就把马岱撵跑了，还斩首千余人；武都氐王苻双、强瑞慑于大魏军威，主动率部众六千多人来降；更可喜的，是魏青龙四年（236年），司马昭的媳妇给他生下了孙子司马炎，这是他的第一个孙子，听到消息，五十八岁的司马懿高兴得合不拢嘴，几乎一夜没睡。

人逢喜事精神爽，这几年时间里，司马懿除了写字、看书，也经常趁着兴致高的时候出门狩猎。有一次竟然意外地射中了一头白鹿，这可是最为吉祥的征兆。司马懿专门抽调心思缜密的手下，小心翼翼地一路呵护，把白鹿送回洛阳，恭恭敬敬地献给了明帝曹叡。

曹叡收到白鹿欣喜不已，马上给司马懿写信，对他大加赞赏："过去周公辅佐成王的时候，贡献有白雉鸡；如今你担负守卫西部边陲的重托，又有白鹿贡献。这难道不是你忠心耿耿的象征吗？希望你与古人之心千载辉映，一心一意护佑我大魏家国直到千秋万代！"

同年十二月，司空陈群病死洛阳。原来的四名辅政大臣曹休、曹真、陈群、司马懿，只剩下了司马懿孤身一人。对于大魏，对于曹叡，他都成了举足轻重的倚靠。

但是，司马懿也十分清楚，当一个朝廷过于依赖一个人的忠诚和能力的时候，这个朝廷一定是危机四伏的，这个重臣也必将把自己置身于各种危险之中。果不其然，正当许多人向他大献殷勤、曹叡也越来越重视他的时候，那个高堂隆又一次在背后悄悄提醒了曹叡。

魏明帝曹叡景初元年（237 年），光禄勋高堂隆临终之前，忧心忡忡地再次提醒曹叡提防司马懿："我在先帝黄初年间曾经观察到有一只特别怪异的鸟，生长在燕子窝里，嘴、爪和胸都是红色的，这可是上天告诫的征兆。我以为这是大魏的大异之兆，应当防止鹰扬一类的臣子起祸于萧墙之内。可以选用大魏宗室诸王在封地里掌控军队，像棋子一样散布在全国各地，镇护皇家领地，护卫京畿，保护皇室。"

曹叡和司马懿当然都明白，这个高堂隆所说的"鹰扬之臣"指的是谁。但是，曹叡似乎已经无人可用，只能无可奈何。而司马懿知道后，不禁浑身一个寒战。

## 二、朝秦暮楚公孙渊

自古以来，时势造英雄，英雄推动历史。司马懿尽量收敛、隐忍，甚至刻意捕获白鹿敬献于曹叡，希望可以躲避各种风口浪尖，以求身家性命平安无事。但造化偏偏不肯放过他，前有孟达让他崭露头角，后有诸葛亮双峰对峙把他变成敌人闻风丧胆的谋略家。如今，正当危机即将降临之际，遥远的北国又出现了一个公孙渊向大魏发出挑衅，逼着曹叡再次起用司马懿，让他成为三国大战舞台上最耀眼的明星。虽然他根本不想这样。

辽东本属幽州，是其下属的一个郡。由于偏离中原、山高皇帝远，自东汉末年董卓之乱以来中央政府就始终鞭长莫及，疏于管辖。所以，大汉朝廷就一直默许当地豪强公孙氏占据辽东，成为事实上的辽东太守。公孙氏为求生存自保，总是自作聪明地在魏、吴之间跳来跳去，捞取各种好处。

魏太和二年（228 年），公孙渊发动政变，从亲魏的叔叔公孙度手里夺回了其父公孙康传下来的职位。曹叡觉得辽东山高水远，一共才三十万人，周边各个民族矛盾丛生，自己实在无力顾及，就承认了既定事实，命公孙渊为扬烈将军，任辽东太守。如此一来，公孙渊野心膨胀，一心想成为三国之外的第四极。对于魏吴两国仍然采用朝秦暮楚的办法，想两边讨好、两头得利，同时又想尽办法激化魏、吴之间的矛盾，但结果适得其反，弄得两头得罪、两边树敌。

吴大帝黄龙元年、魏太和三年（229 年），孙权刚刚称帝，也急于有人归附，以彰显自己天德巍巍，就派使者到辽东与公孙渊勾兑关系。吴大帝孙权嘉禾元年、魏太和六年（232 年）三月，孙权又派部队走海路赴辽东继续招抚、诱骗公孙渊，试图从辽东购买东吴急缺的马匹等战略物资。

曹叡对公孙渊与东吴这种勾勾搭搭十分恼火，于九月派汝南太守田豫和幽州刺史王雄海陆并进前往讨伐，没有取得什么效果。但田豫预估吴军返回的时候可能会遇到大风大浪，会停靠在成山（今山东省威海市文登区东北）暂时躲避，决定埋伏在成山守株待兔。吴军回程途中果然遭遇不良天气，狂风大作，海浪滔天，所有船只都撞到礁石上沉没海底，一部分士兵命丧大海。魏军趁机出动，消灭、俘虏了其余所有逃到岸上的吴军。

成山之战沉重打击了东吴，成为东吴的国耻，被称为“成山之难”。成山之战也教训了公孙渊，促使他下决心彻底投靠孙权。当年十月，公孙渊派人到东吴正式称臣，希望吴大帝孙权“早定洪业，奋六师之势，收河、洛之地，为圣代宗”。（《三国志・魏书八・二公孙陶四张传第八》裴松之

注引《吴书》）

看到公孙渊真来归附，孙权自然龙颜大悦。吴大帝二年、魏青龙元年（233年）正月，孙权封公孙渊为燕王。三月，又派出太常张弥、执金吾许晏、将军贺达等率领一支上万人的队伍，带上各种珍贵的礼品，特别是准备给公孙渊加九锡的一应物品，浩浩荡荡地护送公孙渊的使者荣归辽东。

孙权的高调张扬让吴国上下一片哗然、议论纷纷。朝堂之上，除了丞相顾雍之外，几乎所有人都认为公孙渊不可信任，而且小人难养，也不能对他恩宠过厚，只需要派几百个人礼送使者回去就足够了。吴国元老、辅吴将军张昭也直接向孙权表达反对意见说："公孙渊主要是怕叛魏之后被讨伐，所以才远道而来求助于我们，并不是出于真心的归附。假如他改变想法又重新去讨好魏国，以至于我们的使者无法返回，岂不是让天下人耻笑吗？"孙权被冲昏了头脑，对于大家的意见一概不听，还同德高望重的张昭争论起来。孙权一意孤行，张昭气得假装生病不再上朝。

事实证明，张昭等人的担心是有道理的。公孙渊既想当燕王，又怕曹魏发兵征讨他时孙权相距太远帮不上忙，远水解不了近渴。拿着曹叡以前写给他的恩威并重的诱劝诏书和孙权的礼单权衡再三，公孙渊最终还是决定倒向实力雄厚的大魏帝国。六月份，狡诈的公孙渊不仅斩杀了吴国使者，消灭了护送礼物的近万人，还借坡下驴把东吴使者的首级和孙权赐赠的礼物一并送到洛阳，并向曹叡辩解，说自己以前派人与东吴交好是为了诱敌深入，现在终于成功了。

此举极大地刺激了孙权，也让他在东吴朝廷颜面尽失，大怒之下决心要渡海远征辽东，誓死杀掉公孙渊，报仇雪恨。

曹叡以为自己的天威发挥了作用，自是十分得意，便于十二月拜公孙渊为大司马，封乐浪公，让他继续做辽东太守。特别是大司马一职，那是何等的封赏？虽然都说大司马这个职位不吉利，当上之后都没有好下场，但毕竟是大魏最高军事长官，以前只有曹仁、曹休和曹真三个皇室宗亲担任过。

但是，曹叡还是高估了公孙渊的信义，高兴得太早了一点。当曹叡的使者到了辽东之后，公孙渊风闻曹魏的使者都是武林高手，要趁见面的时候对他动手，公孙渊再次处于极度的疑虑和恐惧当中。因此，公孙渊派军队围住使者下榻的学馆之后，才敢进去面见使者。曹魏的使者被公孙渊的阵势唬得战战兢兢，想到公孙渊灭杀吴国使者的那一幕更是吓得魂不附体，找个借口一溜烟逃回洛阳，添油加醋地汇报了一番，让曹叡简直气炸了肺。

接下来的几年中，公孙渊以为曹叡有求于他，俨然一副得宠卖乖的做派，魏国来的使者和客人都领教了他的流氓嘴脸和丑恶行径，回来之后纷纷向曹叡抱怨，认为公孙渊就是个首鼠两端的小人，早晚有一天得闹出大事来。曹叡觉得忍无可忍，不能再让这个家伙戏弄下去了，要彻底拔掉这个眼中钉、肉中刺。可是放眼军中，能派上用场的实在不好找，扒拉来扒拉去，选中了荆州刺史毌丘俭。司马懿么，曹叡实在不愿再给他创造机会，让他再立军功了。

毌丘俭，字仲恭，河东闻喜（今山西省闻喜县）人。曹叡即位后，先后任尚书郎及羽林监。因为曾在东宫待过，比较受曹叡器重。曹叡大兴土木建造宫殿受到许多人批评，时任洛阳典农的毌丘俭也犯颜直谏说："在下愚钝，以为当今天下应最先消灭的是吴、蜀二贼，最急着办理的事是让老百姓丰衣足食。如果二贼不被消灭，老百姓饥寒交迫，即使您的宫殿再美，也没有快乐可言啊！"曹叡觉得毌丘俭没有把自己当外人，感动之下任命他为荆州刺史。

魏明帝曹叡景初元年（237 年），曹叡改任毌丘俭为幽州刺史，加度辽将军，使持节，护乌桓校尉，专门负责征讨公孙渊。但是，毌丘俭长期生活在内地，也很少有领兵打仗的经验，所以上来就对曹叡说："陛下您即位以来还没有建立值得大书特书的功德。吴蜀两国都有天险可以凭借，所以您未能很快平定他们。现在可以起用幽州休养的士兵去攻打辽东，应该很快就可以建功立业了。”敢于直接指出曹叡没有什么功德，可见毌丘俭与他的感情非同一般。

但是，毌丘俭的策略实在缺乏实战根据。光禄大夫卫臻立即纠正道：“毌丘俭所提出来的是战国时期惯用的小战术，作为帝王您不应该去玩那样的小把戏。这些年吴国连年发兵，不断袭扰我大魏边境，我大魏休养生息没有立即发兵去攻打他们，确实是因为老百姓过得比较艰难。况且，公孙渊一直生长在海边，其政权已经延续三代。他对外安抚戎、夷，对内长年练兵，实力越来越强。如今毌丘俭想以偏军深入，用一天的时间平定辽东，这种想法是不对的。”

考虑再三，权衡利弊，曹叡选择听信熟人的意见。毌丘俭带着皇帝诏书，耀武扬威进到辽东地界，直接宣诏要公孙渊跟他回去入朝向曹叡谢罪。公孙渊又气又急，岂肯听令，两军就在辽隧接战开打。公孙渊山川地理十分熟悉，又逢十多天大雨、辽水大涨，毌丘俭仓促之间大败而逃。

打跑了毌丘俭，公孙渊知道已经彻底无路可退了，干脆一不做、二不休，自立为燕王，改元“绍汉”，意思是“继承汉朝”，与大魏朝廷势不两立。公孙渊还封鲜卑王为“单于”，挑动这些少数民族骚扰魏国，制造麻烦。

看来用自己人解决不了问题。曹叡思忖再三，长叹一声吩咐道：“召司马懿吧！”这已经是魏景初二年（238 年）了。

## 三、生逢其时，再赴战场

当司马懿以最快的速度从长安赶回洛阳见到曹叡的时候，仍旧像以前一样一脸谦恭，好像根本不知道这几年曹叡是怎样猜疑、忌惮自己的。这反倒让曹叡觉得自己有点小家子气了，毕竟这三年司马懿在西部边境优哉游哉，而自己被公孙渊搅得不胜其烦的时候宁可起用毌丘俭也不召回他。现在看看眼前这个六十老翁须发皆白，身子还稍微有点老年人的微微发抖，曹叡甚至有点后悔自己误听误信了高堂隆的挑唆，要是早点让司马懿去讨伐公孙渊何至于此呢！

但是曹叡毕竟是曹叡，他有他急于解决的疑难杂症，司马懿就是他的一枚棋子，该用的时候用，该藏的时候藏，该弃的时候弃。对待棋子，是不应该有温度有感情的，而棋子也不应该抱怨甚至嫉恨执棋之人。这样一开导自己，曹叡便坐直了身子，也不觉得理亏了。曹叡开门见山说道：“辽东近来又发生叛乱，而且还遇到不少麻烦。区区小事、疥癣之患本来不值得劳动你太尉大人，但为了保证能够绝对取胜，而且要永绝后患，故此只好麻烦你了。”不等司马懿表态又直接问道，“你估计公孙渊将来会做何打算？”

司马懿虽然远在西北，但对于辽东战事早已了然于心。看曹叡如此急切地向他请教，司马懿也干脆利索地直奔主题：“公孙渊逃离辽东郡治襄平是上计，这样保存实力可以东山再起；凭借辽水抗击我大军是次计，结果不好确定；而要坐守襄平必定是下计，必定会被我军擒拿。”

曹叡追问：“你认为公孙渊会采用哪个计策？”

司马懿答：“只有聪明的人才能够知彼知己，才懂得取舍放弃，而这些是公孙渊的智慧难以企及的。现在，他一定会认为我军劳师远征，不可能长久。他应该会像对付毌丘俭那样，先据守辽水负隅顽抗，最后退守襄平城。他采用的一定会是中、下之计。”

听到司马懿分析得如此精辟通透，曹叡恨不得马上发兵、立即凯旋：“那这一仗往返需要多少时间？”

司马懿再次像一名精于计算的上计掾一样，掰着指头一五一十地算道："前往辽东一百天，发动攻击一百天，班师回朝一百天，外加中间休整六十天，满打满算一年的时间足够了。"

如此精准？曹叡瞬时觉得自己面对的不是什么太尉司马懿，而是神算子、鬼谷子再世了，曹叡忍不住对司马懿的征辽计划击节赞赏。关于打仗，曹叡已经提不出什么重要问题了，只有无条件支持。除了给司马懿派出四万步兵、骑兵，还通知幽州的毌丘俭也归司马懿调遣。有人认为四万人太多，担心军费开支过大。曹叡毫不在意地回答："此番征伐路程四千里，虽说要出奇制胜，但也得靠实力支撑，不应该计较军费多寡。"曹叡替司马懿扫除了一切障碍，殷殷嘱咐准备好了尽快择日发兵。曹叡还特别交代，行军路过河内郡的时候，顺道回温县老家和乡亲们热闹几天放松放松吧！

司马懿率领牛金、胡遵等四万精兵出征之日，曹叡依依不舍地送出城门，又指令司马懿的三弟司马孚、长子司马师把司马懿送到温县老家，在家里一起亲热亲热。曹叡还专门"赐以谷帛牛酒，敕郡守典农以下皆往会焉"，一时之间，司马懿从未受过如此礼遇，心中自是万分感激。(《晋书·宣帝纪》)

曹叡好像知道这些天是司马懿六十大寿一样，特意做了这样的安排。司马懿和家乡的父老乡亲、小时候一起看书、掏鸟窝、抖空竹的小伙伴们一起，说不完的话，喝不尽的酒，多日不散。司马懿酒酣耳热之际，回想自己整整一甲子的人生经历，不禁兴致盎然，当着一众官员和亲友吟诗一首：

天地开辟，日月重光。
遭遇际会，毕力遐方。
将扫群秽，还过故乡。
肃清万里，总齐八荒。
告成归老，待罪舞阳。(《晋书·宣帝纪》)

这是司马懿一生唯一流传于世的诗。诗以言志，司马懿感慨自己生逢其时，得遇明君，终于有机会一展抱负，一定要尽心竭力讨灭逆贼，为大魏一统江山。但是，由于生性谨慎，即使是在连日宴饮下所作，司马懿心中那根弦也始终不肯放松，生怕言辞露骨以下犯上。所以，结尾两句表示，一旦替主上完成任务，定要解甲归田，告老还乡，回到自己的封地舞阳，绝不贪恋权位。

一生隐忍内敛的司马懿，竟然作出了这么一首豪情万丈、光焰冲天的诗，着实让司马孚、司马师等亲朋好友吃惊不小。第二天早上起来，司马师告诉了他昨晚酒醉作诗的事情，司马懿起初还不敢相信，即命司马师把诗背诵一遍。才听了几句，司马懿就已经心跳加速，大汗不止。虽然其中并无犯忌之辞，但还是觉得太高调了。等司马师把诗全部背完，司马懿连叫“罪过，罪过”，赶紧嘱咐司马师去严令昨晚参加酒席的人，一定不要将诗外传出去。

世界上没有不透风的墙，司马懿还在赶赴辽东的路上，曹叡已经看到了别人给他抄的这首诗，而且是好几个人给他抄录的不同的版本。虽然个别字句有一点差异，但是总体意思基本上是一样的。曹叡没有看出异样用心，反为司马懿忠诚虑国的精神所感动，对老人家花甲之年能有如此豪情壮志表示钦佩。不过，想到自己越来越虚弱的身体，曹叡又不免有些焦虑，有一丝隐忧。

司马懿率军北上的消息传到襄平，公孙渊又一次陷入恐慌之中，一面加紧备战，一面又不顾廉耻派出使者再次向东吴称臣，希望孙权不计前嫌派人援助自己。

对于公孙渊这种出尔反尔、反复无常的小人行径，吴国大臣们早已深恶痛绝，对他这一次厚颜无耻的做法大都提出了反对意见。但是，孙权独霸天下的雄心壮志依然未改，不听劝阻坚持出兵，还通过使者肉麻地向公孙渊示好：“寡人一定与贤弟休戚与共、同生共死，即使此战死在中原，也心甘情愿！”还特别提醒公孙渊道：“听说那个司马懿十分善于用兵，打起仗来出神入化，所向无敌，寡人真的是非常替老弟担忧啊！”

对于孙权称兄道弟的虚情假意，公孙渊表面上感激涕零。但孙权是否真的会出兵相助，包括公孙渊在内几乎无人相信。司马懿领兵走后，曹叡十分牵挂，曾考虑过东吴的态度问题，忧虑地问中护军蒋济：“孙权那边会不会出兵救援公孙渊呢？”蒋济则胸有成竹地答道：“孙权已经知道我们做好了充分准备，东吴不可能从中捞到什么好处。如果出兵深入辽东，不是他们的实力可以做到的；如果只是到边界做做样子，一定会劳而无获。孙权这个人，在自己的子弟有危险的时候都没有作为，何况公孙渊本来就是外人，他还受过公孙渊的羞辱。现在外界都盛传孙权将派大军支援公孙渊，不过是孙权玩的花招，想以此来欺骗公孙渊，同时也吓唬吓唬我们。一旦我们无法攻克辽东，孙权就会趁机让公孙渊向他臣服。现在的关键是，我们毕竟与辽东距离太远，如果我军行动太慢、不能速战速决的话，孙权还是有可能攻击一下我军，或者派小股力量突袭一下我军。”

## 四、多计并用，斩杀公孙渊

经过三个多月四千多里的长途跋涉，司马懿率领大军终于在六月份来到了辽东，在辽水西岸扎下营寨，然后不顾鞍马劳顿搜集情报，研究地形，制定作战计划。

公孙渊急忙派大将卑衍、杨祚率领数万人屯守在襄平的西大门辽隧（今辽宁省鞍山市西）附近，昼夜不息沿辽水南北挖出了一个二十里长的壕堑，目的是看守水面，阻止魏军渡河。辽隧地处辽水与大梁水交汇处，东北百里即是辽东郡治襄平，所以地理位置十分重要。公孙渊设想，只要守住辽隧，就可以有效控制魏军渡河攻打襄平，自己就可以确保高枕无忧。

司马懿的几个将领毌丘俭、牛金、胡遵等人纷纷请战，要力克辽隧，直捣襄平。特别是上次吃亏的毌丘俭更加积极，申请打头阵一雪前耻。司马懿知道，辽隧作为辽东的军事重镇，已经被公孙渊经营多年，虽然不是固若金汤，但远来的疲惫之师去强行攻城，一定占不到任何便宜，搞不好还会陷在里面，放跑了公孙渊，重蹈毌丘俭的覆辙。司马懿嘿嘿一笑，劝住众人："敌军之所以坚守不战，就是知道我军千里奔袭后勤补给困难，想拖垮我们。如果现在急于求成发动进攻，就正中了他们的计策。"

对于司马懿来说，打这样的仗简直易如反掌，只需稍微动动脑子，用个声东击西的小计谋就可以了。司马懿命令一支人马虚张声势往南开拔，人欢马叫，旌旗蔽日，做出主力要攻击敌军南端的架势。卑衍、杨祚果然中计，立即带领主力倾巢而出扑向魏军，准备一鼓作气聚而歼之。司马懿一声令下，真正的主力迅速北上突袭敌军剩余的部分力量，抢渡辽水成功。

接下来，司马懿命令队伍沿辽水东岸扎牢营寨，构筑防御工事，做出一副要与敌军打持久战的架势。而暗地里，司马懿又要求大家做好进攻襄平的准备。毌丘俭他们又对司马懿放着眼前的辽隧不打，而奔袭百里去打襄平感到不解。司马懿向几个主要将领耐心解释道："古人云，虽然敌军深沟高垒、坚守不动，但如果攻打他们必救的要害地方，敌军就不得不离开他们的堡垒同我军接战。目前，敌人大军差不多都集结在辽隧，而后方老巢空虚，我军直指襄平，公孙渊会十分害怕，辽隧守军必然要出城相救。这样，我们就可以一举打败敌人。"

这样的计策，连自己人都看不出来，卑衍、杨祚更是不明就里，发现魏军悄悄绕过辽隧直扑襄平，一下子乱了方寸，再次带领所有人马急起直追。司马懿这才对将领们说出了自己的真实意图："我们事先之所以不打敌军防备森严的大营，就是想迫使他们放弃营垒来追打我们。对于我们来说，在运动中消灭敌人更加有利。这个大好时机，一定不能错失！”

至此，毌丘俭、牛金、胡遵等将领才彻底明白，原来这些天主帅悄无声息地用了声东击西、瞒天过海、引蛇出洞、调虎离山这么多计谋。四万精兵猛将终于逮住了战机，饿虎扑狼一样杀了一个回马枪，个个奋力掩杀，一举歼灭敌人主力，残余敌军败逃襄平。司马懿早有准备，为防止公孙渊趁机逃跑，带领大军动若脱兔、狂奔百里，迅速包围襄平城。

初秋七月，阴雨连绵，辽水暴涨，平地积水成渊。这虽然十分有利于魏军粮草从辽水入海口直接运到襄平城外，可是也给魏军生活带来不便。一个多月大雨，将士们的衣服、装备始终是湿乎乎的，被褥都没有晒干过。部分人耐不住寂寞，心情也像天气一样阴郁，开始抱怨天气，心中都担心发生关羽水淹于禁那样的惨剧，接下来就有人强烈要求将营寨移至高处。

司马懿知道，如果擅自移动，包围圈就会出现空档甚至造成混乱，很有可能让公孙渊钻空子逃走，或者趁机袭击移动中的魏军。所以，司马懿严格命令，擅自移动营寨者一律斩首。都督令史张静实在忍受不了，把自己的营帐移往高处，司马懿毫不留情，当场将其斩首示众，其他人都不敢再有怨言。

果然如司马懿所料，魏军粮食补给充足，而城中的公孙渊粮食越来越紧张，城中争粮抢食的现象日渐增多，甚至出现了饿死人的情况。无奈之下，公孙渊不时放人出城放牧、砍柴、采买粮食。不少魏军将领建议不妨趁机干掉出城的敌军，司马懿理解大家郁闷已久、杀敌心切，但还是劝大家耐心等待，不要急躁。

一个叫陈珪的司马好奇心上来，觉得这是一次很好的学习机会，趁便向司马懿请教：“您过去攻打上庸的时候，八个方向同时进攻，昼夜不停，只用了半个月就将上庸攻下，斩杀了孟达。这一次，我军远道而来，却不急于攻打敌人，反而这么安闲。我不明白其中有什么区别，是什么道理？”

反正天阴下雨，闲着也是闲着，司马懿稳操胜券，心情不错，这一段时间接触下来看这几位将军态度谦逊，都是可造之才，就一五一十地给几位将军和参谋们上起了军事谋略课：“攻打上庸的时候，孟达的军队少，粮食至少可以支撑一年。而我军人数四倍于敌人，粮食不足一个月。用一个月去和一年较量，哪能不速战速决呢？况且我军是以四打一，即使战死一半，也务必攻克，消灭敌人的生力军。所以，当年打的是粮食，必须不顾一切，不计伤亡。”

看到大家听得津津有味，司马懿也十分高兴，继续耐心讲解：“现在的情况恰恰相反，公孙渊军队比我们多，粮食则比我们少。何况现在大雨泛滥，军队行动颇有不便，即使勉强攻城又怎么能够攻得下呢？所以，我们没有必要仓促进攻。我们此次离京远征，担心的不是敌人会攻打我们，而是怕敌人逃跑。估计现在他们的粮食已经快要用完了，而我们对襄平的包围圈还没有完全合拢。如果我们现在急着进攻，抢夺他们的牛马，阻止他们放牧、砍柴，那就相当于故意要迫使他们逃跑。兵者诡道，用兵应该善于根据条件的变化而调整。现在敌人和我们相持，靠的是他们的人数众多和大雨给我们带来的困难。虽然他们已经吃不饱了，但是仍然不肯认输。这种情况下，我们应该主动向他们示弱，让他们安心守城。如果贪图小利，惊扰他们，把他们吓跑了，不是什么好办法。”

这边厢司马懿统一了思想、稳定了军心，朝中一些大臣听说司马懿因为辽东连日大雨，让大军一直在水里泡着，就沉不住气了，纷纷上书请曹叡召回军队，免得重蹈于禁、毌丘俭的覆辙。曹叡这时候显示了他英明睿智的一面，也显示了对司马懿的绝对信任，他说：“司马公完全可以临危不乱，相机行事，把控大局。相信他用不了多久定能够擒获公孙渊!”

夏去秋来，大雨停歇，积水退去，司马懿立即指挥部队完成了对襄平的包围，并趁着土地潮湿松软加紧构筑工事，开始昼夜不停地攻城，箭头、石块像雨点一样射进城中。公孙渊又气又急，城中粮食用尽，出现了人吃人的惨剧。公孙渊手下的将士早已饿得无心恋战，纷纷想办法出城投降，连将军杨祚也率先跑了出来。

仗打到八月份，公孙渊知道自己已经穷途末路、难以支撑下去了。偏巧这时候“有长星，色白，有芒鬣，自襄平城西南流于东北，坠于梁水，城中震慑”(《晋书·宣帝纪》)。公孙渊惊恐万分，又要起了花招，派自己的燕国相国王建、御史大夫柳甫出城向司马懿投降，提出条件让司马懿先行撤掉包围、大军后撤，然后公孙渊再自我绑缚出城投降。

对于这种无理取闹，司马懿自然不予理会，立即杀掉王建、柳甫，并发出讨贼檄文昭告公孙渊:“过去，楚国和郑国地位平等，郑国国君在楚国打过来的时候见势不妙，根本不敢讲什么条件，而是立即光着脊背、手牵肥羊出城迎接楚军、当面投降。我是天子钦命的上公大臣，你的王建等人却要我解围后撤，这是什么态度？岂不是连郑国也比不上吗?！这两个老糊涂已经被我杀掉。如果你真有什么想对我说的，不妨派个头脑清楚的年轻人过来吧!”

公孙渊自知理亏，赶忙派出侍中卫演向司马懿求情，请求指定一个日期，公孙渊将把自己的太子送来做人质。事到如今，公孙渊还想玩缓兵之计，真是痴心妄想。司马懿斩钉截铁地对卫演说:“两军对垒，大致有这样五种情况:第一，能战则战。第二，不能战就守。第三，不能守就走。剩下的第四和第五，不是投降就是灭亡。战局已经如此明朗，公孙渊尚且不肯自己捆绑来降，肯定是决心选择死亡了，那就不必送什么人质了。”

主帅如此大气磅礴，魏军气贯长虹，越战越勇。八月二十三，襄平城被攻破，公孙渊和儿子公孙脩带领几百名亲兵从东南方向强行突围，仓皇出逃，想要蹚过辽河支流梁水（又名太子河），逃往深山老林躲避起来。司马懿亲自率领大军快马加鞭追杀过去，在梁水河上将其父子等人尽皆杀掉。《晋书》附会说，公孙渊父子被斩杀的地方正好是“梁水之上星坠之所”。

得到消息，孙权也只好灰溜溜地让自己在外面打酱油做样子的队伍撤回了江东，一场好事被司马懿搅得差点成了噩梦。

此役，司马懿教科书般的计谋、指挥，给毌丘俭等将领上了一堂生动的实战课。在大魏以后的开疆拓土过程中，其中的一些年轻将领迅速成长，终成一代名将。

司马懿以牺牲上万人的代价取得了辉煌的胜利，让辽东版图重新归入大魏帝国，四万多户、三十万人口也真正成为大魏子民。

## 五、着眼长远，妥善善后

司马懿不仅打了个漂亮的胜仗，在政治上也有更深入的思考和策略，很好地打出了几张政治牌。

占领襄平之后，司马懿大开杀戒，两千余名公卿以下官员和将军被就地正法，另有七千多名违抗王命的十五岁以上的兵民也被甄别杀掉。司马懿命人将这些人的尸体堆积如山，用泥土封上夯实，起名“京观”。

对此，有人认为司马懿过于“阴狠残酷”，殊不知司马懿有他更深的考虑。自公孙氏割据以来，辽东脱离中央政权将近五十年，其家族势力盘根错节，反叛自立的思想根深蒂固。如果不将公孙家族势力连根拔起，以后一旦有风吹草动就很有可能死灰复燃，那样将更不好收拾。所以，为做到万无一失，必须斩草除根，就像他当年处理孟达的残余势力一样。

司马懿把尸体筑成“京观”历来被人诟病，无论从过去还是今天的眼光来看都不够人道，其做法堪比当年秦将章邯活埋四十万赵军。同样的道理，司马懿自然也有他的深谋远虑，此举的确有悖人伦，让人看着不寒而栗。但也正因为有这样的效果，才可以震慑那些心有不服的人，是真正的从长远考虑，为了大魏的长治久安。

公孙渊当年篡位夺权，其叔父公孙恭一直被他囚禁。司马懿占领襄平后，释放了公孙恭，以此告诉外界一个明确信号：公孙渊作恶叛乱理应杀头，但对其家族的人也会区别对待。同样的道理，因为反对公孙渊反叛被杀的将军纶直、贾范，司马懿也给予优待，任命他们的子孙出来做官，派人给他们的坟墓修整加高。

对此，司马懿专门下令厘定政策界限，明确了胁从不问的原则。他说：“即使在古代，讨伐别的国家的时候，也只诛杀那些穷凶极恶的人。这些年来被公孙渊蒙骗贻误的人，都可以被原谅，不再追究罪行。”

辽东地区土地肥沃，地广人稀。为恢复当地经济，司马懿专门奏请曹叡同意，给予优惠政策，允许内地百姓到辽东生活，如想返回随时自便。

此次领兵打仗，司马懿有更多的时间接触基层士兵，发现四万多人的队伍里，竟然有一千多名年逾六旬的人。每每见到这些和自己年龄一样、胡子拉碴的老年军人，司马懿就忍不住心中作痛、眼圈发酸。仗一打完，司马懿就奏请朝廷将这一千余人复员回了老家。对于死亡将士，也专门安排相关人员礼丧回家。

战事结束，已是八月仲秋。处理完这些事情，又过了一个多月，现在已经十月寒秋。来的时候是春夏之交，士兵都是单衣单裤，现在不少人开始喊冷，希望添加衣服。属下有人说辽东仓库中正好还有一些旧短袄，不妨发给大家吧！司马懿明确回道：“那些东西都是官家的公物，作为人臣不能不经请旨私自动用。”此话传回洛阳，曹叡满意地冲东北方向点了点头。看来，司马懿心中还是有大魏、有天子的，没有因为功高盖世而目中无人、头脑发热。

好在战事、政事均已料理完毕，司马懿一声令下，大军带着胜利的光环一路凯歌返回中原。司马懿不愧是高明的计算专家，整个过程正好又是一个一百天。

司马懿百日消灭公孙渊，大魏朝廷欢声笑语绕梁三日，曹叡更是兴奋得说不出话，越激动越口吃，赶紧派出豪华使者团队一路迎接。司马懿的大军刚走到幽州郡治蓟县（今北京市区南），使者就风尘仆仆赶到了。司马懿极尽人臣荣耀，封地除原先的舞阳县，又增加了一个昆阳县（今河南省叶县），成为异姓侯王中绝无仅有的一个。

## 六、曹叡之死，临终托孤

又是一个寒冬腊月，大雪纷飞的日子。

魏景初二年（238 年）的深冬，司马懿消灭了盘踞辽东近五十年的公孙政权，带着随从一路冒雪前行，终于来到汲县（今河南省新乡市东北）小歇。

遵照曹叡事先的旨意，他要从这里经轵关（今河南省济源市西）向西直奔长安，回到他雍凉军事首长的岗位上，继续履职监视蜀汉异动的职责。

这个曹叡已经脆弱到了如此地步，连都城洛阳都不敢让我回去了吗？洛阳不让去，老家温县不让回，封地舞阳、昆阳也不让去。与其说去长安监视蜀汉，不如说自己监视自己在长安居住。司马懿料想，朝中一定出了什么问题，有人不愿让他回洛阳。司马懿心里非常憋闷，心就像天气一样冷到彻骨。晚上在冰冷的被窝里辗转反侧，不禁想起十九年前曹操去世前一年那个冬天，当年的惊心动魄历历在目。

好不容易挨到后半夜刚有点困意，一阵急促的敲门声把司马懿惊醒了。随从报告，又来了一封皇帝诏书。司马懿赶忙命人掌灯拜读，得知是曹叡召他火速回京面圣。上一封诏书还要求他回长安，现在为什么忽然改成了洛阳？司马懿立刻意识到即将有重大事情要发生，而且是和自己息息相关的。看来自己的感觉是正确的，曹操死前的天气、气氛都极为相似。

第二天天刚亮，司马懿就急不可耐地坐上当时最快的“追锋车”，风驰电掣般赶往洛阳。一路上他猜测了各种可能，最后确定应该是曹叡到了生命终结的时候了，要将身后大事托付给自己。他也想到了不利的一面，曹叡一直对自己不放心，会不会在临死之前对自己来个突然袭击？但即使这样也没有什么好办法，那就索性长驱直入到了洛阳再听天由命吧！

事情果真像司马懿分析的那样，纵欲无度的曹叡已经走到了人生的终点。作为一名曾经想有所作为的君主，曹叡不忍看到大魏江山在自己身后陷入危机，所以，他咬紧牙关，要用最后一口气选好接班人，选好辅政的重臣。

说起子嗣，一直是曹叡的心头病。尽管他一直在房事方面非常努力，几乎夜夜笙歌，以至于许多人都批评他纵欲过度。但是，过于劳累的结果就是提前掏空了自己的身体。三十五岁，本该风华正茂、生龙活虎，曹叡却已经像风烛残年的老人一般。辛辛苦苦一辈子，自己亲生的只有一个孩子。十分不幸的是这个孩子还早夭了，弄到最后连一个亲生骨肉都没有留下。所以，只好从宗亲当中选择了一个外表看着聪明伶俐的曹芳过继给了曹叡，今年已经八岁。曹芳就是未来的继承人、不久的大魏皇帝。

曹芳年幼，须得有人辅佐，太强势太能干了不行，无能之辈也不堪任用。曹叡为此苦思冥想，最后精力实在顾及不到，就准备拜燕王曹宇为大将军领衔，再加上领军将军夏侯献、武卫将军曹爽、屯骑校尉曹肇和骁骑将军秦朗共同辅佐曹芳。曹宇是曹操的儿子、曹叡的小叔叔，两人年龄相仿，从小到大关系一直很好。此外，曹爽是曹真的儿子，曹肇是曹休的儿子，秦朗是曹操的养子，夏侯献也是曹氏近亲。这几个人，都是曹叡信得过的宗亲子弟。无法选择的时候，血脉往往成为一个没有原则的标准。奄奄一息的曹叡也只得凭本能这样做了。

曹宇、曹肇他们当然知道当今大魏朝廷里谁是他们最大的威胁。所以，趁着曹叡的信任赶快说服他给司马懿下了一道诏书，让司马懿直接回驻地长安，不必到京师洛阳面圣了。

司马懿后来分析，当年曹操临终之前决定要召曹彰火速赶回洛阳，是否也是到了神志不清的时候？如果辅政大臣就是这几个宗亲贵族，司马懿今后的处境必将举步维艰，大魏帝国也将前途未卜。好在历史有时候是小人物写的，或者说，一些不起眼的小人物以某种特殊的方式让历史拐了一个小弯，但因为这艘巨轮过于庞大，这个小弯就会使其偏向很远的地方。

放到历史长河中看，刘放、孙资就是这样的小人物。而在此时，他们两个却举足轻重，左右了曹叡、曹宇、曹爽和司马懿等人的命运，也给大魏帝国种下了一颗不安分的种子。他们两个都是曹操当年延揽的人才，知识渊博、文笔出众。曹操称王后，两人均任秘书郎。曹丕称帝后，刘放为中书监，孙资为中书令，每天随侍左右，成为曹丕最信赖的人，他们也因此掌握着朝廷的很多机密。到了曹叡时期，刘放、孙资更是带着这些机密博得宠信，同加散骑常侍，封乡侯、亭侯，后来还同加侍中、光禄大夫。在平定辽东的过程中，两个人积极帮助参谋，使曹叡更加欣赏，又同时给他们封了县侯。曹叡“亲览万机，数兴军旅，腹心之任，皆二人管之；每有大事，朝臣会议，常令决其是非，择而行之”。（《资治通鉴》卷七十四）

曹叡把刘放、孙资当作左膀右臂，十分依赖，中护军蒋济善意提醒过曹叡，要防止他们二人权力过大，要小心被他们蒙蔽耳目。夏侯献、曹肇等人也一直耿耿于怀。有一次两个人故意指着宫中专供公鸡打鸣的“鸡栖树”，大声议论道：“公鸡占这棵树时间太长了，看他们究竟还能站多久！”刘放、孙资听后十分害怕，从此开始提防着他们。现在看到辅政大臣中有这两个坏小子，刘放、孙资一想，如果真的这样，自己以后左右朝政的好日子岂不是到头了？于是，两个人密谋许久，要扳回这个局面，使人事安排转向有利于自己的这一面。

于是，当曹叡照例向刘放、孙资咨询辅政大臣安排的时候，两个人意见高度一致，悄悄地把自己的想法灌输给了曹叡，并成功影响了决策。曹叡提出让曹宇做首辅大臣，曹宇觉得责任太大难以胜任，一再推辞。曹叡问刘、孙二人，燕王曹宇究竟为什么推辞？他们回答，这说明燕王的确有自知之明。曹叡问，那曹爽能替代曹宇当此大任吗？两个人对曹爽连声称赞。

虽然曹叡、曹爽私下关系非常好，“甚亲爱之”，“宠待有加”，但正因如此，曹叡非常了解他，知道他忠诚可靠，但治国理政的能力的确比较欠缺。当曹叡与曹爽、刘放、孙资密谈时，曹叡有点担心地问道：“曹爽，你能担此重任吗？”虽是冬季，曹爽也紧张得满头大汗，张口结舌不知所云。刘放急得赶忙踩他的脚，并小声耳语提示他。曹爽这才鹦鹉学舌了一句：“臣以死奉社稷。”（《三国志·魏书十四·程郭董刘蒋刘传第十四》裴松之注引《世语》）有鉴于此，刘放、孙资适时地向曹叡推荐了司马懿，说如果他能参与辅政，一定能保证皇室的安全，“以纲维皇室”。其实，刘放、孙资与司马懿并没有多深的交情，但他们两人权衡利弊，觉得当今大魏能震得住场面的也只有司马懿了。如果两个人举荐司马懿成功，将来他会不会感谢他们暂且不说，起码不会像曹肇、夏侯献那些人对自己动手吧！

刘放、孙资经验丰富，做事老到。为了打击曹肇、秦朗，趁机又对曹叡说：“陛下祖制规定，藩王一律不得辅政。除此之外，曹肇、秦朗还趁着陛下生病的时候，与您的妃嫔和服侍您的人言语轻薄，行为不轨。”听到这些，曹叡也顾不得什么宗亲子弟了，决定推翻重来，只任命曹爽和司马懿二人为辅政大臣。曹叡怕夜长梦多，又下诏命司马懿速速回京，直接到寝宫相见。

哪知曹叡现在虚弱无力，已经成了随风倒的墙头草。这边刘放、孙资和曹爽刚出寝宫，曹肇听到密报又急忙赶回来，声泪俱下地劝说曹叡，说司马懿是“鹰扬之臣”，有狼顾之相，万万不可用以辅政。曹叡自己对司马懿也不是完全放心，一次他问尚书令陈矫：“从表面上看，司马懿这个人忠贞无贰，可否称得上社稷重臣呢?”陈矫直言不讳地答复说：“司马懿的名望朝廷内外无人不知，但江山社稷能否依赖他实在不好妄下评断。”这个意思再也明白不过了。但是，事到如今，曹叡也顾不得那么多了，也懒得跟他们理论，下令追回前诏，并按照他们的意思重新拟诏。

刘放、孙资获悉曹肇他们翻盘，忙不迭又闯进曹叡寝宫。两个贴身秘书出身的人最了解曹叡的心思，凭着两个人的三寸不烂之舌，不消片刻又劝曹叡改回了主意。自己当不了自己家的曹叡还十分生气地说：“我自己想要召见司马懿，可曹肇他们几个人都反对我，他们差点坏了我的大事!”

刘放提出，这次请曹叡亲自书写诏书，这样的话谁也无权更改。曹叡可怜兮兮地说，我病得厉害，手脚发软，拿不动笔了！刘放一不做二不休，索性直接爬上龙床，手攥着曹叡的手，替他写下了诏书，并盖上印玺。紧接着，二人又急忙拿着墨迹未干的诏书跑出寝宫，来在殿前对曹肇等急着进宫的人大声宣读：“有诏免去燕王曹宇等人官职，不准在宫廷停留。”两个人还通过曹爽下令，让宫门卫士严禁这几个人再迈进皇宫一步。

曹宇、曹肇、夏侯献、秦朗等人明知被算计，但眼见木已成舟，又看到曹爽身佩宝剑、虎视眈眈的样子，便都非常识趣，假惺惺地哭着走了。

为防止再生枝节，在刘放、孙资的督促下，曹叡立即任命曹爽为大将军，成为大魏最高军事统帅。同时，还专门挑选了尚书孙礼，把他提升为大将军长史，给曹爽担任出谋划策的秘书长。

司马懿昼夜兼程，终于在魏景初三年（239 年）正月初一这一天赶到了洛阳。刘放、孙资告诉他，曹叡有交代，太尉回来之后直接进寝宫面谈，不必回家换官服。

看到昏暗的灯光下曹叡那张惨白的脸，司马懿不禁痛哭失声。曹叡无力地握着司马懿冰冷的双手，气若游丝，一字一顿地说道："司马公，我已经病得很重了，我得把后事托付于你，你要和曹爽一起辅佐幼主。我现在才知道，死竟然也是可以忍住的。我之所以强撑着不死，就是要等你回来见上最后一面。现在终于得以相见，我也就再也没有任何遗憾了！"

曹叡把两个养子齐王曹芳、秦王曹询叫到床边，用力地指着其中的曹芳，努力地对司马懿说："就是这个孩子！你可要仔细看清楚了，千万不要弄错了！"曹叡又让曹芳走到司马懿身边，让他抱抱司马懿的脖子以示亲近。

司马懿搂着弱小的曹芳，看着孱弱的曹叡，不禁泪流满面，赶紧连连叩头请曹叡放心："陛下，当年先帝把陛下托付给臣下，你不是已经见到过了吗？"

听了司马懿的肺腑之言，曹叡慢慢地合上双眼，感觉身上有什么东西悄悄地断了，好像是心里悬着的那口气。当天，曹叡再也没有睁开眼睛，三十五岁就匆匆离开了人世。曹叡走了，把所有事情都留给了他并不信任但不得不倚重的司马懿。

目前紧要的事情首先是操办曹叡的丧事，司马懿对此已经有了比较丰富的经验。曹操大丧司马懿是亲历者和操办人，曹丕大丧司马懿则是主办人，因此这一次做起事来轻车熟路、有条不紊。曹爽虽是首席辅政大臣，只能在旁边看着，想帮也帮不上手。

忙完丧礼当天，紧接着就操办曹芳的登基大典。司马懿发挥他长期在尚书台参与中央事务的经验，也把事情办得滴水不漏、恰到好处，令人心服口服。曹芳顺利即位，加曹爽和司马懿侍中，假节钺，都督中外诸军事、录尚书台，但曹爽位居司马懿之前。从此，曹爽、司马懿各领兵三千人轮流住宿于皇宫之中护卫幼帝，共同辅政。

夜深人静之际，司马懿躺在深宫大院值宿的小床上，望着天上那一轮清冷的明月，不禁浮想翩翩，彻夜难眠。他想到了在老家温县装病时经常看到的朦胧的月亮，想到了刚到邺城时听着漳河水哗啦啦流淌时的那轮灰暗的月亮，想到了上庸城浮云遮蔽的那个带着血色的月亮，更想到了前不久在辽东泥水汤里扎营苦等的日子，那时候阴雨绵绵，想看月亮都看不到。如今，终于可以安安静静躺在皇宫里了，可他更睡不着了。

# 第十章

## 明辅曹芳，暗斗曹爽

## 一、曹爽结党，蚁附蝇趋

或西部边陲，或东北边疆，司马懿在外劳碌奔波了数年，现在终于回到了首都洛阳，回到了他熟悉的朝堂，成为排名第二的重臣。凭着司马懿对大魏政治、经济、民生各个方面的熟稔和他丰富的从政经验，辅佐一名七八岁的小皇帝应该是应付裕如的。但是，树欲静而风不止，不谙世事的曹爽硬是要把朝堂变战场，把司马懿这么一位须发皆白的花甲老人逼到悬崖绝壁之上。

作为一名职场小白、官场新兵，曹爽自然知道司马懿的能力、水平，特别是他老人家在大魏朝廷中的分量。所以，虽然他是首席辅政大臣，开始的时候把自己放得很低，对司马懿始终是温良恭俭让，像对待自己的父辈那样尊敬有加，做什么事情都要虚心请教，都客客气气地和司马懿商量。

司马懿当然懂得后生可畏的道理，也明白曹爽背后曹氏宗亲的巨大力量，更清楚至高无上的权力会导致人发生怎样的变化。所以，司马懿对曹爽也从不摆老资格，把曹爽比作大魏的肺腑，对他尊敬爱护，事事谦让，一有机会总是把曹爽推在前面、抬在上面。表面上看，两个人同心同德，合作愉快，朝廷内外纷纷赞扬，一时传为美谈。如果曹叡地下有知，也应该含笑九泉了。

没有料到，曹爽的变化会这么快，如此大！这个变化让司马懿都无法适应，仓促之中命运又被安排了一次。

客观地说，曹爽从小是个好孩子，为人谦恭低调，做事谨慎稳重，并没有什么野心。如今以皇室宗亲的身份骤登高位，那种少年得志、心高气傲的劲头是很难长久掩饰下去的。开始面对一国繁杂的军政事务的时候，的确一头雾水、不辨菽麦，时时都要向司马懿学习，处处都要看司马懿态度如何，事事都要看司马懿如何处理。渐渐地熟悉了工作流程之后，曹爽便产生了不过如此的感觉。身边也有一些亲朋好友开始煽风点火，说你明明是首辅、位居司马懿之上，为何总要看他的脸色行事呢？千万不能过于尊崇司马懿，免得他倚老卖老、习惯于骑在你头上发号施令。随着时间推移，曹爽心里反主为仆的感觉越来越强烈。思来想去，找出了根本的问题在于自己没有建立人脉，因此缺乏一套强有力的执政班底。

对于权势熏天的人来说，即使没有这样的想法，也会有人想尽办法、削尖脑袋前来攀附。如果稍稍向外界透露一点，各路政客就会如过江之鲫依附过来，形成一个庞大的政治集团。不久，魏明帝曹叡时期“浮华交会案”的主要成员纷纷投靠，迅即成为曹爽集团的核心。

魏明帝曹叡初年，由于承平日久，一些王公贵族、纨绔子弟经常在一起聚会宴饮。兴之所至，海阔天空，无所不谈。起先谈的还大多是风花雪月、自然宇宙、黄老玄学，到后来就免不了品评人物、议论时政、指点江山。他们的圈子越来越大，影响也越来越大，成为大魏帝国的舆论中心和时尚风向标。一时之间，青年才俊纷纷以能与他们交游、加入圈子为幸。

这个圈子的核心人物主要是何晏、邓飏、丁谧、李胜、毕轨等，诸葛亮的族弟诸葛诞、刘放的儿子刘熙、孙资的儿子孙密等不甘平庸的年轻人都被吸引到了圈子里。那些年司马懿主要都在长安，长子司马师虽然没有成为活跃分子，但也不甘寂寞，参加过多次活动。

何晏，字平叔，荆州南阳郡宛县（今河南省南阳市）人。其祖父是杀羊的屠户，因异母妹妹被立为汉灵帝皇后而飞黄腾达，成为汉朝的大将军。后来密谋诛杀宦官不成，反被宦官所杀。何晏很小的时候父亲亡故，曹操因其母亲美色过人便揽入怀中，顺带也收养何晏为义子。受环境影响，这个何晏素喜女人服饰，经常涂脂抹粉，把自己熏得香气袭人。这个家伙还喜欢模仿太子曹丕的穿衣打扮，弄得曹丕心里总是别别扭扭、疙里疙瘩的，非常讨厌他，称他为曹操的“假儿子”。虽然如此，何晏却天资聪颖，所著的《论语集解》流传于世，很有见地。后来，何晏娶公主为妻成为驸马，照样好色成性，不务正业。曹丕、曹叡都非常讨厌他，都只是碍于情面给他安排个闲职，他也乐得逍遥自在。

邓飏，字玄茂，荆州南阳郡新野县（今河南省新野县）人。其先祖是辅佐光武帝刘秀实现中兴的邓禹，名列云台二十八将之首。因为家道中败，邓飏混得一般，因此总对现实抱怨不满。明帝曹叡时任命为尚书郎，除洛阳令。因故被免职，后来复出为中郎将。他曾替一个名叫臧艾的人弄了个显耀的官职，臧艾就把亡父的一个小妾送给邓飏表示感谢。因此，京城之中很多人都知道“以官易妇邓玄茂”的丑闻。

丁谧，字彦靖，沛国谯县人，是曹家的老乡。其父丁斐早年随曹操起兵，曾救过曹操的命，所以曹操对他很客气。一次，丁斐用自家的瘦牛换走了官家的好牛。丁斐因此入狱，曹操亲自去狱中看望朋友，叫着他的字问他：“文侯，你的印信何在？为何还不交公？”丁斐顺嘴胡说了一句：“卖了换烧饼吃了！”曹操哈哈大笑，命人放了丁斐。丁谧自恃才华出众，经常对人狂妄无礼，在邺城期间得罪了好几个诸侯王，被曹丕不得不收进大牢关了他些日子。最终，曹丕念及父辈的感情把他放了，后来又任命他做了度支郎中。

李胜，字公昭，也是荆州南阳郡人。其父李休原为汉中张鲁部将，随同张鲁降曹后只做过郡太守、议郎等职务。李胜自认为才智过人，自己理所应当要比父辈混得更好一些，便携金带银到京城结交官宦子弟，经常与他们一起海阔天空夸夸其谈，话说多了免不了指点江山、讽刺朝政。他与曹爽因此相识，更结为至交。这些人活动的场所和费用，基本上都是李胜提供的。

毕轨，字昭先，兖州东平郡（郡治在今山东省东平县西南）人。年轻时以才气闻名，做过太子曹叡的文学侍从。文帝曹丕时出为长史，明帝曹叡时入为黄门郎。后来在并州刺史任上多次出击轲比能，因均遭败绩而被蒋济弹劾。

跟这几个根底较浅的人相比，夏侯玄是其中重量级的人物。夏侯玄出身于军功赫赫的世族大家，其父夏侯尚在魏文帝曹丕时期是军界三个大佬之一。夏侯玄在十七岁就继承了父亲的爵位，不到二十岁就当上了青年才俊引以自豪的散骑侍郎。魏明帝十分宠爱的毛皇后有个弟弟毛曾是个粗鄙不堪的人，因为姐姐的原因也当上了散骑侍郎。一次，曹叡让夏侯玄和毛曾坐在一起议事，被人们嘲笑为“蒹葭倚玉树”，意即芦苇靠在了玉树上。夏侯玄心里很不舒服，厌恶之情溢于颜表。惹恼了小舅子，曹丕自然不高兴，就象征性地贬了夏侯玄的官职，把他推到了喜欢议论朝政说怪话的圈子里。由于夏侯玄家世显赫，少有名望，仪表出众，成为一代青年领袖与核心人物。

站在他们这些青年才俊、官宦子弟的角度看，闲来无事，茶余饭后、酒酣耳热之际说点怪话、发句牢骚应该是很正常的，谈谈老庄、讲讲玄学也是应该允许的。但在任何时代，只有统治者的意识形态才是社会的主流，其他任何社会思潮都应被视作异端邪说。因此，魏太和四年（230 年），老臣董昭首先上书魏明帝曹叡，指斥那些参与“浮华交会”的年轻人生活腐败、追求浮华、伤风败俗，不以孝悌清廉为荣，纷纷趋炎附势、合党连群，破坏了儒家道德规范，影响了儒家经学地位，很有可能会因此而动摇国本。

经董昭这么一上纲上线，曹叡很快意识到了事情的严重性，立即下诏严厉批评了这一现象，并规定以后郎官小吏能学通一经，且有管理才能的，由博士进行考试，成绩优秀者立即任用。那些品行浮华、不习经典、不以德为本的，统统罢免职务。

因“浮华会”著名的何晏等五人或被罢官，或被闲置，都成为官场的边缘人物。当时因结党为友受到罢黜的，还有散骑常侍夏侯玄、尚书诸葛诞等人。司马懿的长子司马师，则没有历史记载说他受到牵连。

## 二、被尊太傅，明升暗降

当听说曹叡病逝的消息后，一直怀恨在心的浮华五友禁不住暗自高兴起来。得知曹爽成为首辅大臣、执掌朝政，他们更是喜上眉梢，很快与曹爽接上了头，开始勾兑感情、拉帮结派。

丁谧等人审时度势，密谋于暗室，计划先离间曹爽和司马懿。他们劝曹爽说："司马懿志向远大，而又很得民心，千万不能和他以诚相待。"哪知曹爽这边早就想和司马懿分庭抗礼，甚至想把他一脚踢开、独揽大权了，但又发愁没有执政班底，现在听他们这么为自己着想，双方一拍即合，展开了一系列明确针对司马懿的阴谋诡计。

作为其中的智多星，丁谧首先策划了一个明升暗降的计策，让小皇帝把司马懿升为太傅，让他名义上成为百官之首，但实际上让他专门去给皇上做师傅，把手中的实权交出来。

在几个人的精心构思下，以曹爽的名义、由曹爽的胞弟曹羲执笔给皇帝曹芳写了一封语藏机锋的奏章，说自己和司马懿相比实在是无功无德，而是凭借宗亲的缘故和亡父曹真的荫庇，仅仅在先帝生病期间贴身照料、亲自尝药，就受到陛下重用，得以和司马懿共同辅政，所以感到十分惭愧，也很惧怕不能胜任。自古以来，都以功德大小确定居官位次，而自己的确是无功无德却位列百僚之先，因而乱了秩序、坏了规矩，实在不好意思、愧不敢当。思来想去，决定不揣愚陋，向陛下表达一下真情实意。当今天下，评价一个人无非道德、官爵和年龄三个方面。奏表列举了司马懿三个方面的优点，对司马懿的评价也算客观公允："懿本以高明中正，处上司之位，名足镇众，义足率下，一也。包怀大略，允文允武，仍立征伐之勋，遐迩归功，二也。万里旋旆，亲受遗诏，翼亮皇家，内外所向，三也。"（陈寿《三国志·魏书九·诸夏侯曹传第九》注引裴松之《魏书》）

绕了一大圈，最后才说到了他们的主要目的："臣抱空名而处其右，天下之人将谓臣以宗室见私，知进而不知退。陛下岐嶷，克明克类，如有以察臣之言，臣以为宜以懿为太傅、大司马，上昭陛下进贤之明，中显懿身文武之实，下使愚臣免于谤诮。"（陈寿《三国志·魏书九·诸夏侯曹传第九》注引裴松之《魏书》）曹爽说，如果自己徒有空名而位居司马懿之上的话，天下的人就会指责自己是因为宗亲关系受到的恩宠，只知道进而不懂得退。衷心希望陛下采纳我的建议，晋升司马懿为太傅、大司马。这样一来，上可以显示陛下重用人才的贤明，中可彰显司马懿的文治武功，下可使我免于众人的讥讽。

这番道理说得冠冕堂皇、无可辩驳，连老资格的中书监刘放、中书令孙资都没有看出破绽，还一本正经地帮助曹爽替曹芳拟定诏书："太尉体道正直，尽忠三世，南擒孟达，西破蜀虏，东灭公孙渊，功盖海内。"（《三国志·魏书四·三少帝纪第四》）诏书说，以前周成王设立太保、太傅等职位，近代汉显宗以此尊崇邓禹。所以，对于特别杰出特殊的人才，必须要授以尊位。现在特任命太尉为太傅，持节统兵都督诸军事务一仍其旧。

明眼人一看就知道，司马懿名义上成为受人尊敬的百官之首，名次甚至排到了曹爽之前，其掌管的军权也没有变化，但以后无法"录尚书事"了，也不能宿卫宫内了。至于大司马一职，曹爽等人当然不愿意白白送给司马懿，就在诏书里虚情假意地说，本想授予你大司马之职的，但鉴于以前担任过这个职位的人都享年不长，感觉太不吉利而不得不作罢。诏书下达的时间是二月二十一日，离曹叡去世、曹芳登基仅仅五十天。

实际权力被削弱，曹爽又授意曹芳授予司马懿“入殿不趋，赞拜不名，剑履上殿”等特殊待遇，即上朝时不用按规矩小步快走，朝拜时司仪不许直呼其名以示尊重，上殿时也可以佩剑、穿鞋。此外，家里的婚丧嫁娶红白喜事费用一律由官家报销，三十一岁的长子司马师赐官散骑常侍，其他几个儿子有三人封侯、四人担任宫廷骑兵队小队长。

对此，司马懿除了上表谢恩，别无他言，冷静得一如既往。司马孚、司马师等人实在看不下去，先后找他发泄不满。司马懿则反过来劝他们不要计较，该怎么办还怎么办。他知道，曹爽此番作为实属正常，反正自己已经年逾花甲，儿孙都在长大，只要他不动摇大魏的根本、不伤及自己和家人，一切就由他去吧！一旦他胆大妄为、肆意妄为，那就不要怪老夫不客气了！不担任大司马没有什么，不再管理尚书台也没有关系，这一切还有我司马仲达忍不了的吗？

## 三、多行不义，画地为牢

打压实力派元老司马懿，这只是曹爽、丁谧他们的第一步，接下来的大戏是抢班夺权，让自己的人占据核心位置。

首都洛阳和皇宫的卫戍十分重要，也特别敏感，这项权力自然得牢牢抓在自己手中。打仗亲兄弟，上阵父子兵。曹爽毫不避讳，直接把这项事关天子和朝廷安危的重任交给了几个亲兄弟。二弟曹羲出任中领军，掌管首都禁军，统领武卫、中坚、中垒、五校这四大营精锐之师。三弟曹训出任其中的武卫将军，贴身护卫皇上的安全。从此，小皇帝成为曹爽手中的一张王牌，谁要见面都要经过他的准许。四弟曹彦出任散骑常侍、侍讲，名义上是陪少帝读书，可以通过日常的熏陶影响少帝的成长，还可以充当曹爽安插在曹芳身边的耳目。其他未成年的兄弟也都以列侯的身份充任皇帝侍从。一时之间，曹氏兄弟出入皇宫禁阁仿佛自家庭院，其尊贵隆宠无人能及。

内部的机枢由自家兄弟掌控，外面的职位则要依靠心腹同党。何晏、邓飏、丁谧谁也不客气，均任尚书，全面接管负责朝廷运转的尚书台。从此，大魏朝廷基本上由曹爽一手遮天。

曹爽深知官员任免的重要，一定要把这项权力抓在自己手中，首先把吏部尚书卢毓升到尚书仆射的位置上，让他腾出地方安排何晏顶替。何晏一朝权在手，便把令来行，过去凡是与他有过交往的，大多得到了提拔重用。“附会者升进，违忤者罢退，内外望风，莫敢忤旨”。（《资治通鉴》卷七十四）曾担任过陈群掾属、颇有军政见识的黄门侍郎傅嘏不明白何晏何以如此猖狂，好心劝曹羲，说何晏这个人外表文静而内心奸诈、贪图利益，根本不考虑怎样忠于职守。我担心你们兄弟会被他迷惑，如果那样大批的仁人志士就会选择离开朝廷，朝政可能就要废弛坏掉。其结果出人意料，过了不久，何晏就让好心提意见的傅嘏卷铺盖滚蛋回家。后来，何晏自己也觉得这样太过分了一点，又任命他做荥阳太守，但傅嘏借故推辞不就。

此外，毕轨担任司隶校尉，成为首都洛阳所在州的行政长官。李胜担任河南尹，成为洛阳所在郡的行政长官。经过曹爽一伙人的精心布局，从皇宫到洛阳再到州郡，都用上了自己核心团队的人，大魏朝廷被他们控制得好似铁桶一般。

曹爽一伙窃据要津之后，便开始疯狂地排斥异己，打击政敌。许多正直之士不屑与他们为伍，对他们敬而远之，不少人干脆主动弃官回家。

何晏担任吏部尚书后，仍然觉得卢毓碍手碍眼，便想办法让他去担任廷尉。这还不算，毕轨又趁机对他大肆诬陷，卢毓这样一个纯正无私的人竟然被他们罢了官。这一来激起了强烈反弹，何晏他们为掩人耳目，只好又任命卢毓为光禄勋，这虽然是个闲职，但毕竟也属九卿之一，品位较高，勉强能堵得上悠悠之口。

曹叡托孤之时特意给曹爽任命的大将军长史孙礼，也因为刚正不阿，经常给曹爽提意见，让曹爽感到非常不方便，干脆任命他当了扬州刺史，让他远离大将军府，远离京城。

司马懿的三弟司马孚做了多年的尚书令，眼见得曹爽、何晏他们权势熏天、为所欲为，干脆躲得远远的，每天磨磨洋工，不干事，也不招惹他们。曹爽一伙也乐意这样，便把他手中的权力收归己有。

更有司马懿族人司马芝之子司马岐，因不满曹爽等人胡作非为借病辞官回归温县老家。司马芝一生清廉正直，官声甚佳，担任河南尹十一年，死时家无余财，魏明帝曹叡赐爵关内侯。司马岐继承了其父公允敞亮的品格。在他刚升任廷尉时候，南阳有个叫圭泰的人因对曹爽一伙不满被绑到了廷尉衙门。邓飏看到事关他们一伙，就亲自审问，要治以重罪。司马岐看出了其中的端倪，觉得这样不够妥当，就好心提醒邓飏："作为掌管国家枢密机要的重臣，你应当成为皇家的重要辅佐。但目前你这种做法既不能辅化成德，与古人齐美，反而借此机会放纵自己发泄私愤，对无辜的人枉自定罪，这样下去会让老百姓都陷入深深的恐惧之中。"邓飏还算良心未泯，听了之后又羞又恼。不久，司马岐就与官场告别了。

对于这一切，司马懿只是在一旁静静地观看，默默地思考。多行不义必自毙。他又一次想到了春秋时期强割温麦的郑庄公，想到了他对付骄横跋扈的胞弟共叔段的往事。

春秋时，郑国国君郑武公死后，由长子庄公继位。可是，他的弟弟共叔段在母亲姜氏的偏袒下图谋篡位。郑庄公的大臣祭仲力劝庄公，要尽早除掉共叔段，以绝后患。庄公却说："多行不义必自毙，子姑待之。"意思是说，一个人若做了太多不仁不义的事情，到头来必定会自取灭亡。你就等着吧！随着时间的推移，共叔段越来越狂妄自大，不断扩张领土，还准备与母亲姜氏里应外合攻打郑国的都城。郑庄公见时机成熟，便出兵迎战共叔段，长久受共叔段压迫的封地上的农民也奋起抵抗。共叔段兵败，逃亡他处。郑庄公欲斩草除根，派人追杀。最后，共叔段走投无路，被逼自杀。

这一段时间，司马懿最爱看《左传》上的这个故事。虽然郑庄公这种做法有引诱弟弟走入深渊的嫌疑，但说到底，贪婪才是共叔段灭亡的真正原因。让曹爽他们继续为非作歹吧！看你们猖狂到几时？

曹爽一伙更加没有想到的是，当他们在拉帮结派搞小圈子的同时，客观上也在画地为牢。道理很简单，圈子里属于一个小集团，但里面毕竟只有少数人，而圈子外面更多的人就被自动归为另一个更大的集团了。虽然司马懿没有明确的行动，但是随着时间的推移，对曹爽不满的人越来越多，其中不乏蒋济这样的重臣。蒋济弹劾过北伐柯比能失利的毕轨，与曹爽集团有解不开的过节。另外，蒋济也是一个爱财如命的人。在曹叡当皇帝的时候，蒋济曾担任过一段时间的中护军。蒋济自然不会放过这样一个发财的好时机，明码标价，公开卖官。司马懿一次和他闲聊时故意问他此事是否属实，蒋济打了半天哈哈，司马懿也故作糊涂不予深究。水至清则无鱼，人至察则无徒。司马懿睁一只眼闭一只眼，放过了别人，抓住别人的把柄引而不发。因此，蒋济对司马懿既佩服，又有几分感谢，觉得司马懿是一个可以依靠的人。

敌人的队伍在壮大。但敌人在朝臣中的比例越来越小。这就叫画地为牢、作茧自缚吧！

## 三、用兵樊城，摆脱是非

军人的舞台是战场。当曹爽、何晏他们在朝堂内外热火朝天地争权夺利、抢占地盘的时候，司马懿把目光投向了魏国的两个宿敌，寻找着属于他自己的用武之地。没有一个安全的生存空间，即使身居高位又有何益？保境安民是当政者的天职，保一方平安才能得到大多数人的认可与支持。这才是最大的政治，可惜曹爽、何晏他们自恃精明，却目光短浅，忘记了这条为政之本。

三国纷争，司马懿不缺这样建功立业的机会。魏齐王曹芳正始二年、吴大帝赤乌四年（241 年）四月，东吴孙权获知大魏帝年少、曹爽和司马懿忙于内斗，一统天下的雄心壮志再度燃起，决定乘虚而入，派四路大军进攻曹魏。卫将军全琮进攻淮南，诸葛亮的侄子、诸葛瑾的长子威北将军诸葛恪进攻六安（今安徽省六安东北），车骑将军朱然围攻樊城，大将军诸葛瑾扫荡柤中（今湖北省南漳县东、宜城市西北）。

很快，全琮遇到了大魏征东将军王凌和扬州刺史孙礼的顽强抵抗。头脑冷静、善于应对的诸葛恪见势不妙主动退走。而东吴名将朱然率四万大军围攻樊城，志在必得。樊城历来是兵家必争之地，其重要性不言而喻。魏国荆州刺史、振威将军胡质急率本部兵马一万多人南下救援樊城。有的部下说，敌军正在势头上，我军人少，不可与之接战，战必不利。胡质则说，樊城地势低下，守军又少，所以需要军队为之救援，不然就危险了。胡质的到来使樊城守军军心大振，城中得以稳定。但是，朱然的军力实在强大，胡质所带的那点荆州守军也无可奈何，只能与之相峙，等待援军。

听到消息，司马懿知道自己的机会来了，请求少帝允许自己亲自出征去解樊城之困。十岁的曹芳仍然懵懂无知，曹爽不愿意让司马懿去，就鼓动几个亲信出面劝阻，说什么敌军大老远跑来围攻樊城，不可能那么快就攻破。如果他们久攻不下，势必军心涣散，到时候就会不战自溃。现在应当考虑的是长久的御敌之策，不用那么着急兴师动众去救援樊城。

司马懿一反自己以前讲话时的中庸态度，旗帜鲜明地回答：“现在，我大魏重要的边境城市受到敌人攻击，引起整个边疆地区一片骚动，老百姓都十分迷惑，这是江山社稷的重大忧患。我们这些朝廷命官岂能安坐朝堂置之不理呢？”司马懿还针对樊城与柤中的关系强调指出：“柤中有十来万各族民众，现在被阻隔在汉水以南，流离失所。樊城已经被围攻好几个月不能解困，再这样下去，恐怕还会激起民变，这是十分危急的事情。所以，我请求亲自去征讨朱然以解樊城之围！”

司马懿如此慷慨激昂的表态，让所有人都吃惊不小，也吓坏了曹爽和他的几个书生朋友。曹爽转念一想，酷暑来临，朱然强悍，司马懿都六十三岁一把老骨头了，未必能占到什么便宜，那就让他去吧！说不定司马懿会被朱然砍下人头，或者受不了南方湿热的天气患病倒下。这样想着，曹爽不再反对，奏请小皇帝同意司马懿挂帅出征，并带着曹芳一起送到洛阳城外。

六月盛夏，赤日炎炎，平常百姓都热得汗流浃背，司马懿穿着沉重的铠甲，就像猛虎回归了久违的山林，心情格外舒畅。数万大军跟着大魏头号元老出征，也个个精神抖擞，一脸兴奋。紧赶慢赶，不到半个月就逼近了樊城。

这边朱然围困樊城数月，久攻不下，正被太阳晒得头晕目眩、昏昏欲睡，忽听大魏来了援军先是一惊，听说主帅是司马懿更是惊出了一身冷汗。司马懿知道吴军已经疲沓，想速战速决，几次挑战，朱然均不敢应战。司马懿挑选了一批敢死队员，做出一副势在必得的架势，大张旗鼓地宣传魏军要发动总攻。朱然看着自己疲惫不堪的将士，比较了一番自己和司马懿的分量，在一个月黑风高夜悄悄解除了樊城之围而溜之乎也。

司马懿岂肯让朱然这么便宜跑掉，立即派出精锐的骑兵快马加鞭紧急追击，追到三州口（在今湖北省宜城市）不由分说就是一场恶战。魏军“斩获万余人，收其舟船军资而还”。（《晋书·宣帝纪》）

在司马懿强大的威慑下，不远处柤中的诸葛瑾也不再坚持，率领人马撤回吴国境内。

胜利的捷报传回洛阳，小皇帝曹芳高兴得又蹦又跳，曹爽却有几分懊恼，后悔不该同意司马懿前去征讨。但事到如今，也只好脸上堆笑，奏请天子派侍中等官员到荆州去慰劳司马懿。

七月间，司马懿回到洛阳，平平静静地向曹芳复命。小皇帝当场封赏司马懿，又给他增加了食郾、临颍两个县作为封邑。加上此前的舞阳、昆阳两个县，一共四个县的封地，食邑万户。其子弟共计十一人，全部被封为侯爵。

皇恩浩荡，司马懿并没有被冲昏头脑。他告诫子弟，面对如此恩宠，一定要谨记道家的教诲，为人切忌气势太盛、自大自满。一年四季尚且有轮替变化，任何事物都是这样。我司马懿何德何能可以永居高位啊！今后，我们司马家族一定要谦虚谨慎、知止知损，只有这样或许才可以免除祸端吧！

## 四、兵不血刃，吓跑诸葛恪

机会永远留给有准备的人。两年之后，魏齐王曹芳正始四年（243年），机会又一次来到司马懿面前。

两年前，风头正健的东吴后起之秀诸葛恪在进攻魏国的时候不战自退，反思之后开始在与魏国交界的庐江郡大搞屯田，集聚了很多粮食，还不时越过边境进行侵扰，让老百姓吃了不少苦头。

司马懿得到情报，诸葛恪最近野心勃勃，正准备向扬州郡治所寿春发起进攻。寿春的重要性不言而喻，司马懿抓住机会向曹芳请求领兵出战，击退不可一世的诸葛恪。

小皇帝依然无法理政，曹爽生怕司马懿再次建功立业、树立威信，明确表示反对，同时发动自己的党羽加以阻拦。其理由是，敌人据守在坚固的城池里，又囤积了大量的粮食，目的正是想引诱我军前去进攻。如果我们孤军远征，就正中了诸葛恪的奸计，敌人的援军必然会赶到，这就会形成进退失据的局面，不见得能占到什么便宜。

和这些心怀叵测、不懂军事的人相比，司马懿可谓老谋深算。他不屑地回答说："敌人的长处在于水军，我军假装去攻打其城池，就是为了观察他们的行动变化。他们如果用其所长，放弃城池由水路退走，我军将不战而胜；他们如果敢于固守城池，现在正值冬季，江河水浅，船行不便，其援军势必要弃水路走陆路来救援。这是弃长用短，对我军是有利的。"

尽管司马懿说得头头是道，很有道理，但是曹爽就是不肯批准司马懿出征。一拖再拖，一直拖到了盛夏六月，诸葛恪又大胆领兵进攻六安，打败了魏国将领谢顺，掳走当地百姓凯歌而还。司马懿忍无可忍，坚决提出要挂帅亲征。朝廷内外也给曹爽施加了很多压力，继续阻挠下去可能就会天怒人怨。曹爽想想，也不能再阻拦下去，只好奏请天子，允许司马懿再次出征。

又拖了两个多月，到了九月份，司马大军浩浩荡荡启程出发。十一月，司马懿率军来到了两国边境上的舒县(今安徽省庐江县西南）小城，准备向不到二百里的诸葛恪驻军之地皖城(今安徽省潜山市）发起进攻。然而，还没有等司马懿下令，探马来报，诸葛恪突然纵火烧毁了捎不走的粮草，从皖城撤走，跑到柴桑（今江西省九江市西南）驻扎了。眼看一场大战一触即发，却在一夜之间归于风平浪静。

司马懿好生奇怪，以为诸葛恪在耍什么阴谋诡计，赶忙命人进一步打听，才知道又是孙权在玩迷信。孙权在刚起家的时候，曾有一位叫吴范的望气大师预言，说他所在的地方有帝王之气。后来孙权果然如愿称帝，从此对那些怪力乱神深信不疑，每次大型活动都要找风水师、占卜师或者是望气大师预测一下。听说司马懿领兵前来攻打皖城，孙权十分重视，决定派大军援助诸葛恪。不料望气师却对他说，此番天象对吴军极为不利，战必大败。孙权闻听吓出一身冷汗，当即下令援军不许出动，而且还让诸葛恪赶快从皖城撤到四百里之外的柴桑（今江西省九江市西南）。

就这样，眼看一场天崩地裂的大战被孙权的迷信搞得顿时消弭于无形。消息传到洛阳，司马懿兵不血刃吓跑诸葛恪一时成为朝堂上下、街头巷尾的美谈。曹爽无奈之下，只好又以曹芳的名义派人到半道上劳军慰问。

到了转年正月，司马懿率领大军回到洛阳，更是风光无限，人人称羡。

风头都让老东西出尽了！这下曹爽实在坐不住了，邓飏、李胜也建议他通过打仗来树立自己在军中的威信。一群文人书生几番研究，认为司马懿这两次都是与东吴开战，那曹爽就只能选择蜀汉练手了。于是，曹爽决定亲率大军远征汉中。

司马懿在西部与诸葛亮有过七年的缠斗，十分了解那里的山川地理、风土民情。出以公心，司马懿不愿让曹魏率领大魏子弟前去赴汤蹈火、白白送死。而且，这一次自己聪明伶俐、足智多谋的二儿子司马昭也在军中，是夏侯玄的副将。虽说司马师娶了夏侯玄的妹妹夏侯徽，两家结了姻亲，关系不错，夏侯玄对司马昭也十分关照。可一旦到了战场，刀光剑影之中，充满了不确定因素，到时候命运掌握在谁手里还很难说。更重要的原因司马懿不好说出口，那就是他对曹爽的军事才能实在不放心，甚至非常怀疑，最起码，曹爽这次抢着出征关中，明显就是知其不可而为之，是想在军功上和我司马懿较量较量。带着这样的目的去领兵打仗，胜算有几成也只有天知道。

因此，司马懿苦口婆心，掰开了揉碎给曹爽讲道理，希望他停止进攻汉中。曹爽认定了司马懿这是在担心自己立功树威，所以司马懿越劝曹爽越不听，越加坚定了出征汉中的决心。望着曹爽一行西去的车马，司马懿也只能摇头叹息，暗中嘱咐他心爱的老二司马昭小心小心再小心，千万要谨慎从事，不能鲁莽。

魏正始五年（244年）三月，曹爽来到汉中，与征西将军夏侯玄等人一起举十万大军，从骆谷口进入傥骆道，煞有介事地开往汉中。但是，不久就遇到了蜀军大将王平、大将军费祎的顽强阻击。魏军后方补给又接续不上，很快被困在兴势（今陕西省洋县西北），情况十分危急。曹爽能想到的办法是增派援兵，硬着头皮继续往前猛冲。身边不少谋士力劝曹爽赶快退兵："见可而进，知难而退，盖自古之政。惟公侯祥之！"（《三国志·魏书十三·钟繇华歆王朗传第十三》）此时的曹爽哪里听得进去。这时，参军杨伟也劝曹爽应当马上撤军，不然将会大败亏输。但进军汉中的主意是邓飏、李胜出的，他们明知再打下去凶多吉少，但如果就此撤军他们将颜面尽失。于是，色厉内荏的邓飏、李胜坚决反对杨伟的意见。三个人在曹爽面前争得不可开交。杨伟气愤地说："邓飏、李胜将毁掉国家大事，应该将他们处死！"

司马懿知道，此时的曹爽正是骑虎难下、进退维谷，想了想得给曹爽保留着面子，不能再直接对他说什么了，以免他误解自己又在对他指手画脚、耳提面命，便给此番作战的副总指挥夏侯玄送去一封快信说："过去，武帝曹操再次进入汉中的时候，差一点被蜀军打败，这件事你是知道的。如今，兴势山路崎岖不平、危险之至，蜀军已经先行占据险要。如果不能往前推进，退却时再遭到截击，必将全军覆没，这个责任怎样承担？"

这时，在夏侯玄身边的司马昭也十分理解父亲的心情，劝夏侯玄说："蜀军费祎依险据守，我军无法前进，就抓不住机会，无法展开进攻。所以，应赶快撤军，再做别的打算。"

夏侯玄分析利弊，觉得司马懿、司马昭父子说得很有道理，应该赶快撤军。夏侯玄立即去劝曹爽，他也知道不能再用司马懿来刺激曹爽，就用自己的话把司马父子的意思说了一遍，曹爽这才很不情愿地同意撤军。

但是对于顽强的蜀军来说，想要轻易撤退没有那么便宜，也没有那么容易。果然如司马懿预料的那样，在撤军的过程当中，遭到了蜀军的截击。曹爽率领人马苦苦征战，才侥幸逃脱，捡回一条性命。但魏军被动挨打，伤亡惨重，关中军力、民力消耗甚大。

曹爽不听劝阻，强行兴师动众、劳师远征，结果兴冲冲地走、灰溜溜地回，大败而归，受到朝廷内外一片讥讽嘲笑。曹爽不仅不思己过，反而更加恼羞成怒，变本加厉地与司马懿作对。

## 五、步步紧逼，肆无忌惮

从长安回到洛阳，曹爽虽然没有像他父亲曹真那样气得三长两短，却也着实异常郁闷。期间，何晏、丁谧等人不断与他一起反思、总结，一致认为靠打仗树立威望这事充满风险，太不靠谱。咱们还是发挥优势，集中精力搞政治斗争吧！

说干就干！曹爽要争回这个面子。第一回合围绕裁撤禁军编制里的中垒、中坚营展开。

自曹爽、司马懿受命辅政开始，中央禁军由曹爽二弟曹羲任中领军，掌管武卫、五校两个营；司马师任中护军，掌管中坚、中垒两个营，同时兼管军事将领的选拔。曹羲为正帅、三品官，司马师为副帅、四品官。应该说，这种格局总体来说是平分秋色，曹爽势力略强。

但这是曹爽对司马懿还比较客气、比较尊敬阶段双方妥协的结果。如今，曹爽觉得自己对朝廷事务已经熟悉，应该发挥更大的作用了，对于这种势均力敌的局面越来越不满足。特别是司马懿两次用兵均告大捷，而自己领兵伐蜀却败兴而归，他认为为了巩固自己的地位必须更多地掌握禁军这支力量。他必须打破这种平衡。

魏正始六年（245年）八月，曹爽明目张胆地撤掉了司马师统管的中垒营和曹羲统管的中坚营，所有人马全部归属中领军曹羲直接指挥。虽然名义上司马师还有少量的随从士卒，选拔军事官员的职责没有被收回，司马昭也还统领着一个人数不多、矛盾丛生的五校营，但禁军事实上已经完全成为曹爽的势力范围。

司马懿明察秋毫，立刻明白了曹爽葫芦里卖的什么药，警告曹爽先帝旧制不得更改，旗帜鲜明地亮明态度表示反对。但是，曹爽已经下定决心一条道走到黑，对司马懿的意见置之不理。无奈之下，司马懿只有继续选择忍让屈从。

第一回合曹爽完胜，紧接着第二回合不期而遇。魏正始七年（246年）春，东吴车骑将军朱然再次率军劫掠柤中，数万百姓涉水逃到汉水北岸避难。司马懿十分了解那里的地理情况，也十分同情和珍惜逃难的百姓，建议朝廷对他们妥善安置，让他们就在北岸安家落户。而曹爽等人执意要那些老百姓返回南岸，他说："如果搞不好南岸的治理和防守，把他们留在北岸，这不是长久之计。"

司马懿又是没有丝毫犹豫地坚决反对，他义正词严地反驳道："此话不对！把老百姓安置在安全的地方才能安全，把他们安置到危险的地方就危险。兵书上说：'成败，形也；安危，势也。'认清形势是统御百姓的关键，不能不认真考虑。如果吴军以两万人阻断汉水，以三万人在南岸与我军相抗衡，同时再以一万人横行劫掠柤中，我们怎么去救援那些百姓？"

如此复杂的战略问题，曹爽等人何曾想过？又怎会懂得如何解决？所以，曹爽被诘问得哑口无言，当着朝廷众臣的面下不来台。此时的曹爽已经完全不顾是非曲直，就是一味地反对司马懿，还是坚决不同意司马懿的建议，顽固地下令让军队把那些好不容易逃过来的老百姓又赶回了南岸。

这一次，仍如司马懿所料，吴军很快攻破柤中，掳走数万魏国百姓。这一回合，曹爽看似赢了，实际上既失民心，又让很多官员感到了他的冷血，朝廷上下和知情的老百姓都开始指责曹爽，发泄对他的不满。

连续的胜利让曹爽尝到了权力的快乐，也获得了更多的自由。接下来，其行为更加肆无忌惮、随心所欲。

魏正始八年（247 年）七月，曹爽突然一声令下，命令郭太后从皇上的寝宫搬回永宁宫。这一招来得干脆利索，让司马懿猝不及防，一时之间无法应对。

郭太后即魏明帝曹叡的皇后，凉州西平郡人。曹芳即位，尊其为皇太后。为照料少帝的饮食起居，郭太后陪同住在曹芳的寝宫。如此一来，军国大事上奏皇帝的时候，郭太后不可避免地都会起到一定的作用。随着时间的推移，郭太后也积累了一定的从政经验，其在朝廷之外对曹芳的影响也越来越大，有时候起着举足轻重的作用。

被曹爽一伙严密封杀的司马懿为求自保自安，果断地抓住了这条重要的线索。郭太后与曹叡没有子嗣，所以就格外疼爱娘家的两个侄儿郭德、郭建。为安慰郭太后、与她建立紧密联系，司马懿让司马师把女儿嫁给了郭德。这个孙女不幸死后，又把司马昭的女儿送过去做继室。司马懿如此这般地维护郭太后，自然受到了一些人的非议，却让郭太后非常感动。

虽然曹爽在小皇帝曹芳的身边布满了眼线，控制得极严，但司马懿可以名正言顺地以姻亲的关系与郭太后进行联系和沟通，在一定程度上通过郭太后影响小皇帝。

起先曹爽并没有特别在意，觉得一个妇道人家难起什么作用，但是逐渐感觉到了郭太后的存在和价值，后来就觉得她越来越碍事儿，便一直耿耿于怀，总想把小皇帝和郭太后分开。现在小皇帝曹芳已经十六岁，在当时已经算是成年了，郭太后当然再也没有理由继续和一位成年皇帝住在一起了。所以何晏、邓飏他们一出主意，曹爽立即照办，把郭太后迁至她自己应该居住的永宁宫。

郭太后和曹芳依依不舍，洒泪而别。司马懿来不及想办法，也想不出阻止的理由，只好眼睁睁看着木已成舟，失去了这个对朝政能起到一点作用的重要渠道。

逼人太甚！欺人太甚！司马懿忍无可忍，感觉自己快要爆炸了。司马懿想，我都快要七十岁的人了，早已不再与你们争名夺利，基本上予取予夺都由着你们，但你们仍然贪得无厌、非要把我往死里整，不给我留活路。八年来，你们往前进一步我就后退一步，可你们仍然步步紧逼。我自己已经是半截身子入土的人了，但我的这些儿孙怎么办？大魏的几千万子民又怎么办？都要逆来顺受、任你们蹂躏吗？曹爽，你不要太过分了，司马懿要发起怒来，会让你们好看的！

## 六、夫人去世，托病退休

对于曹爽一伙的倒行逆施，司马懿忍无可忍，心中时刻想着要给予有力的反击。但是，冷静分析形势，这才发现，这些年来自己一味隐忍、再三退让，原来以为是顾全大局，以为是个人美德和官德，现在才猛然惊醒，遽然发现自己目前几乎是一无所有，根本无法与之抗衡。看来何去何从，还需从长计议。

那一日困坐书房，手持《孟子》正要昏昏欲睡，几行文字像闪电一般映入眼帘。司马懿登时精神为之一振，揉了揉已然老花的眼睛，仔细辨认，发现是自己十分熟悉的《离娄章句上》。

孟子有云，桀和纣之所以失去天下，是因为失去了老百姓的支持；之所以失去老百姓的支持，是因为失去了民心。获得天下有办法：获得老百姓的支持，便可以获得天下；获得老百姓的支持有办法：获得民心，便可以获得老百姓的支持；获得民心也有办法：他们所希望的，就满足他们，他们所厌恶的，就不强加在他们身上。如此罢了。老百姓归服仁德，就像水往低处流，兽向旷野跑一样。所以，替深池把鱼赶过来的是吃鱼的水獭；替森林把鸟雀赶过来的是吃鸟雀的鹞鹰；替商汤王、周武王把老百姓赶过来的是残害老百姓的夏桀和殷纣王。当今之世，如果有哪位诸侯喜好仁德，那么，其他诸侯都会替他把老百姓赶过来。就是他不想统一天下，也会身不由己了。现在那些希望统一天下的人，就像害了七年的病需要用三年以上的陈艾来治疗一样，如果平常不栽培积蓄，终身都得不到。同样的启发，如果平常不立志行仁，终身都会忧患受辱，一直到陷入死亡的深渊。《诗经》说："那如何做得好，不过是相率落水罢了。"正是说的这个意思。

"为渊驱鱼者，獭也；为丛驱雀者，鹯也"，司马懿反复默念着这一句话，仔细揣摩其中的微言大义。水獭本来想要抓鱼吃，反而把鱼赶到深渊里面去了；鹰本来想要抓麻雀吃，却把麻雀赶进了丛林。因为不会团结人或笼络人，把可以团结过来的人或者可以依靠的力量赶到敌人方面去了……现在的曹爽不就是这样吗？那索性就让他继续作恶下去吧，我要把舞台全都给他腾出来，让他在上面尽情地表演，让他的嘴脸暴露无遗，让他把自己小圈子之外的人全都赶到自己这边来。

司马懿打定主意，继续以退为进，今后不再插手任何朝廷事务，时机成熟的时候还要把太傅一职辞掉，清清静静地坐观其变。

还没有等司马懿想好再度退让的借口，与他同甘共苦、相濡以沫几十年的结发妻子张春华于魏正始八年（247年）四月不幸离世，享年五十九岁。

司马懿和司马师、司马昭等人强忍悲痛办完了丧事，刚到五月，司马懿就因哀痛过度、日夜操劳病倒了。司马懿强撑着虚弱的身体，给皇帝曹芳上奏请求退休，回家休养，从此不再参与任何军国事务。

曹爽看到司马懿主动要求退出政坛，不禁喜出望外，当即授意十六岁的曹芳批准司马懿的请求。从此开始，司马懿在家养病将近两年的时间。

对于曹爽来说，从此没有了这块绊脚石，岂不是可以更加肆无忌惮、为所欲为了？这大魏帝国岂不是由我曹爽完全说了算？接下来的日子里，曹爽梦里都笑出了声。从此以后，曹爽一伙人变本加厉，开始了走向灭亡的疯狂之旅。

曹爽本人沉浸在一人之下、万人之上的美妙的感觉中，只顾着每日寻欢作乐。其饮食、车辆和服饰一律参照天子的标准，以前只有皇上才有资格把玩的奇珍异宝，如今在他家里也随处可见。本来曹爽的妻妾已经充塞后庭了，还又私下取用了石英等七八个先帝曹叡的才人，把三十三名将吏、师工、吹鼓手甚至良家妇女弄到家里奏乐跳舞、寻欢作乐。更有甚者，曹爽竟敢伪造皇帝诏书，把五十七名才人送到邺城铜雀台，让先帝曹叡的婕妤教授他们唱歌跳舞，学成归来供自己享用；还擅自动用皇家乐队的乐器，动用国家武库的兵器。此外，他还在自己家里建造了豪华的地下室，四周挂满华美的帷帐，经常与何晏等人在其中饮酒作乐，不分昼夜。

曹爽昏昏沉沉，耽于享乐，何晏、邓飏、丁谧之流也在忙着利用到手的职权贪赃枉法、抢占土地、作威作福。何晏等人依靠手中把持的权力，瓜分了首都洛阳和野王县（今河南省沁阳市）属于国家屯田管理部门的桑田数百顷，还侵占了专供皇室女眷脂粉费用的“汤沐地”的大量田产，趁便盗取官家物品、就势敲诈州郡好处的事情时有发生。有关监察部门对他们的所作所为，也没人敢于过问。何晏等人与廷尉卢毓向来不合，便趁机抓住卢毓部下一个小小的过失给他罗织了一个罪名。而且，让办事人员先行没收了卢毓的官印，然后才奏报皇帝。

不仅如此，在巨大的利益面前，曹爽团伙内部几个人之间也开始相互攻讦，各不相让，甚至于到了你死我活的地步。丁谧外表看似大大咧咧，内心里却是小肚鸡肠、容易忌恨别人，何晏、邓飏十分鄙视他，都不买他的账。但是，丁谧则凭借曹爽的青睐肆意妄为，并不把何晏这位吏部尚书放在眼里。而邓飏贪财好色、独断专行、任人唯亲，也经常与何晏产生矛盾。

## 七、利令智昏，人心向背

对于曹爽一伙的所作所为，当时流传了很多民谣加以讽刺。有的说："何、邓、丁，乱京城。"（《晋书·宣帝纪》）还有人把他们三人比作三只狗，编出顺口溜讥笑说："台中有三狗，二狗崖柴不可当，一狗凭'默'（曹爽的小字）作疽囊。"（《三国志·魏书九·诸夏侯曹传第九》裴松之注引《魏略》）

每当司马师、司马昭回家告诉司马懿，说曹爽他们如何沆瀣一气、胡作非为，司马懿都表示毫不奇怪，一笑了之。他想到了《论语·里仁》中的一句话："君子喻于义，小人喻于利。"只怕是这些利令智昏的家伙为了攫取更大的利益，还会干出更加疯狂的事情吧！

果然，享受了一段帝王般的待遇之后，曹爽"遂有无君之心"（《晋书·宣帝纪》），开始觊觎皇帝之位。何晏等人也不时撺掇曹爽，干脆取而代之算了。

在曹爽等人失去理智、几近疯狂的时候，他们团伙中间当然也有明白人。曹爽的二弟曹羲就是其中一个。曹羲对于哥哥等人的做法十分担忧，多次劝诫，但曹爽不予理睬。曹羲又煞费苦心写了三篇文章，痛陈骄奢淫逸、恶贯满盈是如何招致祸端、导致失败的，用心良苦，言辞恳切，却又不敢明着指斥曹爽，而是假托训诫几个弟弟而暗示曹爽。曹爽还没有笨到看不出来的程度，很清楚曹羲目的是告诫自己的，但是非常不耐烦。曹羲有时想到问题的严重性，还是经常忍不住劝喻曹爽几句，

曹爽始终听不进去，曹羲总是哭着起身离去。“羲或时以谏喻不纳，涕泣而起。”（《三国志·魏书九·诸夏侯曹传第九》）

作为著名的政论家，曹爽的本家伯父曹冏则从另一个角度提醒曹爽。曹冏一口气写了《六代论》这篇文章，苦口婆心劝曹爽，要吸取夏、商、周、秦、汉、魏六代成败兴亡的教训，改变“内无深根不拔之固，外无盘石宗盟之助”的现状（《三国志·魏书二十一·武文世王公传第二十》裴松之注引《魏氏春秋》），要注意重用曹家宗室子弟，建议分封宗室子弟并授以军政实权，强干弱枝，巩固曹魏统治，防止大权旁落于外姓强臣。曹冏于魏正始四年（243 年）十一月，将文章献给十几岁的少帝曹芳，其实是想以此启发曹爽。但他哪里知道曹爽同样忌惮同宗同族势力坐大，从而影响自己的地位，便对曹冏的一片好心不理不睬。

著名文学家、侍中应璩是曹爽的大将军长史，离曹爽最近，也比较了解他。曹爽本想逐步废除陈群、司马懿当年倡导的九品中正制，改回曹操时期用人以才为先、不问品行的做法，但导致了何晏、邓飏、丁谧他们任人唯亲、徇私枉法。所以，了解曹爽秉性的应璩发挥自己的特长，先后作了一百零一首诗，对曹爽进行规劝甚至讽刺，合称《百一诗》。曹爽虽然没有因此怪罪应璩，但也没有放在眼里。

面对曹爽集团独霸朝廷的局面，宵小之辈趋炎附势，逢迎巴结，而正直之士纷纷避而远之。

后来成为“竹林七贤”之一的阮籍，其父是著名的“建安七子”之一的阮瑀。阮籍博览群书，尤其熟读《老子》《庄子》，颇有才干。曹爽大权独揽之后，特意征辟阮籍为参军。阮籍十分清楚曹爽一伙的为人处世原则，“因以疾辞，屏于田里”（《晋书·列传第十九》），婉言谢绝，归隐乡间当田舍翁去了。

具有“当代颜回”美誉的羊祜也是一个不愿与曹爽一伙同流合污的人。羊祜出身世族大家，祖父羊续曾任南阳太守，父亲羊衜曾任上党太守，母亲蔡氏是汉代名儒蔡邕的女儿，姐姐是司马师之妻，自己娶的是夏侯霸之女。羊祜自己清廉有德、博学能文，虽然年轻，但很有政治头脑。他判断曹爽终将不是司马懿的对手，所以当他与王沈一起被曹爽征辟的时候，王沈劝羊祜应命就职，羊祜却说："豁出身家性命去侍奉别人，不是容易的事。"羊祜不就，王沈独自应召。曹爽被司马懿擒拿之后，王沈也遭免职。王沈感慨万千，对羊祜说："我经常想起你以前讲过的那句很有见识的话，悔不当初啊！"羊祜则谦虚地说："我当初并没有考虑到会有后来的结果。"

还有一位君子不党的卫臻，也曾直接拒绝曹爽的拉拢。卫臻因父亲卫兹随曹操战死而受到器重，初为黄门侍郎，转任丞相府户曹掾，加封关内侯。魏文帝时封安国亭侯，任尚书、侍中、吏部尚书。魏明帝时出任尚书右仆射，晋封康乡侯。抗击诸葛亮期间出任征南将军，后来历任光禄大夫、司空、司徒、晋封长垣侯。曹爽专政期间，非常想让这位元老重臣给自己这派力量树一个道德标杆，就派夏侯玄请卫臻先尝试担任尚书令，并为自己的弟弟求婚，都被卫臻一一拒绝。而且，卫臻多次请求辞官回家。曹爽无奈，只好批准。

随着曹爽统治越来越严，主动退休的越来越多，计有中书令孙资、中书监刘放、司空徐邈等等。离职的越多，曹爽就越高兴。而更高兴的是司马懿，尽管这些老头子们在一起不是下棋就是晒太阳，无人论及政事，但大家都心知肚明：曹爽这是不作不死，多行不义必自毙。

但是，一向忧国忧民的孙礼实在忍无可忍，在魏正始九年（248 年）即将去并州（今山西省）赴任刺史前来到了司马懿家，敞开心扉倾诉衷肠，痛哭流涕要一问究竟。

孙礼，字德达，幽州涿郡容城县（今河北省徐水县东北）人。孙礼性情刚直，为人正派，办事公正，早年曾任曹操司空军谋掾。历任河间郡丞、荥阳都尉及山阳、平原、平昌、琅琊、阳平等地太守，可以说久经历练，后任尚书。有一次魏明帝曹叡狩猎时有一只老虎跑到了车旁，孙礼立即下马想挥剑斩杀老虎。曹叡十分感动，担心他会有闪失，立即命令他赶快上马。曹叡安排曹爽担任辅政大臣的时候，专门挑选忠诚可靠的孙礼担任大将军长史。但是，曹爽为了不受约束、我行我素，总嫌孙礼碍事，很快就派他担任扬州刺史去了。后来，在清河郡、平原郡的疆界争议问题上秉公处理而得罪曹爽，被曹爽罗织罪名判处在家服刑五年，其后被起用为城门校尉。在朝廷舆论的压力下，加上司马懿等人向曹爽说合求情，孙礼这才被任命为并州刺史、护匈奴中郎将，专门去对付经常骚扰边境的鲜卑人和匈奴人。

临行之前见到司马懿，孙礼一肚子的话却不知从何说起，脸色越憋越难看。司马懿假装糊涂，故意问他："德达，你现在得以主政并州却面有难色，是嫌官职太小吗？还是因解决清河、平原两郡分界遭受不公处理而心有怨恨？现在要告别远行，为什么不能高兴点呢？"

孙礼直言不讳地答道："明公，您怎么能对我说出这样的话呢？虽然我孙礼德行不高，岂能在意那些区区小事呢！本来，我们许多人都以为明公能追随效仿伊尹、吕尚辅佐商、周那样去匡扶大魏，上报明帝所托，下建万世功勋。现在，社稷危在旦夕，天下骚动不安，我哪里能够高兴得起来呢！"

看着泪流满面、痛苦不堪的孙礼，司马懿心里一下子有了底气。连这么忠厚老实的孙礼都如此痛恨曹爽一伙，其他官员是什么心情就可想而知了。但是，司马懿并不露声色，平静地抚拍着孙礼的肩膀说道："德达，先不要说了。现在要想开一些，要能忍受得了那些不可忍受的事。"

## 八、戏中演戏，迷惑曹爽

在曹爽的团队中，何晏和曹羲一样，是相对比较冷静清醒的一个人。

当时，应璩把《百一诗》恭恭敬敬献给曹爽，希望可以警醒他稍加收敛，但曹爽并不买账，看都没有看完，就扔到了一边。而何晏则仔仔细细地看完了每一首，看完之后惊出一身冷汗。但想到曹爽的执迷不悟，他也只能一声叹息，默默地记在心里。

既然选择了同一个方向，也只能一条道走到黑了。夜深人静，何晏浮想联翩，写了一首又忧又惧的《拟古》诗：

双鹤比翼游，群飞戏太清。
常恐天网罗，忧祸一旦并。
岂若集五湖，顺流唼浮萍。
逍遥放志意，何为怵惕惊？（《艺文类聚》）

何晏明白，曹爽真的有了“无君之心”，已经彻底走上了不归路。他们这些人随时随地都可能招来祸端，都不可能做什么逍遥游了。但要觊觎皇帝宝座，还得防着司马懿。所以，当李胜由河南尹调任荆州刺史的时候，何晏专门交代他以告别为名，到老对手司马懿家里打探消息，查看虚实。

魏正始九年（248 年）冬，门可罗雀了近两年的司马懿家门前，又出现了暂时的热闹景象，新任荆州刺史李胜怀着别样的目的前来看望老太傅。

门房一通报，司马懿就已经知道了客人的来意，便吩咐直接迎进卧室相见。司马懿目光呆滞，老态龙钟，弯腰驼背，让两个奴婢搀扶着，颤颤巍巍地把客人迎进门里，嘴里嘟嘟囔囔请客人落座。不大一会儿，司马懿就喊冷，婢女给他披上衣服，却几次都掉落地上。

司马懿有气无力，一副十分疲惫的样子，用手指了指自己的嘴，示意口渴了想喝点粥水。侍女会意，急忙取来一碗稀粥递给他。司马懿颤颤巍巍地想接住却拿不稳，只好由婢女喂他，稀粥却顺着嘴边流到胡子上、流到胸前打湿了衣服。

看到司马懿如此这般模样，李胜不禁生出一万分的怜悯与同情，同时竟然对自己的来意感到不好意思起来。李胜双目含泪，恭恭敬敬地说："如今主上年龄还小，天下大事都依赖明公。听很多人说明公宿疾复发，却不曾想到如此严重！我即将回本州担任刺史，今日特来向明公拜辞。"

司马懿心里清楚，李胜是荆州南阳郡人，所以回到原籍即为本州。司马懿做出一副竭力想听清楚的样子，然后气喘吁吁、断断续续地说："我年老病重，死也就是旦夕之间的事了。你这次前往并州担任刺史，那里与胡人接近，请务必注意做好防守准备。我们爷们今后恐怕也难以相见了，犬子司马师、司马昭兄弟就托付给你了，请对他们多加关照啊！"

李胜解释道："明公，我是回本州，非并州。"

司马懿好像明白了，却故意打岔说："哦！方到并州啊！请多加珍重吧！"

李胜急忙纠正："是回本人的家乡荆州。"

司马懿手抚前额，做出一副恍然大悟的样子说："年老体衰，意志恍惚，一时听岔了你的话。如今，你即将回到家乡本州担任刺史，以你的名望德行，一定会大有可为，建立功勋。"

李胜从司马懿家告辞出来，不胜唏嘘感叹。想起自己的任务，又不顾回家，直接驱车到曹爽府中报告说："司马懿躯体虽在，却已是形神分离、一息尚存，说话颠三倒四，东西南北分辨不清，喝东西的时候嘴对不准碗，我看也就是一具带点热乎气的尸体，离死不远了。"李胜还流着泪对曹爽等人说，从此以后，太傅之患不足为虑了。反倒是太傅的遭际让人伤感啊！曹爽听后，十分高兴，心里还有点责怪何晏过于小心谨慎。

但是，何晏仍然不放心，冥冥之中感到会有什么事情发生。忧惧之下，便经常噩梦连连。当听说平原郡有个叫管辂的高人，被后世奉为卜卦观相的祖师爷，说他精通《周易》，善于占卜、相面，还精通鸟语，凡是他预言的都一一应验，便专门于十二月二十八日请他到家里，和邓飏一起以讨论《周易》的名义请他释梦、解惑。毕竟表面上不能搞什么怪力乱神，得找一个学术的借口。

谈论一番卦爻、系辞之后，何晏实在憋不住心中的好奇，问管辂："请先生替我算上一卦，看我可否位列三公？"

管辂直言不讳地回答他说："我听说古圣先贤辅佐天子的时候，都是广施恩惠、仁慈谦和。周公辅佐成王，勤于政事，经常通宵达旦，所以能流辉天下，万国咸宁。这是恪守道义应得的善报，不是占卜问卦所能弄明白的。如今，你威重如山，势如雷电，但感念你的恩德的人很少，畏惧你的威势的人却很多。如此说来，恐怕你不是小心谨慎、自求多福的仁者啊！"

何晏知道这位长相粗陋的管辂说话很直，对于他的铁口直断并不放在心上，继续问他："这些天连续梦见几十只苍蝇落在鼻子上，怎么赶都赶不走，这是什么意思？"

管辂回答说："鼻子，属艮，这是天庭中的高山。其高而不危，方能长守富贵。而今喜欢恶臭的青蝇都云集其上，表明位高之人跌得也狠，轻佻豪强者容易灭亡。所以，不能不考虑过盈则亏、盛极必衰的道理。因此，山在地中叫'谦'，雷在天上叫'壮'。谦者，损有余而补不足；壮者，意味着非礼之事莫为。天下没有损己利人而不发展壮大的，也没有为非作歹而不败亡的。愿您追思文王六爻的意旨谦虚谨慎，好好体会孔子彖象的含义，认真遵循礼仪规范。这样，三公之位自然可以做到，青蝇当然也可以驱散了。"

听了管辂神神叨叨讲了半天大道理，一旁的邓飏不耐烦地说："你说的这些无非是些老生常谈！"

管辂回答了一句非常玄妙的话："年老之人才能看到别人看不到的东西，老生常谈才能谈出别人谈不出来的道理。"

何晏越听越不高兴，后来开始恐惧起来，便匆匆送走管辂，对他说："过了年再见吧！"

管辂头也不回，大声回答道："过了年恐怕就见不到喽！"

回到家里，管辂把自己对何晏说过的话给舅舅复述了一遍，舅舅责怪他说话过于透彻刻薄。管辂毫不在乎地说："和将死之人说话，还有什么可怕的？"舅舅大怒，一个劲儿骂管辂狂妄荒谬。

果然，这年朝会的时候，忽然西北起大风，尘土飞扬，遮天蔽日。过了十来天，听说何晏、邓飏等人都被司马懿所杀，舅舅才算服气。管辂的舅舅问他："你以前是怎样知道何晏、邓飏他们一定会失败的？"管辂答道："你看那邓飏，走路的时候筋不能约束骨头，脉不能控制肌肉，站立起来歪歪斜斜，好像没有手脚的样子，这就叫'鬼躁'；再看何晏，看上去就是一副魂不守舍的样子，而且面无血色，精神像漂浮的烟一样绵软不振，面容则像枯槁的木头，这就叫'鬼幽'。这两种样子都不是有久远之福的征象。"

## 九、洛阳兵变，一飞冲天

达官贵人热衷阴谋权斗，当事人往往自以为高明。殊不知在亿兆百姓眼里，早已经泾渭分明，胜负天定。在曹爽集团权势熏天、甚嚣尘上的时候，首都洛阳一位名叫严宪的妇道人家独具慧眼，已经看到了他们覆灭的明天。

严宪是京兆（今陕西西安市）人，为人颇有见识度量，十三岁时嫁给京兆名门杜家公子杜有道，生下一对儿女，却在十八岁时丧夫守寡，儿子杜植、女儿杜韡都还年幼。严宪虽然年轻，但是发誓不再改嫁。在她的耐心教导下，儿子杜植闻名一时，女儿杜韡也十分贤德。这时，原配夫人去世而鳏居的傅玄请求娶杜韡为继室。

这位傅玄也是一位饱学之士，年少时在河内郡避乱读书，曾担任过司马懿老家的温县令和弘农太守、典农校尉等职。再后来，司马炎继位晋王、受禅后任命他为散骑常侍。傅玄是一位有道德、有正义感，不与奸佞小人同流合污的大臣，并且颇有才干，他曾向朝廷上疏建议改屯田为二八分制，以减轻老百姓的负担，因此深得天下百姓的称颂，颇有美名。那个不肯与曹爽、何晏他们同流合污的傅嘏就是他的同族兄弟。

严宪敬佩傅玄的正直与才干，立刻答应了他向女儿的求婚。但是，当时傅玄和何晏、邓飏等人不和，何晏等人经常想加害于他。因此，严宪家族里有很多人十分担心，不太看好这桩婚姻。有人说：“何、邓掌权，一定是傅玄受害，就好比推倒山压碎鸟蛋，把热水浇到雪地上一样，为什么要和他做亲戚？”严宪说：“你这是只知其一，不知其二啊！何晏等人骄慢奢侈，终究会多行不义，必将毁了自己。司马太傅正在待机行事而已，我恐怕卵破雪消的是另有人在呢！”最终，严宪坚持把女儿嫁给了傅玄。

一名普通的妇道人家竟敢放言预测政坛大事，而且还敢于行动，把自己如花似玉的宝贝女儿嫁给当权派对立面的傅玄，足见曹爽一伙的确到了多行不义必自毙的地步了，也反映了朝廷内外达官贵人乃至平民百姓对司马懿的期待。

民心的呼唤，司马懿听见了。元老重臣中，司空王凌远在淮南，太尉蒋济和司徒高柔早已经和司马懿同仇敌忾。魏正始十年（249 年），春天来了，司马懿这头沉睡了很久的雄狮慢慢地睁开了眼睛，杀气腾腾的目光投向了曹爽的大将军府。我本有心向明月，无奈明月照沟渠。自从步入政坛，司马懿一再隐忍，无奈总有暗黑力量步步紧逼，让他再三再四低头，受尽屈辱折磨，非要把一个服膺儒教的士大夫变成嗜血狂魔，到了如今这个地步已经退无可退，再也不能有任何顾虑了。他懂得，当你不再一味忍让，不再无原则地妥协，甚至唾面自干以求生存，而是学会拒绝，学会以牙还牙，他们反而才会尊重你，甚至敬畏你。司马懿必须反抗。

司马懿努力说服自己，当你被迫在原地转圈的时候，这个世界很大，你的天地就很小，甚至于终有一天连立锥之地都很难保留。可是当你想明白了，决心勇猛精进、勇往直前，这个世界就会变得越来越小，你的天地就会更加宽广。为了司马家族几千人的身家性命，为了大魏子民，必须突破自己几十年铸就的圈子，司马懿必须破茧成蝶，向天空展示自己真实的样子。

司马懿清楚，到了今天这个地步，双方也只能有一个人活，已经完全没有退路。司马懿年已七旬，如果自己死了，司马师、司马昭等人恐怕根本不是曹爽他们的对手。到那时，只能是人为刀俎我为鱼肉，任人宰割了。所以，司马懿必须在太阳下山那一刻，努力绽放出他最后的光芒。他要抓住生前的机会做掉曹爽，给自己的后人和大魏子民以安全保障。

司马懿叫来大儿子司马师、二儿子司马昭，一步一步仔细敲定行动方案，让他们竭力寻找机会，准备对曹爽集团给予致命一击。

此时的司马师仍是中护军，手中掌握的禁军千人左右。当年青春年少之时，司马师也曾多次到李胜的局中流连，与夏侯玄、何晏等人同游共处。何晏曾用《周易》里的话夸赞司马师，说他对事物钻研入微，有见微知著的眼光，所以能承担天下最繁重的任务。经过司马懿四十年调教、栽培，如今的司马师已经成为可以托付重任的大将了。

司马昭，只比司马师小三岁，出仕以来，也是饱经磨炼，担任过洛阳典农中郎将、散骑常侍、征蜀将军、议郎等职务。司马昭天资聪颖，做事细致周到，长于计谋，善于矫饰。这时担任散骑常侍，因在皇帝身边应对顾问，方便获取朝中信息，掌握曹爽一伙的动态。司马昭担心，大哥的士卒加上家里的近千人的兵丁，总共才有两千多人，万一真要兵戎相见，恐怕不敷使用。司马懿和司马师相视一笑，这才告诉他，早在几年前司马师已经千金散去，在民间悄悄地蓄养了三千死士听候调遣，准备随时赴汤蹈火。

不久，司马昭探听出来，正月初三，曹爽兄弟将陪同即将年满十八岁的皇帝一起出京，前往拜谒魏明帝的陵墓高平陵，祭奠曹叡辞世十周年。

曹爽一众人等要倾巢出动、离开洛阳，司马懿还不敢相信曹爽兄弟竟然如此大胆。不过，仔细想想也不奇怪。此前，曹爽自以为稳掌朝纲，经常呼朋唤友，兄弟们一起出城游玩。大司农桓范出于朝廷安危的考虑，曾不无忧虑地提醒他："你们兄弟总揽万机，掌管禁军，不应该一起离开洛阳城。万一有人趁机关闭城门，谁还能再进得来啊！"言者谆谆，听者藐藐，曹爽颇不以为然，眉毛倒竖、双目圆睁，厉声喝问："谁敢?!"

当年曹叡的丧礼是司马懿一手操办的，他自然十分清楚，高平陵位于洛阳南郊洛水之南的大石山麓，距离京城八九十里地，是回老家温县距离的两倍，所以路上要走多长时间，他心里十分清楚。天子出行，各种仪仗齐备，行动就迟缓很多，一来一去至少得三四天的时间。对于司马懿来说，这个时间足够了。机不可失，时不再来。司马懿当即决定，生死在此一举！

得到司马昭的情报，司马懿立即和两个儿子中护军司马师、散骑常侍司马昭秘密商量诛杀曹爽。经过商议，决定就在正月初三开始行动。

初二晚上，北风呼啸。司马懿和司马师、司马昭最后推演了一遍行动方案，确认已经万无一失，志在必得。商讨结束，已是深夜时分，司马懿督促两个儿子抓紧时间睡觉，明天一早要精神抖擞地投入这场事关司马家族生死存亡、百年基业的战斗。

司马懿年老觉少，又仔仔细细地把所有环节、时间、地点、人马都算计了一遍。正想和衣而睡，忽又想起了什么，吩咐家丁去暗中打探两个儿子的情况。不久，家丁来报："大少爷已经呼呼大睡，二少爷寝不安席，还在床上翻烧饼呢！"司马懿心中赞叹，这老大面临大事有静气，所以遇事不慌、临危不乱，堪当大任啊！

初三一早，天刚放亮，曹爽、曹羲兄弟就带领禁军护送着皇帝曹芳，浩浩荡荡、威风凛凛地出了洛阳南城门。一行人等只顾着陶醉在万人瞩目、唯我独尊的感觉中，对于城中即将开始的天翻地覆的巨变毫无觉察。

司马懿得到情报，确认曹爽一伙已经完全出城，立即下令开始行动，紧急调动三路人马会兵皇宫的外门司马门，控制住了皇宫。然后，司马懿亲自奏请郭太后同意自己对曹爽一伙采取非常手段。司马懿早些年烧的高香此时发挥了巨大作用，郭太后几乎不假思索，坚定地站到了司马懿一边。

然后，司马懿按计划兵分两路展开行动。一路由司马师指挥，司马昭主要守卫皇宫和太后寝宫，司马孚协助屯守司马门。然后，以太后的名义关闭所有城门，全城戒严，阻断内外交通。

另一路是由司马懿亲自率领的敢死队。按照计划，这一队首先要占领武器库。在途经曹爽的大将军府时发生了拥堵，行军缓慢，引起了曹爽家人的注意。曹爽的夫人刘氏情知不妙，急忙鼓动曹爽的帐下守督严世登上门楼，弯弓搭箭去射司马懿。严世几次要射，都被身后曹爽的另外一个部将孙谦劝住。孙谦说："天下事将会怎么发展还不知道，咱们没有必要这样做。"司马懿的队伍这才顺利通过，免遭了一次伤害。

占领武器库，司马懿的人马得到全副武装。为了增加政变的权威性，司马懿专门派人把太尉蒋济接来，与自己同乘一辆车。两位老臣迅速领兵出城屯守在洛水浮桥北岸，封锁曹爽回城道路。

同时，司马懿请得皇太后诏令，命司徒高柔假节行大将军事，占领了曹爽的大将军营。还令太朴王观行中领军事，占领了曹羲的禁卫军营。

## 十、攻心为上，稳操胜券

城中的一切行动均按计划顺利完成，司马懿拿出事先反复推敲的奏疏派人给皇帝曹芳送去，奏请天子处置曹爽一伙：

臣司马懿从前自辽东回军，先帝让陛下、秦王（曹询）和臣一起进到御床一侧，握着我的手臂，对身后之事深感忧虑。当时臣说："二祖（曹操、曹丕）也曾经把后事托付给臣，这也是陛下都亲眼见到的，请陛下不要为后事担忧发愁。万一将来有不如意的事，臣当以死完成托孤遗命。"

如今，大将军曹爽背弃先帝遗命，败乱朝纲，对内比拟皇帝，对外专制独裁，破坏诸禁卫营建制，控制所有禁军，群官要职都由其亲信担任，皇宫中的宿卫也全换成他自己的人，像树根一样盘踞，纵欲之情日甚一日。

外既如此，内又以宦官张当为都监，专门与曹爽共同交通关节，探察陛下情况，等待时机以篡夺皇帝宝座，离间陛下母子感情，伤害骨肉。如今天下汹汹，动荡恐慌，人怀危惧。陛下只是寄生在曹爽身边，怎能长治久安呢！这完全不是先帝诏陛下及臣御床旁侧聆听遗命时的本意。

臣虽然老朽年迈，但怎敢忘却从前对先帝的誓言。太尉臣蒋济、尚书令臣司马孚等，都一致认为曹爽有无君之心，兄弟不宜再掌管禁卫之兵。这已经奏报永宁宫批准，郭太后命我如奏施行。臣则传敕令让主事官员及黄门令，免除曹爽、曹羲和曹训的官职，剥夺他们的军权，均以侯爵身份返回家宅，不准逗留、阻挠御驾返宫。如胆敢稽留车驾，便以军法从事。臣率军进驻洛水浮桥，监视他们的非常行动。

这份奏疏义正词严，字字铿锵，显然是精心准备的。曹爽阅毕，顿感双腿发软，眼冒金星。面对这一突如其来的情况，曹爽实在缺乏任何心理准备。稍作安定，他决定先把奏疏扣下不报，并命令禁卫军就地取材，构筑防御工事，以防备司马懿的进攻。同时，还紧急征调了在附近屯垦的几千名士兵前来增援，保护皇上。

当时仍是正月，到了晚上，北风呼啸，天气十分寒冷。司马懿担心皇帝生活不便，专门派司马孚亲自督办，给他们送去了帐篷和一些御用之物。

曹爽哪里睡得着觉，在床上翻来覆去想了很久，根本理不出个头绪，更不敢把司马懿的奏疏呈送给曹芳。正当他面临窘境、颇费踌躇之际，大司农桓范冒着危险策马来到了。

司马懿刚起兵的时候，为笼络桓范，曾用郭太后的命令召他以领中领军的身份去接管曹羲的禁军大营。桓范知道司马懿的厉害，打算听从安排，与司马懿站在一起。但是关键时刻，桓范的儿子出来劝阻老爹，认为天子车驾在外边，不如去追随天子更加安全。桓范觉得儿子说得有道理，无论是司马懿胜，还是曹爽赢，自己站在天子一边总没有错。

桓范决定冒险出城去找皇帝。当他来到平昌门时，发现城门早已关闭。但守门将领正好是他过去举荐过的门生，他高举朝见皇帝所用的笏板大声对门生喊道："皇上有诏紧急召见我，快快开门！"门生提出要看皇上的诏令，桓范呵斥道："你不是我的门生吗？怎么敢如此对我？"门生只好给老师开门，放他出去。出城之后桓范对门生大喊："现在太傅谋反，你干脆跟随我一起去吧！”门生没有多想，本能地跟着跑了出来。但是由于桓范骑马，他是步行，实在追赶不上，就先到路边躲藏了起来，因此反倒捡回一条小命。

得知桓范逃出城去，司马懿对蒋济说：“曹爽的智囊过去了！”蒋济则说：“桓范此人固然很有智慧，可是曹爽驽马恋栈、保命护家心切，绝不会采用他的建议的。”

见到曹爽，桓范建议把皇帝接到许昌，然后调集外地军队勤王，聚集兵力和司马懿展开对抗。这个主意太过胆大，曹爽听后有点吃不准，迟迟不肯决断，一旁的曹羲只顾叹气也不表态。一看曹爽等人这个反应，桓范更加着急，又对曹羲说：“事到如今，已经再明白不过了。你们读过那么多书，为的是什么？如果今天事败，像你们这样的大户人家，今后还想当一个平民怎么可能呢？而且匹夫劫持人质还想着求生，如今你们有天子相随，如果发令于天下，谁敢不应从？”无论桓范怎么着急上火，曹羲等人始终默不作声，更不采纳他的建议。

面对这几个窝囊废兄弟，桓范气得咬牙切齿、跺脚骂娘。一计不成又生一计，他又说：“我知道你们的一支禁军别营就在城南，洛阳屯田典农的治所也在城外，只要一声招呼就可以立即集结。如果去许昌，那里有武器备用仓库，用不了多长时间就可以武装起一支军队。你们所担忧的事无非就是粮食，但大司农的印信就在我身上，也不成问题。”桓范所不知道的是，此时曹爽他们所忧虑的根本不是什么粮食，而是自己在洛阳城中的家眷和金银财宝。曹爽兄弟还是不听，更没有人敢拍板。桓范气得也不知道该说什么好了。

这时，司马懿派出了两个重量级的说客：侍中许允和陈群之子尚书陈泰。他们告诉曹爽，司马懿答应他们，只要曹爽他们交出权力，身家性命、财产爵位都继续保留。他们还转交了蒋济写给曹爽的信，担保曹爽他们兄弟及家人安全。

为了促使曹爽早下决心，司马懿又派出曹爽原来信任的殿中校尉尹大目去见曹爽，重申将来对他们的处理唯免官而已，并且表示以洛水为誓，绝不违背。

曹爽痛苦地思考了一个晚上，天亮的时候终于下定决心向司马懿乖乖投降。他把手中一直紧握的佩刀往地上一扔，说道："司马懿是为了夺我的权力。即使免职回家，我做一个富家翁总是可以的吧！"（《晋书·宣帝纪》）桓范哭着说："你爹曹子丹那样的英雄好汉，怎么生了你们兄弟这些如同猪仔牛犊一般胆小愚蠢的家伙！我为什么要和你们一起遭受灭族之祸呢？"（《三国志·魏志·曹爽传》裴松之注引《魏氏春秋》）

但是曹爽实在舍弃不掉他的如花美眷和堆积如山的金银财宝，他决心已下，九头牛都拉不回。第二天白天，曹爽等人答应了司马懿的条件。一边让许允、陈泰回去见司马懿，表示谢罪请死；另一边，把司马懿原来的奏疏呈送给皇帝曹芳，请求免除自己和兄弟们的官职。

一场政变就这样让司马懿行云流水般推演成功，只用了一天一夜。多少人的命运从此改变，历史也在此转弯。

## 十一、军事政变，政治解决

正月初四正午，皇帝曹芳在司马懿的护送下回到洛阳，回到宫中。郭太后安慰曹芳，说司马懿会一如既往地辅佐陛下，仍会以臣子之礼相待。

曹爽回到家里，则像泄了气的皮球一样无精打采。以前门庭若市，转眼之间已是门可罗雀。往日高朋满座，日夜宴饮，现在只有独自闷坐，举杯独酌。

很快，司马懿专门征调了八百名身强力壮的民夫，轮流把守曹宅，不许任何人出入。过了几天，曹爽发现院墙四角各建了一个瞭望台，随时监视他在院子里的一举一动，让人感觉很不自在。

又过了几天，曹爽无所事事，闲极无聊，便找来弹弓到位于宅院东南角的花园去打鸟。刚走出几步，就听瞭望台上的人扯着嗓子大喊大叫："故大将军东南行！"曹爽感觉憋气，也没了打鸟的兴致，气冲冲地回到客厅，叫来几个兄弟一起分析，这司马懿究竟想要对咱们干什么？难道他要把咱们都憋死在家里吗？

无奈之下，曹爽给司马懿写信要求救济粮食，想以此试探试探他的态度。其态度之谦恭，令人唏嘘感喟："贱子爽哀惶恐怖，无状招祸，分受屠灭。前遣家人迎粮，于今未反，数日乏匮，当烦见饷，以继旦夕。"（陈寿《三国志·魏书九·诸夏侯曹传第九》裴松之注引《魏末传》）

很快，司马懿派人送来了米、肉、盐、豆等物，还带来一封诚惶诚恐的道歉短信："初不知乏粮，甚怀踧踖。令致米一百斛，并肉脯、盐豉、大豆。"（陈寿《三国志·魏书九·诸夏侯曹传第九》裴松之注引《魏末传》）曹爽兄弟以为司马懿就此会很好地照料大家的生计，不会再给大家定罪了，几个人立刻破涕为笑，没心没肺地重新欢天喜地起来。

殊不知，司马懿正在紧锣密鼓地想办法、找证据要治曹爽的死罪。经过努力，司马懿找到一条重要线索，一个名叫张当的太监曾把魏明帝曹叡的宫女才人张氏、何氏私下送给了曹爽享用。这可是大逆不道的死罪，司马懿立即逮捕张当交给廷尉严加审问。张当怕死，迅速供认了曹爽一伙最重要的罪证："曹爽与尚书何晏、邓飏、丁谧，还有司隶校尉毕轨、荆州刺史李胜等人密谋造反，就准备在三月中旬发难呢！"

司马懿大为震惊，没有任何犹豫，立即让有关部门把曹爽团伙全部逮捕归案，桓范也因为污蔑太傅谋反一同收监，而他那个守门的门生因为追不上桓范躲进树丛没有参与而逃过一劫。然后，又让卢毓代行司隶校尉之职，专门审理这一案子，并将审判结果上报朝廷，经过廷议最后定案。

卢毓长期遭受曹爽集团打压，与他们有不共戴天之仇。因此，卢毓审理案子非常尽心，很快就把审案结果交付廷议。

参加廷议的人员，几乎涵盖了所有的朝廷重臣，有太傅、大将军、三公、九卿、尚书令、司隶校尉、尚书仆射等。不可一世的曹爽等人现在是过街老鼠人人喊打，公卿大臣个个痛打落水狗。

经过当朝重臣大半天热烈讨论，大家思想迅速取得高度统一。众人一致认为，曹爽身为皇家直属人员，世代蒙受特殊恩宠，曾当面亲受先帝遗命，将天下重任托付于他。但是，曹爽却包藏祸心，蔑视甚至抛却遗命，而与何晏、邓飏及张当等人图谋神器。桓范党同罪人，皆为大逆不道。

作为最高级别的议事机构，廷议的结果就是最后的裁定。既然被认定为“图谋神器”“大逆不道”，等待他们的当然是最严厉的惩罚。曹爽、曹羲、何晏、邓飏、丁谧、毕轨、李胜、桓范和张当九名要犯皆被正法，并根据法律被灭父族、母族、妻族共三族。

裴松之注引的《魏氏春秋》还记载了一个戏剧化的情节。司马懿利用何晏是曹爽团伙内部人员掌握情况的特点，抓住他急于求生的弱点，以毒攻毒，指使何晏也参与审理案件。何晏立功心切，自然十分卖力，罗织了同党许多罪证，希望自己得到宽大处理。看到何晏交来的案卷，司马懿皱起眉头自言自语道：“参与谋逆的明明是八个家族，案卷怎么只有七个家族?”何晏是何等聪明的人，一听这话顿时脸就白了，急迫地说：“您的意思岂不是说还有何晏一族?”司马懿不动声色地答复：“是的。”于是，当场也将何晏收拿归案。

曹爽、司马懿长达十年的斗争就此结束，也正应验了当年严宪的预言——曹爽、何晏等人终究会多行不义必自毙。

而对于司马懿来说，这次政变目的明确，就是铲除奸佞，所以不能大开杀戒，要靠计谋智慧取胜，要用政治手腕收拾残局。这里，他区别对待的策略又让另一名奇女子辛宪英的预言也落地应验了。

辛宪英，祖籍陇西，颍川阳翟（今河南禹州）人。这位辛宪英聪明有才，善于鉴人知事，是魏晋时期著名才女。其父亲就是司马懿、诸葛亮在战场上相持不下的时候，拿着皇帝符节替司马懿镇场子的那位侍中辛毗，其丈夫是卫尉羊耽。当年曹丕与曹植争夺太子之位，后来曹丕得立，曾经喜极失态，抱着辛毗的脖颈说："辛君您知道我有多么兴奋吗？"辛毗事后将曹丕的表现告诉女儿宪英，时年二十多岁的宪英便感叹地说："太子是代替君王主理宗庙社稷的人物。代君王行事不可以不怀着忧虑之心，主持国家大事亦不可以不保持戒惧之心，在应该忧戚的时候竟然表现得如此喜悦，又怎会长久呢？魏国又怎能昌盛？"

在司马懿紧闭洛阳城门之际，大将军司马鲁芝带领家兵斩关夺门逃走。鲁芝同时招呼曹爽的参军辛敞一起冲出去与曹爽会合。但辛敞一时分辨不清形势，不知所措，便向姐姐辛宪英请教。

辛宪英对弟弟说："天下事情不能预知，但以我的判断，太傅是被逼如此的。明皇帝驾崩之前，曾拉着太傅的手臂嘱咐后事，朝中大臣都记忆犹新。曹爽与太傅同受明皇帝顾命，但曹爽独断专行，骄奢行事，对王室可以说是不忠，于人伦道理亦可谓不正直。太傅此举只不过是要诛除曹爽而已。"辛敞追问："那此事可成么？"辛宪英回答："怎能不成功呢？曹爽根本不是太傅的对手。"辛敞便说："那么我可以不离城而去吗？"辛宪英说："怎么可以不去？忠于职守是人伦大义所在。当我们知道普通人遇到危难，尚且会体察怜恤、给予帮助；如今你为人做事却弃下自身责任，是不祥之事，不可以这样做。至于要为他人而死，受他人所任，是作为亲信的职分。你不是曹爽的亲信，只是随大流而已，不用担心。"辛敞听过姐姐的分析后，便随鲁芝出关离城。

司马懿成功诛除曹爽之后，果然放过了辛敞，甚至也放过了鲁芝等人。辛敞感慨万分地说："如果我不是与姊姊商量，便几乎要做出不义之举了。"

当时与鲁芝、辛敞一起出城投奔曹爽的，还有大将军主簿杨综。当曹爽决定放弃抵抗的时候，杨综还力劝他："你高居宰辅之位，挟持天子，手握重权，谁敢不从？为什么要放弃这些有利条件前去送死呢？"当有关部门要逮捕鲁芝、杨综的时候，司马懿说他们的行动是各为其主，应当秉持胁从不问的原则予以赦免。不但如此，过了一段时间，还任命鲁芝为御史中丞、杨综为尚书郎。

对于其他曹爽大将军府的一般工作人员，司马懿同样采用了甄别使用的办法，为以后的统治凝聚人心，留下一批备选的官吏。而对于参与政变的有功人员，则奏请皇帝同意给予优厚的封赏。太尉蒋济由亭侯晋封为都乡侯，司徒高柔由亭侯晋封为万岁乡侯，太仆王观则赐爵关内侯。

至于自己的两个儿子，司马懿虽没有特意擢拔，但也抓住时机让司马师上了一个台阶。司马师受封千户侯，升任卫将军，品级从四品跃升到二品，成为军中第六号人物。

其他人欢天喜地，领功谢赏。唯独蒋济，因为当时给曹爽写信承诺不杀他没有兑现，总感觉自己失信于人，有点抬不起头，一再坚辞不受。但又不好把话挑明，就给曹芳上疏道："臣蒙圣主恩宠，身居高位，而曹爽竟敢包藏祸心，这是臣未能尽职之过。太傅果断行动，力挽狂澜，陛下能明白他的忠诚节义，让罪人受到惩罚，这实在是社稷之福。但凡封赏，应该给予有功之人。现在，论智慧谋略臣远不是先知先觉，论领兵打仗臣又不是统帅。臣居高位，没有起到制约曹爽的作用，使各级部下深受其害。臣位居要津，万民瞻望，如果此次接受封赏，恐怕以后冒功邀赏的风气会从此兴起，推让谦逊的风气从此废弃、绝迹。"

司马懿十分了解蒋济的为人，他这是怕有人说他参与政变，不想在自己的历史上留下这样的一笔。皇帝坚持要对蒋济封赏，结果刚进入四月，蒋济就一场大病袭来，不幸死去。

但是，站在历史的十字路口，司马懿不能有任何顾虑，他必须当机立断，作出他不得不作出的选择。否则，当命运被别人安排的时候，恐怕就别无选择了。

司马懿十年不飞，一飞冲天；不鸣则已，一鸣惊人。可惜，这时的他已经年逾古稀，老天留给他的时间不多了，而需要他亲自处理的重要事情还有不少。

# 第十一章

# 最后一战，命终洛阳

## 一、不破不立，承前启后

诛灭了曹爽集团，朝纲肃清，天下震动。司马懿站在了一个新的起点。

为表彰司马懿扭转乾坤、再造大魏，官员们纷纷提议重赏这位七十多岁的老太傅。不久，皇帝曹芳一纸诏书送达司马懿府上：任命司马懿为宰相，主持朝政；增加繁昌、鄢陵、新汲、父城四县一万户为封地，加上以前的四县一万户，共计八县两万户，达到侯爵封地之最。诏书还说，今后朝廷议事，要避司马懿的名讳。

长子司马师被提拔为二品的卫将军，实权越来越大，地位逐次增高；二儿子司马昭被任命为三品的安西将军，持节驻守关中，成为一方大员。司马懿的三弟司马孚虽然仍旧担任尚书令，但不再像以前那样有名无实了。

对于封地，司马懿照单全收。这倒不是他有多贪婪，而是他清楚，作为一人之下万人之上的臣下，不能让天子赏无可赏。他记得很清楚，当年萧何萧相国故意强行低价收购大量民间土地和房产，把自己良好的声誉搞臭，目的就是为了打消刘邦对自己的猜忌。

但是，对于宰相一职，司马懿打定主意，坚决不受，坚决不让别人把自己架到火上烤。他心里清楚，在提议自己担任宰相的官员里有很多是发自内心的拥戴，但又有多少人是出于对他的畏惧呢？

司马懿奏疏上写得明明白白："臣亲受顾命，忧深责重，凭赖天威，摧弊奸凶，赎罪为幸，功不足论。又三公之官，圣王所制，著之典礼。

至于丞相，始自秦政，汉氏因之，无复变改。今三公之官皆备，横复宠臣，违越先典，革圣明之经，袭秦汉之路，虽在异人，臣所宜正，况当臣身而不固争，四方议者将谓臣何？”（陈寿《三国志·魏书四·三少帝纪第四》注引孔衍《汉魏春秋》）

最后，皇帝曹芳也没有办法，只好让司马懿以太傅总领朝廷百官。司马懿懂得，对于威权人物来说，说一不二的实际权力比人人瞩目的官职重要得多。

但是，司马懿越是谦逊低调、再三推辞，曹芳就越是觉得亏欠于他，想方设法要对他加以褒奖。当年十二月，皇帝又提出要加司马懿九锡之礼。

司马懿还清楚地记得当年曹操加九锡时自己那种复杂的心情，记得那些士大夫是如何私下议论的，更没有忘记自己的恩师荀彧为了捍卫大汉的尊严，是怎样因此与曹操分道扬镳以至于被出局的。所以，司马懿明确表示不能接受九锡之礼。他向皇帝上奏说：“太祖于汉家朝廷是有大功大德的，所以受到尊崇，被加九锡。这是历朝历代非常特殊的事情，根本不是后代的君臣所应该议论和效仿的。”话说到这种程度，曹芳也不好再坚持。

尽管司马懿如此低调隐忍，仍然避免不了少数人的窃窃私语和指指点点，更有甚者还要起兵勤王诛杀司马懿。对于司马懿来说，现在远不是高枕无忧的时候，西北、东南各有一个难剃的头等着他呢！

最明显的，是驻守长安、都督雍凉二州军事的夏侯玄。按说，夏侯玄属于曹爽一伙的人，甚至是核心成员，但他远在西北、手握重兵，想把他拿下实在有点棘手。等到曹爽服诛、京城安定之后，司马懿立即召回夏侯玄，擢升他担任了九卿之一的大鸿胪，专司少数民族事务。不久，又让他担任了负责宗庙祭祀的太常，成为九卿之首，地位尊崇，却无任何实权。夏侯玄明知大势已去，胳膊毕竟拧不过大腿，也就默默接受、被动配合。然后，司马懿任命自己信得过的老部下、雍州刺史郭淮为征西将军，都督雍凉军事。

这一来，让讨蜀护军夏侯霸非常不满，同时也心生畏惧。夏侯霸因为父亲夏侯渊死于蜀汉交战之际，一心要替父报仇，长期屯军陇西，归属自己的侄儿夏侯玄领导。听说夏侯玄被司马懿调回洛阳担任闲职，升为顶头上司的又是和自己一向不和的郭淮，夏侯霸感觉司马懿下一步一定会腾出手来解决自己，似乎就要大难临头了。所以，夏侯霸决定投奔蜀汉，并劝说夏侯玄一同前往。夏侯玄权衡利弊，没有同意夏侯霸，乖乖地交出兵权，回洛阳就职。

夏侯霸降蜀后引起极大震动，后主刘禅十分高兴，亲自接见，百般安慰。对于当年的杀父之仇，刘禅解释道："你的父亲当年是死于乱军之中，并不是死于我的先人之手。"

蜀国卫将军姜维始终没有忘记诸葛亮遗志，一心想着北伐，急忙趁机问夏侯霸："现在司马懿主持朝政，他是否有攻蜀的计划呢？"夏侯霸回答："司马懿现在正忙于自立家门，别的事儿还顾不上，不会急于对外用兵。不过魏国现在有一位叫钟士季的人，虽然年少，如果他将来执掌朝政，足以成为吴国和蜀国的心腹大患！"钟士季就是钟会，后来的历史果真如夏侯霸所言。

姜维受到鼓励，趁着司马懿忙于处理内部事务，果断地于魏齐王曹芳嘉平元年、蜀后主刘禅延熙十二年（249 年）秋季，率军向雍州发起进攻。在郭淮的指挥下，雍州刺史陈泰、南安太守邓艾和安西将军司马昭密切配合，以疑兵之计吓跑了姜维，取得胜利。司马懿悉心培养的嫡系青壮年将领开始茁壮成长，独当一面。

与此同时，假节都督扬州诸军事的太尉王凌不甘寂寞，也在积极准备，密谋讨伐董卓一样的权臣司马懿。一场大规模的反叛即将在东南一隅上演。

## 二、最后的对手

王凌，字彦云，并州太原祁县（今山西省祁县）人。他不仅仅是手握重兵的一名地方要员，也是著名的大家族太原王氏的掌门人、并州派的领袖。因此，一向自视甚高。曹爽集团覆灭之后，他逐渐成为司马懿最强劲的对手。

并州地处边陲，经济相对落后。由于长期驻守与匈奴、鲜卑对抗的第一线，并州派多为一些武将出身的名士，如郭淮、贾逵等。

王凌的叔叔是汉献帝时期的司徒王允，当年因为计杀董卓而名闻天下。王允被董卓旧部李傕、郭汜杀害后，王凌侥幸翻墙逃脱，藏匿乡里。在叔叔英雄壮举的光环照耀下，王凌得到许多人的尊敬，成为并州派心中的领袖。后来，王凌被举孝廉当上了兖州东郡发干县（今山东省冠县东南）县令。但是，由于工作出现重大失误，王凌被判髡刑五年，剃光了头每天扫大街。即使如此，也难掩盖王凌的英雄气概，一次被偶然路过的兖州刺史曹操一眼看见，并断定他绝非池中物。曹操派人上前一问，正是王允老司徒的侄儿，曹操立即引王凌为同道中人，免除了他的刑罚，带在身边重新起用。

曹操担任大汉丞相后，辟王凌为丞相掾属。王凌虽然出身儒门，但同时又精通兵法，经常与曹操一起研究《孙子兵法》，并一起作注、解释，两人一起利用空闲时间完成了一部非常有价值的著作《孙子兵法集注》。

曹丕即位，拜王凌为散骑常侍，出任兖州刺史，与张辽等至广陵讨孙权，以功封宜城亭侯，加建武将军。明帝时期，又担任过豫州刺史、扬州刺史。无论在哪里为官，王凌都施政得宜，官声甚佳。

曹芳继位之后的正始初年，王凌被擢拔为征东将军。魏正始二年（241 年），与孙礼于芍陂力战，打败吴将全琮，又因功进封南乡侯。后迁车骑将军，仪同三司。魏正始九年（248 年），代高柔为司空。

照常理说，司马懿和王凌应该有很多共同语言。当年，司马懿的大哥司马朗与王凌关系非常好，也曾得到王凌与贾逵等人的大力帮衬，司马懿自己的仕途也和并州人士密不可分，关键时刻推荐他担任曹芳顾命大臣的尚书令孙资是并州人，自己在关陇军中的铁杆心腹郭淮也是并州人，后来司马懿十分倚重的改革派王昶还是并州人。

但是，司马懿也十分清楚，这些人只是因为得到过自己的提携和利益的缘故与自己走动得比较多，从感情上他们自然与王凌更为亲近。郭淮虽然长期是司马懿的部下，又是被司马懿提升为主帅的，对司马懿向来是言听计从，但他和王凌不仅是太原郡的同乡，更是王凌的妹夫。后来担任南区荆州主帅的王昶，虽然是司马懿的门生故吏，也是被司马懿提拔的主帅，但他出身太原晋阳王氏，与王凌也沾亲带故，从小把王凌当大哥看待。

在曹爽当道、搞自己小圈子的时候，司马懿和王凌同受排挤，曾经惺惺相惜、同病相怜。在共同对付曹爽方面，他们两个人身处同样的险境，同样被曹爽忌惮，因此相互支持、互为倚靠，才使得曹爽有所顾忌，不敢对其中任何一个人痛下杀手。

司马懿诛杀曹爽之后，最放心不下的就是王凌这位拥兵自重的元老重臣，听说他还有个儿子王广十分了得。司马懿向熟悉王凌的蒋济详细询问他的情况，蒋济不知此问何意，便顺口夸赞道："这个王凌的确是文武兼备，举世无双。他的儿子王广更是志向远大，能力出众，更胜其父啊！"

说者无意，听者有心。司马懿听后，表情异常的严肃。蒋济回到家中预感不妙，不安地对家人说："我今天随便一番话，可能要让有人遭受灭门之祸了！"

司马懿自忖，刚刚对曹爽一伙下手，局面还没有完全稳定，不能再动刀兵、不能再有内争了，要以和为贵。于是，司马懿格外重视与王凌拉近关系。魏嘉平元年（249 年），蒋济病逝之后，在司马懿的提议下，曹芳任命王凌代为太尉，假节钺，仍驻守寿春。

但是，对于司马懿的特别谦让和有意笼络，自认为资历老于司马懿的王凌并不真的买账。在他看来，司马懿发动政变推翻了曹爽的专权，可你司马懿不是一样的专权吗？作为深受曹操、曹丕、曹叡、曹芳几代人恩宠的老臣，他不能看着年轻的皇帝继续受到权臣的挟持。特别是他自认为身上流着太原王氏的血，就应该像叔叔王允那样，拼了老命也要为国锄奸。虽然王凌比司马懿年长七岁，但长期的军旅生涯，练就了一副铁打的身板。他认为，为了大魏，他还能拼杀一番，即使鱼死网破也在所不惜。

为壮大力量，王凌派人叫来了亲外甥、兖州刺史令狐愚一起商议。令狐愚原名令狐浚，其家族的人都说他志向远大，是个能光耀宗族的人。但其本家叔叔令狐邵却认为："令狐愚生性风流倜傥，不修德行而宏愿过大，将来一定会惹祸上身、导致灭我家族！"魏文帝时期，令狐愚不分青红皂白处理了一位讨胡有功、而犯了一点小小过错的校尉，引得曹丕大怒，并免官治罪。曹丕在诏书中痛斥道："浚何愚！"于是，令狐浚只好改名令狐愚。曹芳继位后，令狐愚开始受到曹爽欣赏，担任了他的大将军长史，又外放兖州刺史，屯兵于平阿（今安徽省怀远县西），拱卫寿春，协同舅舅王凌防御东吴。一时间，"甥舅并典兵，专淮南之重"成为美谈。（《三国志·魏书二十八·王毌丘诸葛邓钟传第二十八》）

甥舅二人连续几天密议，一致认为自己代表正义的一方，诛杀司马懿奸佞邪臣乃是为国锄奸、替天行道，一定会得到朝廷内外的广泛支持。他们商议的具体策略是，少帝曹芳年轻暗弱、不堪为主、已经受到权臣司马懿的挟持，所以准备起兵彻底剿灭司马懿一伙，迎立楚王曹彪，于许昌建都，另立朝廷。

曹彪是曹丕的异母兄弟，与曹植私交甚好。那句著名的“丈夫志四海，万里犹比邻”，就出自有一次两人由京城各回封地途中分手时曹植专门为他写的《赠白马王彪》。楚王曹彪时年五十五岁，封地在扬州淮南，与王凌关系十分亲近。

为起事顺理成章，令狐愚先在兖州东郡暗中唆使民间散布了两句民谣：“白马素羁西南驰，其谁乘者朱虎骑。”朱虎是曹彪的字，曹彪曾在东郡的白马县为王。民谣说，一匹佩有素色缰绳的白马向西南京城的方向疾驰而去，骑在上面的正是曹彪。他们大造声势，民谣都这么说了，所以迎立楚王替代曹芳实在是天经地义。

王凌踌躇满志，老夫聊发少年狂，要在年近八旬之际大干一场，替天行道。

## 三、走火入魔，王凌谋反

夜长梦多，说干就干！王凌、令狐愚商定大计之后，便开始分头行动。

他们准备另立的新君曹彪的封国在兖州令狐愚的地盘内。魏嘉平元年（249 年）九月，令狐愚派出最得力的亲信张式以监察亲王为名拜访曹彪，意味深长地对曹彪说：“令狐使君向大王致意，天下的事未可知，愿大王珍重！”曹彪是个聪明人，一点就透，马上回答：“谢谢使君，知其厚意。”

王凌担心，一旦起兵，他在洛阳担任尚书的宝贝儿子王广会身处险境，落入司马懿之手成为人质。所以，打定主意之后，他连忙派心腹舍人劳精到洛阳，提醒王广多加小心、做好准备。

正如蒋济所说，王广的确是个深明大义的人，他托劳精劝诫父亲说：“凡是想要干一番大事业，都应该以人情世态为本。曹爽因骄奢淫逸失去了百姓的信任，何晏夸夸其谈而不能治国，丁谧、毕轨、桓范、邓飏等人虽有较高的声望，但都一心追名逐利。再加上他们轻易变更国家的典章制度，多次更改政策法令，他们心里想的虽然十分高远却不切合实际。百姓习惯于旧的规章制度，没有人真心顺从他们。所以他们虽有倾动四海的势力、威震天下的声名，而一旦在同一天被杀之后，门下名士就散去大半，百姓们照旧安定，没有谁为他们悲哀，这都是失去民心的缘故。如今司马懿的本心虽难以测量，事情也不可预料，但是他却能提拔贤能，大力重用水平超过自己的人才，遵循先朝的政策法令，符合众人心里的愿望。造成曹爽罪恶名声的那些事情，他都必定加以改正。终日兢兢业业，以安抚百姓为要务。况且，他们父子兄弟都掌握着兵权，是不容易被推翻的。”

应当说，王广非常有政治头脑，看问题也比他父亲深刻，他明确告诫道：“废立大事，勿为祸先。”（《三国志·魏书二十八·王毌丘诸葛邓钟传第二十八》）但另立新君这样的大事实在太有诱惑，年近八十的王凌已经走火入魔，根本听不进儿子的肺腑之言。

为确保曹彪能够完全听命于安排，令狐愚于十一月再次派张式去见曹彪，给他打气，让他坚定信心。

然而，张式还没有回来，令狐愚却意外病逝了。这实在不是个好兆头，但王凌已经乘上了疯狂的战车，根本停不下来。他决心一条道走到黑，不到黄河心不死，不见棺材不落泪。

令狐愚死后，他的两个心腹幕僚，一个名叫单固的辞官回家当孝子，另一个杨康被司徒高柔征辟留用。杨康以为还未起事令狐愚就死了，实在不吉利，感到十分害怕。现在自己成了司徒的属下，权衡再三，杨康决定向司徒高柔举报揭发王凌和令狐愚谋反的计划。高柔在消灭曹爽集团的时候，已经和司马懿并肩作战了，现在两人关系更加密切，毫不犹豫地把此事报告了司马懿。

司马懿虽然也曾想过王凌会不服自己，但没有想到真的走到了反叛的道路上，因此还是非常震惊。但和高柔等人分析之后，随即恢复了镇定。王凌位列三公，目前只是听说要反，还没有掌握具体证据，贸然下手反为不美。索性严加保密，静观其变，让王凌继续暴露。司马懿最擅长的就是等待。当然，司马懿还是采取了一点行动，软禁了杨康，并派自己信得过的黄华出任兖州刺史，监视并牵制王凌。

王凌对杨康告密一事浑然不觉，仍然在暗中做着各种准备。不久，更让王凌狂魔的事情又发生了。魏嘉平二年（250 年）五月，荧惑（火星）出现在南斗星的位置上。王凌一向迷信星象一类的东西，异常欣喜，以为八十老翁要枯木逢春了，又立即请来著名星象专家浩祥为自己推测吉凶。浩祥说了一番“王者兴”之类的吉祥话，令王凌更加癫狂，认定了自己的反叛一定会成功，更加美好的前程指日可待。所以，当司马懿奏请皇帝任命他担任太尉的时候，王凌根本没有放在心上，也没有想到司马懿背后的良苦用心。他坚信不二，好事、天大的好事还在后头。他在等待时机，包括等待他需要的调兵虎符。

魏嘉平三年、吴大帝孙权太元元年（251 年）元月，吴国孙权知道自己已经来日不多，对内开始猜忌怀疑，包括陆逊在内的一大批忠臣良将皆遭陷害；对外，十分担心自己死后魏军乘虚进攻首都建业（今江苏省南京），派兵决开涂水（今滁河），人为制造了大片泛滥区，想以此阻隔魏军。

对于王凌来说，这实在是一个难得的机会，他以教训吴国为名，趁机请朝廷下发统兵的虎符，调动扬州大军发动政变。司马懿心知肚明这是他的诡计，当然不许。无奈之中，王凌又派心腹杨弘去劝说新任兖州刺史黄华共同起事。他哪里料到，黄华正是司马懿早已安插好的一枚棋子。黄华反倒说动了杨弘联名上奏司马懿，把王凌即将叛变的事彻底坐实。

四月，司马懿见时机成熟，事不宜迟，立即请诏讨伐王凌叛军。虽然司马懿早已重病在身，朝廷每有大事都是皇帝曹芳到他家里当面询问，但司马懿不顾所有人的劝阻，执意要亲征王凌。数万人马立即集结整齐，迅速沿黄河南下，不日便到达汝南郡项县以北的百尺堰（今河南省沈丘）。这里是黄河和颍水的交汇点，从此入淮水可直逼州治寿春(今安徽省寿县)，从军事上对王凌形成高压态势。

同时，司马懿又三管齐下，对王凌进行心理打击，希望能够兵不血刃解决问题。一是先送去皇帝曹芳的赦免诏书，二是亲自写信劝他审时度势、悬崖勒马，三是让随军同行的王广写信劝说其父尽早归降、不要再做无谓的抵抗。

获悉司马懿大军驻跸距离自己只有几天路程的百尺堰，王凌着实吓了一跳，弄不清司马懿的来意。因为王凌还不知杨康在洛阳已经告发了自己，也不知道黄华和杨弘联名揭发自己的事，就一厢情愿地以为司马懿是来对付东吴军队的异动的，便心存侥幸地给司马懿送去了一封慰问信，想以此试探司马懿的真实动机。

但是，司马懿特使的突然降临让王凌瞬间掉进了冰窟一般。司马懿以皇帝诏书占领了道德的制高点，以儿子王广的家信从亲情上感化他，又用自己的信告诉他军事上他已经完全被动、毫无出路。特别是没有调兵虎符，自己能派上用场的也就一万余人。要和如狼似虎、精神抖擞的王师拼杀，无异于以卵击石，胜败不言自明。王凌这才意识到自己的确是老迈昏聩、不堪一击了。他天真地幻想，为今之计只有投降一条路可走，或许这样还可以得到宽大处理，起码可以保全儿子王广他们的性命吧！

## 四、不战而屈人之兵

江南五月，正是草长莺飞的好时节。王凌已经无心享受这些良辰美景了。

为避免兵戎相见，王凌乘船沿颍水西上，准备亲自去向司马懿服输认罪。但是，司马懿步步紧逼，已经来到了武丘（今河南省沈丘县东南）。王凌急忙派掾属王彧带着自己的印信、节钺和亲笔信前往谢罪，王凌诡辩说：“亡甥令狐愚携惑群小之言，仆即时呵抑，使不得竟其语。既人已知，神明所鉴，夫非事无阴，卒至发露，知此枭夷之罪也。生我者父母，活我者子也。”“身陷刑罪，谬蒙赦宥。今遣掾送印绶，顷至，当如诏书自缚归命。虽足下私之，官法有分。”（《三国志·魏书二十八·王毌丘诸葛邓钟传第二十八》裴松之注引《魏略》）

看到比自己还年长的王凌如此作践自己，司马懿不禁生出几分同情。当得知王凌露着脊背、自缚双手、跪在船上的时候，司马懿派出自己的主簿登上王凌的大船，替他松绑穿衣。

王凌以为司马懿这是准备要赦免自己，心生侥幸，连忙换上小船要去求见司马懿。当小船来到司马懿大船近前，司马懿出乎意外地派人将他拦下。

事到如今，王凌只好厚着脸皮跟司马懿套近乎，扯着嗓子隔水喊话：“明公只需用个短信召我，我岂敢不来！何苦劳明公亲自率领大军前来呢？”

司马懿冷冷地回道：“因为阁下根本不是一个短信就可以召唤得动啊！”

王凌听出司马懿冰冷的态度，感觉不妙，便有些气恼，埋怨道：“卿对不起我啊！”

司马懿闻听此言，心中恼怒，哼了一声说：“我宁可对不起你，也不能对不起国家！”

王凌嘟嘟囔囔还要胡扯，司马懿立即派人登上小船，把王凌捆绑起来押送上岸，严加看管。王凌明知死罪难逃，便倚老卖老撒泼耍赖，叫看守的人传话给司马懿：“快给我找钉棺材板的钉子，让我这把老骨头死了算了！”

司马懿一听就气不打一处来：老匹夫，死到临头你还给老子要横！于是，真的派人给他送去了一大筐钉子，并派了六百人全副武装把王凌押送洛阳。

这一来，王凌知道死期将至，也不再求饶。一行人马经过位于项城（今河南省项城市）的贾逵祠的时候，王凌在祠前声泪俱下叫着贾逵的字大喊："贾梁道！我王凌是大魏朝廷社稷的忠臣，你的在天之灵一定知道啊！"

贾逵历仕曹操、曹丕和曹叡三代，长期担任豫州刺史。他为人刚直不阿，兴修水利，发展生产，在老百姓心目当中口碑甚佳，死后老百姓自发为他刻石立祠。魏明帝曹叡有一次东征路过的时候参观了贾逵祠，十分感动，下诏书说："昨日路过项城，看到了贾逵的墓碑和画像，心中思念，十分悲痛。古人曾说，'只怕名声不立，不怕年龄不长'。贾逵一片忠心，功业昭彰，死后才被人怀念，可称得上死而不朽。现在特意昭告天下，以此劝诫将来的人。"

当天晚上，王凌彻夜难眠，把以前的属下找来，仰天长叹，说道："我都快八十了，没想到竟然落了个身败名裂的结局！"然后，饮药自尽身亡。

王凌死后的位置，交给了刚刚成为亲家不久的诸葛诞——他的女儿嫁给了司马懿的第五个儿子司马伷。

司马懿并没有停止，而是继续沿着颍水往前推进，直抵寿春。司马懿可没有忘记，王凌死了，但还有残局需要他去收拾，还有几个人需要教训一番。

司马懿到达寿春，不怒自威，为令狐愚跑腿去见楚王曹彪的张式和亲信单固等人主动前来自首。司马懿问单固，令狐愚是否参与了谋反？单固回答没有。司马懿就让杨康与单固当面对质，单固只得承认，但破口大骂杨康道："老奴才，你这样做既对不起使君，又致使灭我家族，难道你就能幸免吗？"杨康百口莫辩，只能摇头叹息。在司马懿和侍御史的亲自主持下，杨康与其他叛逆者一样被夷三族。

根据司马懿的安排，此案照例还要进行廷议。经过廷议，众人一致同意，应该按《春秋》记载的古例，将叛逆之人追加斩杀。虽然王凌、令狐愚已死，但坟墓皆被挖开，棺木也被打开，曝尸于附近闹市三天，并焚烧了他们的印信、朝服，最后均以裸尸被草草掩埋。曾劝王凌不要轻举妄动的儿子王广也不能幸免，才四十多岁便一同被诛杀。

在夷灭王凌三族的过程中，由于其妹妹是司马懿的忠实心腹、车骑将军郭淮的妻子，前往郭淮家里逮捕王凌妹妹的御史遇到了郭淮手下数千人叩头求情，十分为难。郭淮大义灭亲，让御史带走妻子。当妻子跟随御史走后，郭淮的手下及家人痛哭流涕，想把人抢回来。郭淮的五个儿子连连叩头，把头都磕得流血，请求父亲同意。郭淮实在于心不忍，便派人追赶，在几天后真的把妻子追了回来。郭淮知道这是犯罪行为，亲自给司马懿写信说："五子哀母，不惜其身；若无其母，是无五子；无五子，亦无淮也。今辄追还，若于法未通，当受罪于主者，觐展在近。"（《三国志·魏书二十六·满田牵郭传第二十六》裴松之注引《世语》）司马懿看过信之后，念及郭淮劳苦功高、忠心不二，又是镇守一方的重臣，最后宽宥了他的妻子，对他也未加制裁。

至于不幸被王凌、令狐愚选做皇帝的楚王曹彪，很快也等来了皇帝曹芳派来宣诏的使节。诏书说："夫先王行赏不遗仇雠，用戮不违亲戚，至公之义也。故周公流涕而决二叔之罪，孝武伤怀而断昭平之狱，古今常典也。惟王，国之至亲，作籓于外，不能只奉王度，表率宗室，而谋于奸邪，乃与太尉王凌、兖州刺史令狐愚构通逆谋，图危社稷，有悖忒之心，无忠孝之意。宗庙有灵，王其何面目以见先帝？朕深痛王自陷罪辜，既得王情，深用怃然。有司奏王当就大理，朕惟公族甸师之义，不忍肆王市朝，故遣使者赐书。王自作孽，匪由于他，燕刺之事（指汉燕刺王刘旦因谋反被赐死），宜足以观。王其自图之！"（《三国志·魏书二十·武文世王公传第二十王彪传》裴松之注引《汉魏春秋》）

听完诏书，曹彪当即自杀，其妃子及子女等亲属均被贬为庶民，远放平原郡（治所在今山东省平原县南），王国官员以及楚国监国谒者以知情不举、辅助不力等罪名被斩首示众。

司马懿奏请皇帝批准，撤销楚王国，恢复为淮南郡。

淮南兵变，警醒了业已二十二岁的皇帝曹芳，让朝廷为之震动。司马懿总结教训，为杜绝类似拥立曹氏宗亲为帝的事情再次发生，经过皇帝曹芳授意，下令将所有宗亲王公全部从封国迁回邺城集中居住，中央政府直接派人严加管理。王公之间，王公与外界之间，一律不得擅自来往。第一任监察官正是司马懿的儿子司马伷，继任者则是曾经的竹林七贤的领袖人物山涛。

魏嘉平三年（251 年）六月，为表彰司马懿平叛有功，曹芳册命司马懿为相国，封安平郡公，兄弟、子孙各一人为列侯，共计食邑五万户，封侯者达十九人。封公拜相，意味着独揽朝纲、独立建国、独享宗庙。对于一般臣子来说，这样的荣耀已经登峰造极、无以复加，其诱惑实在难以拒绝。但是，司马懿无论如何也不肯接受。

这时的司马懿已经七十三岁，生命的长度已经只剩下一两个月了。身体衰朽，但他头脑依然清醒。

## 五、命终洛阳，守住底线

魏嘉平三年（251 年）五月底，司马懿完成了淮南郡的一切善后工作，拖着疲惫的病体回到洛阳。虽然是赤日炎炎的夏日六月，别人坐着不动都一身的汗水，司马懿躺在床上却一直喊冷，即使盖着冬天的厚被子也无济于事。此外，头晕目眩，毫无食欲，只有出的气没了进的气。司马懿明白，自己离彻底解脱为时不远了。

但是，他还有很多事情没有来得及处理，大魏帝国今后的走向和司马家族未来的命运还都属于未知数。司马懿从步入仕途开始，就一直没有安定过，总有一种栖栖惶惶的感觉伴随着，眼看大限在即却还要操心受累。不过，司马懿的确太累了，他也只能尽力而为、想到哪做到哪了。

长子司马师已经是卫将军，军权在手，成熟稳重，可以放心，可以托付大事。二子司马昭也转为安东将军，持节镇守重要的许昌。五子司马伷为四品的宁朔将军，刚去邺城负责监守那些宗亲王公。自己忠厚可靠的三弟司马孚这年也七十有二，担任着一品的太尉。

目前，大将军空缺，骠骑将军孙资和车骑将军郭淮这些元老重臣都和司马懿关系不错，尤其是郭淮，在司马懿对他的妻子、王凌的妹妹网开一面之后，对司马懿更加感恩戴德、忠心不二。

如此安排布局，军队应该是妥当、安全的吧？

此外，王昶、陈泰、胡遵、王基、邓艾、石苞、卢毓、傅嘏等这些司马懿器重的文人士子，都已经位居要津。其中，陈泰是老同事、老朋友陈群之子，胡遵是自己终生难忘的恩师胡昭的儿子。目前来看，他们都对自己忠心耿耿，唯马首是瞻……他们应该可以保持大魏政权平稳运行吧？

然后，剩下的就是自己的事了。一辈子几乎都是听命于人，这件事情、这人生最后一件事情，他务必要自己当家。一天清晨起床，趁着自己精神尚可，司马懿把司马师、司马昭等人叫到近前，对他们做了明确的交代：

其一，自己百年之后，墓地选在京城洛阳东北 80 里左右的首阳山。起先，众人不清楚，司马懿为何要选择这里。司马师打开地图仔细端详，大家才忽然明白，站在山顶，再向东北眺望，黄河对岸，依稀能看得见司马懿的老家温县孝敬里。虽然不能叶落归根，但是，死后能离家乡近一点的话，还是尽可能再近一点吧！另外，曹丕死后也长眠在此，当时就要求“不坟不树”。司马懿想到自己一生最重要的时光是陪伴曹丕度过的，那就死后一起做伴吧！所以，司马懿也要求，下葬之后要“不坟不树”，即灵柩顶上不筑坟冢，也不种任何纪念性的树木，尽量保持地形原貌。

其二，大殓之时，只着平素服饰，不穿朝服冠冕。墓室之内，不放任何殉葬的物品。虽然此举是担心招惹盗墓者，但也从侧面反映了司马懿一贯节俭的特点。

其三，今后再有家属亲人去世，一律不得与自己合葬。一辈子几乎天天担惊受怕，死后就不要再有人打扰了。他要踏踏实实、安安静静地好好睡觉，永远不再醒来。

其四，今后子孙家属，不得到墓地祭拜，违者为大不孝。曹爽覆灭的高平陵事变仿佛就在昨天，司马懿实在不想让类似的险情、悲剧在自己后代身上重演。

应该说，司马懿这份遗嘱可谓煞费苦心。一生波澜起伏，位极人臣，死后还要持续他一贯低调的风格。

在故事演义中，司马懿还另有一份遗嘱。在临终之前，司马懿把司马师、司马昭召至榻前，用尽最后力气，殷殷嘱托：“吾事魏历年，官授太傅，人臣之位极矣；人皆疑吾有异志，吾尝怀恐惧。吾死之后，汝二人善理国政。慎之！慎之！”（罗贯中《三国演义》第 108 回）这份遗嘱显然是小说家言，但也基本符合司马懿的人生经历和此时的真实想法。

《晋书》说，在最后的日子里，司马懿“寝疾，梦贾逵、王凌为祟，甚恶之”。人之将死，疾病缠身，噩梦袭扰也在所难免。但是否梦到了贾逵、王凌作祟，实不可考。不过，可以肯定的是，这些时日司马懿一定回顾了自己一生的经历。他清楚，自己能走到今天，一切都是曹操父子几代人所赐。尽管和他们相处过程中有很多不愉快，甚至时刻处在提心吊胆的状态中，但如果没有他们提供一个一个的台阶，自己可能真的就是一介书生，一个普通的士大夫。所以，无论于公于私，司马懿都要维护曹魏的正统，不能迷失方向，不能做出任何出格的事。

他特别忆起了处理曹操、曹丕和曹叡丧事的经历。那是他宝贵的财富，经历了太多的生死，看懂了人生，才能彻底云淡风轻。

魏嘉平三年八月初五（251 年 9 月 7 日），秋风萧瑟，司马懿带着诸多遗憾和不安停止了呼吸。薨逝之时，司马懿官职仍然是大魏太傅，爵位仍然是县侯。

大行之前，皇帝曹芳身着丧服前往凭吊，并追赠他为相国、郡公。司马懿早已预想到会有追赠，生前特意嘱咐三弟司马孚，在他死后代为上表，辞让郡公。司马懿最终守住了心中的底线，让那些一直怀疑他有异志的人彻底住口。相国、郡公，当上了又能怎样？“全则必缺，极则必反”，人生，还是留一点遗憾给自己吧！（《吕氏春秋》）

九月十八日，司马懿被安葬于首阳山南麓，他的理想、抱负一同埋入深深的黄土。

将近四百年后的唐贞观二十二年（648 年），在唐太宗李世民的诏命下，房玄龄等人完成了《晋书》的编修。李世民看完《宣帝纪》有感而发，亲笔为司马懿写出如下文字：

> 夫天地之大，黎元为本；邦国之贵，元首为先。治乱无常，兴亡有运。是故五帝之上，居万乘以为忧；三王以来，处其忧而为乐。竞智力，争利害，大小相吞，强弱相袭。
>
> 逮乎魏室，三方鼎峙，干戈不息，氛雾交飞。宣皇以天挺之姿，应期佐命，文以缵治，武以棱威。用人如在己，求贤若不及；情深阻而莫测，性宽绰而能容，和光同尘，与时舒卷，戢鳞潜翼，思属风云。饰忠于已诈之心，延安于将危之命。观其雄略内断，英猷外决，殄公孙于百日，擒孟达于盈旬，自以兵动若神，谋无再计矣。
>
> 既而拥众西举，与诸葛相持。抑其甲兵，本无斗志；遗其巾

帼，方发愤心。杖节当门，鸿图顿屈；请战千里，诈欲示威。且秦蜀之人，勇懦非敌；夷险之路，劳逸不同。以此争功，其利可见。而返闭军固垒，莫敢争锋；生怯实而未前，死疑虚而犹遁。良将之道，失在斯乎！

文帝之世，辅翼权重。许昌同萧何之委，崇华甚霍光之寄。当谓竭诚尽节，伊傅可齐。及明帝将终，栋梁是属；受遗二主，佐命三朝；既承忍死之托，曾无殉生之报。天子在外，内起甲兵；陵土未干，遽相诛戮。贞臣之体，宁若此乎！尽善之方，以斯为惑。

夫征讨之策，岂东智而西愚？辅佐之心，何前忠而后乱？故晋明掩面，耻欺伪以成功；石勒肆言，笑奸回以定业。古人有云："积善三年，知之者少；为恶一日，闻于天下。"可不谓然乎！虽自隐过当年，而终见嗤后代。亦犹窃钟掩耳，以众人为不闻；锐意盗金，谓市中为莫睹。故知贪于近者则遗远，溺于利者则伤名；若不损己以益人，则当祸人而福己。顺理而举易为力，背时而动难为功。况以未成之晋基，逼有余之魏祚？虽复道格区宇，德被苍生，而天未启时，宝位犹阻；非可以智竞，不可以力争。虽则庆流后昆，而身终于北面矣。（《晋书·宣帝纪》）

对于司马懿的才能，李世民给予了充分肯定，称他"以天挺之资，应期佐命，文以缵治，武以棱威"。李世民认为，司马懿乃是天降大才，文韬武略非常人可比，且慧眼识人，爱惜人才，城府高深莫测，行事不露锋芒，性格宽容，与时俱进，知韬光养晦，能屈能伸。

但是，通观全篇，李世民对司马懿的评价并不高。在李世民看来，司马懿是"饰忠于已诈之心，延安于将危之命"，又说他是"欺伪以成功""奸回以定业"。在他的心目中，司马懿不仅非常没有人品，为人也阴险狡诈，军事才能名不副实。李世民说司马懿是掩耳盗铃，必将遭受历史的谴责。

历史的吊诡在于，圣君如李世民在身后被人诟病的正是他弑兄篡位的事。对于司马懿来说，自己不仅没有篡位，连丞相和郡公都始终没有上身。幸亏司马懿心里有数，坚守住了底线。

后世怎么评价，司马懿无法左右。同样，司马懿死后大魏的命运如何，司马家族的战车驶向何方，司马懿都没有机会进行干涉了。一切听天由命吧！

# 第十二章

# 前仆后继，三国归晋

## 一、司马师，继往开来

司马懿入土为安，大魏朝廷还要继续运转。皇帝曹芳审时度势，任命司马师为二品抚军大将军，录尚书事，像司马懿一样军政大权一人掌握。次年，又升他为大将军，加侍中，持节、都督中外军事，录尚书事，成为名副其实的一人之下万人之上。四十四岁的司马师一肩挑二担，家国命运系于一身。

司马师，出生于汉建安十三年（208 年）。就在那年，父亲司马懿踏上了北上邺城的小船，开启了一生四十四年的宦海沉浮。所幸司马师不曾像父辈那样在战火中颠沛流离，而能够相对平静地读书学习，度过幸福的童年时光，及至成年，与夏侯玄、何晏等人谈诗论禅，风流潇洒。如果不是魏明帝曹叡整饬风气、弄出那场“浮华交会案”，司马师可能会一辈子沉浸其中流连忘返，成为一代名士。但作为司马懿那样的权势人物的儿子，司马师和司马昭等的命运并不掌握在自己手中。因此，动荡不安、腥风血雨不可避免地要成为他的人生基调。特别是司马懿谨慎低调、隐忍不发几十年的经历，司马师兄弟都耳濡目染、潜移默化、铭刻于心，成为深入他们骨髓的精神力量。

现在，该到自己上场的时候，司马师几十年的郁积和准备都喷涌而出。他要一试身手，大展宏图，把父亲没有实现的理想全都展现开来。

司马师长期跟随父亲学习，也非常善于发现问题，一接手就出台了一系列政策改善大魏的政治局面。他命令各级官员主动推荐人才，整顿纲纪，提倡孝道，抚恤孤儿，接济穷人，把父亲给自己留下的一大批人才都用到了合适的地方，以“诸葛诞、毌丘俭、王昶、陈泰、胡遵都督四方，王基、州泰、邓艾、石苞典州郡，卢毓、李丰掌选举，傅嘏、虞松参计谋，钟会、夏侯玄、王肃、陈本、孟康、赵酆、张缉预朝议，四海倾注，朝野肃然”。(《晋书·景帝纪》)

有一位叫李熹的人，年轻时因为品行端正、博学多识，与北海人管宁同时以贤良被征召，但是李熹不去。后来，又有几次被征辟也不就任。司马懿任太傅时又征召他任太傅属，他又以有病为借口坚决推辞。郡县官吏亲自扶他登车上路，但李熹又以母亲病重为借口，偷偷翻城墙徒步走回了家，终于赶上了母亲的丧事。

司马师辅政时，任命李熹做大将军从事中郎。李熹到任，司马师好奇地问他：“过去先公征辟你而你不答应，如今我任命你而你就来了，这是为什么？”李熹回答：“过去先君以礼待我，我得依礼决定进仕或退身。明公你用法度来约束我，我畏惧法就来了。”司马师很是器重他，也很倚重他。李熹也尽心竭力帮助司马师，西晋建立后，官至光禄大夫、特进，封祁侯。

在军事方面，司马师也学习了父亲的做法，随时寻找战机廓清边境，同时以此对内立威。

魏嘉平四年（252 年），司马师决定趁吴大帝孙权刚刚去世对东吴用兵，意图攻占东吴新建的堤坝，免除对淮南一带的威胁。十二月，司马师发兵攻打东兴，并听取诸葛诞的计划，分三路攻击，主力放在诸葛诞自己的部队。

不幸的是，东兴之战被吴国太傅诸葛恪击败，朝臣众议要把诸葛诞等参战的武将下贬职位。司马师却把失败的原因归咎于自己，他说：“我不听公休（诸葛诞字公休），以至于此。此我过也，诸将何罪？”最后处理的结果是，因为司马昭监军不力被削弱称号，其他武将只是将他们各自的防区对调了一下，基本上都没有受到惩罚。

第二年，魏嘉平五年（253 年）五月，诸葛恪又派二十万吴军包围了合肥新城，魏国朝廷纷纷议论，担心吴军同时分兵攻打淮泗，并有守住各个水口的打算。司马师说道：“诸葛恪刚得到吴国的权力，欲使用一时的权力，合兵于合肥新城，希望再次成功，根本没有空余时间攻击青州和徐州。况且水路口岸不止一个，重点防守的地方就得多用兵，军队布防少的地方则不足以抵御。”

正如司马师所料的那样，诸葛恪果真把兵力全都集中在了合肥新城。司马师派出镇东将军毌丘俭与扬州刺史文钦等前往拒敌。毌丘俭和文钦来向司马师辞行，司马师分析形势说：“诸葛恪军队轻装深入，投兵于绝境，兵力的锋芒难以抵御。况且新城小而坚固，攻击也未必能马上攻克下来。”所以，司马师命令诸将以高垒固守的战术拒敌。后来，吴军相持数月，攻城兵力逐渐衰竭，死伤过半。这时，司马师命文钦督遣精锐部队会合，要其切断诸葛恪的退路，毌丘俭等人以为后续。诸葛恪惧怕而遁逃，文钦上前大败敌军，斩首万余人。

司马师像司马懿一样，左右开弓，内外兼修。但是，树欲静而风不止，不满司马懿父子的人仍然不少，更有人暗中密谋，想要推翻司马师。

魏嘉平六年（254 年）正月，越来越想摆脱司马家族控制的魏帝曹芳，与中书令李丰、曹芳的岳父光禄大夫张缉、黄门监苏铄、永宁署令乐敦、冗从仆射刘宝贤等密谋，以太常夏侯玄替代司马师辅政。司马师暗地里获知了消息，派舍人王羡去接李丰来见自己。李丰十分紧张，但又不得不跟随王羡去见司马师。见面之后，司马师十分生气，狠狠地数落了李丰一通。李丰知道大祸临头，索性放开胆量把司马师痛骂了一顿。司马师愤怒至极，让身边武士用刀环打死李丰，并立即逮捕夏侯玄、张缉等人。

接下来，司马师痛下杀手，废除了张皇后，李丰、夏侯玄、张缉、乐敦、刘宝贤等人皆夷三族，其余亲属流放乐浪郡。在逮捕夏侯玄时，司马昭曾哭着向哥哥司马师求情，司马师却残忍地拒绝了弟弟：“你难道忘记了司空赵俨的葬礼了吗?”司空赵俨去世的时候，前来吊唁的宾客数以百计，然而夏侯玄前来的时候，人们纷纷站起来迎接他——这样一个人，要和自己争天下，这怎么能让地位不稳的司马师安心？哪怕他的妹妹夏侯徽曾是自己的第一任结发妻子。

司马师清楚，随着曹芳逐渐长大，想要亲政的欲望会越来越强烈；那些被困在邺城的宗亲王公不甘寂寞，都在蠢蠢欲动。这样下去必将陷入越来越被动的局面。所以，司马师以天子不理朝政、整天只知道骄奢淫逸为由，奏请郭太后废掉曹芳，立曹操的儿子、彭城王曹据为帝。郭太后明白自己已经无法左右司马兄弟的任何行动，但坚持要求立十三岁的高贵乡公、明帝曹叡的弟弟曹霖的儿子曹髦为帝。司马师也不再坚持，派使者迎立曹髦到洛阳登基，改元正元，司马兄弟继续掌握大权。

既废皇后，又废皇帝，激起了许多人的义愤。魏高贵乡公曹髦正元二年（255 年）正月，镇东将军毌丘俭联合扬州刺史文钦假传郭太后懿旨于各州郡，起兵讨伐司马师。为得到三年前刚刚登基为帝的东吴孙亮的支持，毌丘俭、文钦各把自己的四个儿子作为人质送到东吴，但东吴不愿蹚这趟浑水，没有答应。

毌丘俭又派人去劝说镇南将军诸葛诞一起举事，诸葛诞明白此举无异于以卵击石，不仅不从，还干脆利索地杀掉了毌丘俭的人。无奈之下，毌丘俭、文钦只好硬着头皮一意孤行。一月，两军渡过淮河，由寿春向西进发，一路推进到了项县（今河南省项城市)。毌丘俭固守项城，文钦伺机出战。五六万大军声势浩大，兵锋直指首都洛阳。

听到一份又一份军报，司马师越来越急，多年的眼疾再次复发。还在三四岁时，司马懿就发现司马师左眼眶内长了一个小肿瘤，虽经多年治疗，肿瘤却越长越大，也越来越疼，不时折磨着司马师。接替父亲辅政以来，日夜操劳，眼疾更是频繁发作，十分痛苦。当毌丘俭、文钦叛乱的消息传到洛阳，司马师刚刚切掉了眼部的肿瘤，余痛未消，又受到刺激，创口再次流血不止。但是，司马师从小就意志顽强，虽然眼睛剧痛，在群臣面前仍然指挥若定。司马师让弟弟司马昭兼中领军，留在洛阳镇守，自己强忍疼痛亲率十万大军南讨逆贼。

司马师从父亲南征孟达的战例上体会过兵贵神速的妙用。所以，从洛阳出发后也是昼夜行军、一天走两天的路，在闰正月里很快推进到了预定地点。在王师大军威慑之下，毌丘俭手下的两个将领史招、李续相继投降。

司马师审时度势，知道南顿（今河南省项城市西）有足以供应叛军四十日粮食的大粮库，立即派出荆州刺史王基以迅雷不及掩耳之势抢占南顿。等毌丘俭琢磨过来想采取行动，为时已晚。

接着，司马师自己率军屯驻于汝阳（今河南省商水县西南），调诸葛诞率豫州兵由东面进攻寿春，又令征东将军胡遵领军从南面截断毋丘俭退路，对叛军形成合围之势。布置停当，司马师再派兖州刺史邓艾统兵万余屯兵乐嘉（今河南省项城市西北），以少量步军进行袭扰，做出不堪一击的样子，诱使叛军出项城接战。文钦上当，果然引军来战。司马师率领主力悄悄赶到乐嘉，与邓艾夹击文钦，穷追猛打，叛军大乱，文钦先行撤退。

就在文钦两面受敌、十分被动的情况下，文钦十八岁的儿子文鸳大显身手，让司马师吃尽了苦头。文鸳不仅武艺高强、勇冠三军，还颇有计谋，趁着司马师得意忘形之际，趁着夜色带领少量人马兵分为两队夹击突袭司马师大营，鼓噪之声让魏军如临大敌，惊恐万状。司马师从梦中猛然惊醒，又不知敌军虚实，一时急火攻心，眼睛伤口突然迸裂，左眼珠夺眶而出，一时之间血流满面。司马师强忍撕心裂肺般的疼痛，用被子紧紧裹住血肉模糊的脸，痛不欲生之时就死死咬住被角，也没有喊出声来。

混战一夜，天亮时分，文鸳怕魏军识破自己的计谋，慌忙引军逃走。司马师忍住疼痛，指挥军队急起直追。文鸳见状，对父亲文钦说：“如果不给敌军教训、挫伤他们的气势，我们想撤是撤不掉的！”于是，文鸳又率领四五十名勇猛无比的骑兵，返身冲向魏军几千名步军追兵当中，左冲右突，一通狂砍乱杀，打得魏军晕头转向，魂飞魄散。趁着魏军混乱不堪，文钦、文鸳一路向东南逃往东吴。龟缩在项城里的毌丘俭见大势已去，连夜弃城向东逃去，路上遇到魏军追杀，立刻溃不成军，毌丘俭在慎县（今安徽省合肥县境内）被一个老百姓杀死，首级被传送到了洛阳。

文钦父子逃到东吴橐皋（今安徽省巢湖市西北），遇到了前去支援毌丘俭、文钦的吴国丞相孙峻率领的吴军，二话不说，立即投降。孙峻十分高兴，带着文钦等降将班师建业。不久后，文钦被任命为都护、镇北大将军、遥领幽州牧，并封谯侯。

得胜之后，司马师立即班师许昌。刚回到家中，便于正月二十八日（255 年 3 月 23 日）在痛苦中离开了人世，年仅四十八。因为没有儿子，司马师在临死之前将权力移交给了亲弟弟司马昭。

二月，司马师的丧礼在许昌举行，皇帝曹髦亲自身着素服前往吊丧，并下诏称赞他："公有济世宁国之勋，克定祸乱之功，重之以死王事，宜加殊礼。其令公卿议制。"根据曹髦的诏令，有关部门经过商议，认为司马师"忠安社稷，功济宇内，宜依霍光故事，追加大司马之号以冠大将军，增邑五万户，谥曰武公"。（《晋书·景帝纪》）

司马昭赶紧上表辞让说："臣亡父不敢受相国九命之礼，亡兄不敢受相国之位，诚以太祖常所阶历也。今谥与二祖同，必所祗惧。昔萧何、张良、霍光咸有匡佐之功，何谥文终，良谥文成，光谥宣成。必以文武为谥，请依何等就加。"曹髦下诏同意了司马昭的意见，谥曰忠武。（《晋书·景帝纪》）

魏咸熙元年（264 年），司马昭受封晋王，追尊司马师为晋景王。

魏咸熙二年十二月丙寅（265 年 2 月 8 日），司马炎受禅称帝，尊司马师为景帝，其墓称峻平陵，庙号世宗。

作为优秀的权谋家、军事家和政治家，司马师在父亲司马懿披荆斩棘开拓出来的基础上，继往开来，杀伐决断，鞠躬尽瘁，死而后已，为弟弟司马昭又开辟了一个新局面。前人种树，后人乘凉。司马师虽然没有享天下之大位，只活了四十八岁。但是，他却成为司马家族大业无可争议的奠基人。司马昭多次对人说："此景王之天下也。"

## 二、东征淮南，屡立战功

司马师疼痛难忍，一命归西。上阵亲兄弟，打仗父子兵。接下来，该轮到司马昭上场。

用叛将毌丘俭、文钦的话评价，司马昭"忠肃宽明，乐善好士，有高世君子之度，忠诚为国"。（《三国志·魏书二十八·王毌丘诸葛邓钟传第二十八》裴松之注）相较于他的大哥司马师，司马昭军事才能更加显著。诚如张悌所言，司马昭"摧坚敌如折枯，荡异同如反掌，任贤使能，各尽其心，非智勇兼人，孰能如之？"（清人笔记《襄阳记》）

司马昭早年即随父亲司马懿抗击蜀汉，得到过真刀真枪的历练；魏景初二年（238年），魏明帝曹叡封他为新城乡侯，后转任散骑常侍；少帝曹芳时，任命他为洛阳典农中郎将，"蠲除苛碎，不夺农时，百姓大悦"。（《晋书·文帝纪》）

曹爽为大将军伐蜀时，以司马昭为征蜀将军，给夏侯玄做副将，率军出骆谷，屯扎在兴势。蜀将王林夜袭司马昭军营，司马昭按兵不动，躲过一劫。等王林退兵后，司马昭劝夏侯玄说："费祎占据险要之地据守，我军前进得不到机会，进攻不可能取胜，应当及早撤退，将来再做别的打算吧！"曹爽只好退兵，费祎果然率领军队急起直追了三道山岭，魏军好不容易抢夺到了险要地势才侥幸突破围堵。回到洛阳，曹爽十分不爽，把司马昭贬为中级顾问级别的议郎。

司马懿发动高平陵政变时，司马昭的任务是保卫皇上和郭太后，胜利之后因功增加封邑一千户。

同年，蜀将姜维袭扰陇右一带，征西将军郭淮从长安出发抗击蜀军，司马昭晋位为三品的安西将军、持节，屯兵关中，负责调度诸军。郭淮在麹城攻打姜维别将句安，长期胜负难决。司马昭即进军占据长城，向南进军骆谷以迷惑蜀军。姜维心生恐惧，赶忙退保南郑，句安的军队没有了后援，干脆率众投降。此役之后，司马昭转为三品的安东将军、持节，镇守许昌。

魏嘉平三年（251 年），司马懿率军讨伐王凌时，司马昭都督淮北诸军事，率军会师于项城。胜利后，司马昭增加封邑三百户，赐给金印紫绶，不久又晋号都督。

魏嘉平四年（252 年），司马师伐吴，司马昭统率征东将军胡遵、镇东将军诸葛诞紧密配合。结果，胡遵、诸葛诞军大败于东吴大将军诸葛恪。司马师为正军威，奏请皇帝削去了司马昭的乡侯爵位。

魏嘉平五年（253 年），蜀将姜维又侵扰陇右，扬言要攻狄道。魏帝曹芳任命司马昭为二品征西将军，驻军长安。雍州刺史陈泰想抢在蜀军前面占据狄道，司马昭说："姜维攻羌人收取了他们的人质，屯聚粮食，建造粮仓，而又转道至此，正是想完成征服塞外诸羌的工作，为后年攻魏作准备。若真的要攻狄道，怎肯事先泄露，让外人知道？今扬言进攻，正是准备回师。"姜维果然烧了营垒而离去。遇上新平羌胡叛乱，司马昭率军将他们击破，随即在灵州（今宁夏灵武市境内）陈兵示威，北边胡虏被震慑，原来叛变的又来投降了。司马昭因这次军功，又恢复了新城乡侯的爵位。

魏嘉平六年（254 年）二月，司马师挫败中书令李丰、太常夏侯玄等人的阴谋，并废曹芳为齐王、立曹髦为帝。在这个事关司马家族命运的重要关口，司马昭始终唯大哥马首是瞻，与司马师一起谋划计策，并具体执行，后晋封为高都侯，增加封邑二千户。

魏正元二年（255年），司马师率军征讨叛将毌丘俭、文钦，司马昭兼任中领军，镇守洛阳。司马师病重回到许昌时，司马昭专门到许昌探视，升为二品卫将军。

司马师死后，皇帝曹髦命司马昭镇守许昌，令尚书仆射傅嘏率大军回洛阳。司马昭担心洛阳有变、自己留守许昌恐遭不测，所以听从傅嘏和钟会的建议，不经请旨直接率军回到洛阳。回到洛阳后，曹髦慑于司马昭等人的威胁，不仅没有怪罪，反而晋升司马昭为大将军，加侍中、录尚书事，都督中外诸军，辅助朝政。曹髦还特赐司马昭带剑穿履上殿，司马昭辞让不受。

在司马昭的操纵下，司马孚由太尉转任为太傅，高柔由司徒转任太尉，司空郑冲转为司徒，左仆射卢毓转为司空。一国朝政皆由司马昭掌控。

魏高贵乡公曹髦甘露元年（256年）正月，司马昭加大都督职衔，允许“奏事不名”。六月，晋封为高都公，封地方七百里，加九锡，假斧钺，晋号为大都督，带剑穿履上殿，再次辞让不受。八月十六日，加赐黄钺，增加封邑三县。

魏甘露二年（257年）五月初一，镇东将军诸葛诞杀扬州刺史乐綝，占据淮南起兵，送儿子诸葛靓做人质请求吴国援救。朝廷议事的时候，很多人请求立即讨伐淮南军，司马昭说：“诸葛诞认为毌丘俭举事轻率急速而导致失败，今天他必然外连吴寇。这样一来，叛变的规模大而行动迟缓。我可以与四方将领联合起来，以全胜之策来制服他。”于是，司马昭向天子上表说：“昔日黥布叛逆，汉高祖亲征；隗嚣违抗，光武帝西伐；烈祖明皇帝多次御驾亲征，都是为了振奋士气，耀武扬威。陛下应暂时亲临军旅，使将士得以借助天威。今讨贼诸军约五十万，以众击寡，没有不胜的。”

于是，同年七月，司马昭东征，征发青、徐、荆、豫四州兵马，并从关中分部分军队，共同会师淮北。这次出征，司马昭带上了曹髦与郭太后。大军至项，让廷尉何桢持符节出使淮南，劝慰叛军将士，申明朝廷逆诛赏顺的政策。初五，司马昭进军丘头。吴国使文钦、唐咨、全端、全怿等三万余人来救诸葛诞，魏诸将迎击，不能抵御。将军李广临敌畏缩不前，泰山太守常时声称有疾不出兵，都被司马昭果断地斩首示众。

八月，吴将朱异率兵万余人，将辎重留在都陆，军队轻装到黎浆。监军石苞、兖州刺史州泰抗击朱异军，朱异退走。泰山太守胡烈用奇兵袭击都陆，烧毁朱异的粮草辎重，石苞、州泰又进击朱异，大破其军。朱异残兵饥饿无粮，吃葛叶而逃窜，吴人杀了朱异。司马昭说："朱异不能到达寿春，不是他自己的罪过，而吴人杀了他，只不过是向据守寿春的诸葛诞道歉，坚定他的意志，使他还指望救兵的到来。如不这样，诸葛诞就会突围，拼命于一旦。或者认为我大军不能持久，他们就会节省粮食，坚持下去，等待其他变故发生。预料吴贼的出路，不会超出以上三种选择。如今我们应当采取多种行动，扰乱他们的视听，防备他们窜逃，这是取胜之计。"

因而，司马昭命令军队完成包围圈，遣送一些老弱残兵到淮北就地取食，前线士兵每人发给三升大豆。文钦听说这种情况，果然十分高兴。司马昭更让士兵装作饥饿瘦弱的样子给淮南军看，又放出很多间谍到淮南军，扬言吴国救兵就要来到。诸葛诞中计，允许士兵放宽标准尽情吃喝，城中粮食很快短缺起来。

石苞、王基都请求进攻，司马昭说："诸葛诞图谋叛逆，并非一朝一夕，屯聚粮食，完善城池守具，自认为足以占据淮南。文钦与诸葛诞同恶相济，必不会随便突围出走。今若紧急攻城，必然损伤我方兵力。如外面援军突然到来，内外受敌，那是很危险的做法。如今三个叛贼同在一个孤城之中，天意或许会让他们同时灭亡。我们应从长远计议，制服他们，只需三面包围，坚守阵地。若贼救兵从陆路来，军粮必少，我们用游兵轻骑断绝其粮草运输，救兵可不战而破。外贼已破，文钦等必然束手就擒。”全怿的母亲是孙权的女儿，在吴获罪，全端的侄子全祎、全仪护卫其母投奔魏军。全仪的兄长全静当时在寿春，司马昭用钟会的计谋，代全祎、全仪写信劝全静投降，全静兄弟五人率领部下来降。城中大为恐慌。

魏甘露三年（258 年）正月初七，诸葛诞、文钦等出来攻击围城魏军，被魏军击退。当初，诸葛诞与文钦内部不和，紧急时刻，二人相互猜疑。遇到文钦计议军事时与诸葛诞的意见相抵触，诸葛诞便亲手杀了文钦。文钦之子文鸯进攻诸葛诞，不能取胜，跳下城墙投降魏军，司马昭任他为将军，封为侯，并让他绕城喊话劝降。司马昭看到城上守军持弓而不发箭，知道喊话奏效，便对诸将下令：“可以攻城了。”二月二十日，魏军攻城，当天城被攻破，杀了诸葛诞，夷灭三族。吴将唐咨、孙曼、孙弥、徐韶等都率部下投降，司马昭上表给他们加封爵，士卒饥饿的供给粮食，有病的提供医药。有人说吴兵必然不肯为我们效力，请求把他们活埋了。司马昭说：“放他们回去，才显示出大魏的宽宏大度。”后来将他们迁徙到三河。四月，回到京师。

魏甘露三年（258 年）五月，曹髦增加司马昭封邑一万户，食三县租税，儿子中没有爵位的都封为列侯。七月，司马昭上奏录用前世名臣元勋之子孙，量才任职。

魏甘露四年（259 年）六月，将荆州分为两部分，置二都督，王基镇守新野，州泰镇守襄阳。使石苞都督扬州，陈骞都督豫州，钟毓都督徐州，宋均监青州诸军事。

## 三、“司马昭之心”

魏甘露五年（260 年）四月，曹髦见威权日去，国家政事自己不能作主，心中不安，又常忧虑被废受辱，打算在殿上召集百官废黜司马昭。

五月初六夜里，曹髦派冗从仆射李昭等在陵云台部署甲士，召侍中王沈、散骑常侍王业、尚书王经一起议事，愤慨地说道："司马昭之心，路人皆知啊！我不能坐受被废之辱，如今亲自率领你们去讨伐他。"

曹髦没有想到的是，王沈、王业立刻就向司马昭告了密。司马昭急召护军贾充等作戒备。

曹髦知道事情泄露，没了退路，索性破釜沉舟，率领左右进攻司马昭的府邸，声称要讨伐有罪之人，敢有骚动抵抗者灭族。相府中的兵将都不敢迎战，贾充呵斥诸将说："司马公平时养活你们，正是为了今天啊！"贾充是贾逵之子，对司马一家忠心耿耿。

在贾充的鼓动下，太子舍人成济拿起戈向曹髦车驾进攻，一举刺中曹髦，戈刃从背上穿出，鲜血迸射，曹髦当场在车中驾崩。

司马昭得到消息，大惊失色，自己跌倒在地说："天下人以后会怎么说我呢！"太傅司马孚听说后，也不顾年老体衰，一路小跑赶到，把曹髦的头枕在自己的腿上，哀痛欲绝，泣不成声："陛下被杀，是臣子的罪过呀！"

事后，司马昭召集百官商议事变的原委，但是仆射陈泰借故不到。司马昭就让陈泰的舅舅荀顗把他找来，并专请陈泰到一个幽静的房间，对他说："玄伯（陈泰字），现在天下人是怎样看待我呢？"陈泰说："只有腰斩贾充，才能向天下人略表歉意。"司马昭说："你再想一想退一步的办法。"陈泰说："我只有此上策，没有其次。"

于是，司马昭归罪于成济兄弟，成济兄弟不服罪，光着身子跑到屋顶，大骂司马昭逆贼，被军士从下乱箭射杀。

怎么发落曹髦，让司马昭等人十分为难。最后还是郭太后想出了一个办法："以前汉朝时昌邑王刘贺被废之后，以罪贬为庶人。这个孩儿也应该以普通人礼葬比较适宜，要让朝廷内外都知道他的此番行径。"

司马昭还认为尚书王经和自己不一心，把他也杀了。

五月初八，司马昭向太后上奏说："故高贵乡公率领护驾士卒，拔刀鸣鼓冲向臣的住处。臣怕双方交兵，即命令将士不得伤害任何人，违令者以军法处置。骑督成倅之弟太子舍人成济进入兵阵，伤害高贵乡公以致丧命。我知道身为人臣应当守人臣的节操，至死也不能有二心；侍奉君主，更不能躲避祸难。那场变故发生得太突然，灾祸像机关发动一样迅速到来。臣的确想舍弃此身，等待一死，听候天子裁决。然臣考虑到这次变故的谋划，意在危害太后，倾覆宗庙社稷。臣枉充宰辅之位，定国安邦义不容辞，所以连续发出命令，所有人不得靠近天子车驾。而成济私自闯入兵阵，以致发生这样的大事故。臣听到噩耗，悲哀痛恨，五内俱焚。成济违犯国家法纪，死不足以抵其罪，应逮捕成济家属，交付廷尉治罪。"

太后听了司马昭的一番陈述，明知其中有诈，却也不能再说什么，只得同意诛灭成济三族。然后，司马昭与公卿们商议，立燕王曹宇之子常道乡公曹奂（原名曹璜）为天子，改元景元。

## 四、大军伐蜀，刘禅投降

魏景元四年（263 年）夏，司马昭准备伐蜀，与众人商量说："自从寿春平定叛乱以来，士兵已经六年没有战事。现在，我们要制造兵器，修缮盔甲，准备对付吴蜀二虏。如果灭吴，大略计算一下，造战船，开水道，得用千余万个工日，这就要十万人一百几十天才能完成。另外，南方地势低下，气候潮湿，必然会发生疾疫。当今应先取蜀，灭蜀三年之后，借巴蜀可以顺流而下的有利地势，水陆并进，这就像历史上晋灭虞定虢，秦吞韩并魏那样容易了。蜀国士兵据统计有九万，驻守成都及守备后方诸郡的不下四万，余下的不过五万。如今把姜维拖在沓中，使他不能东顾，然后大军直指骆谷，出其空虚之地，以袭击汉中。蜀军若各自据城守险，必然兵力分散，首尾隔绝。我们可以调集大军破其城池，派遣散兵占据村野，剑阁无暇守其险，关头无自保之力。以刘禅之昏庸，外面边城陷落，内部士女震惊，其灭亡是可以预料的。”

但是，征西将军邓艾以为蜀尚无祸乱之机可乘，屡次提出不同意见。司马昭感到忧虑，派主簿师纂到邓艾军作司马，寻找机会劝说，邓艾这才奉命。于是征发四方之兵十八万，使邓艾从狄道到沓中进攻姜维，雍州刺史诸葛绪从祁山出发驻军武街，断绝姜维的退路，镇西将军钟会率领前将军李辅、征蜀护军胡烈等从骆谷进攻汉中。

八月，大军从洛阳出发，大赏将士，列阵誓师。将军邓敦提出蜀不可伐，司马昭干脆利索，将他斩首示众，以儆效尤。

九月，司马昭派天水太守王颀向姜维军营发动进攻，陇西太守牵弘在前面截击，金城太守杨欣进军甘松（今四川省松潘县境内）。钟会所率军队分为两队，一队由李辅率领，经过斜谷，将蜀将王含包围于乐城，又使部将易恺在汉城进攻蒋斌。钟会率一队直指阳安，护军胡烈攻陷关城。姜维闻讯后率军退回，王颀追击姜维，在强川打败蜀军。姜维与张翼、廖化合兵一处，共守剑阁，钟会进攻剑阁。

十月，因各路军马频传报捷，曹奂以春秋时晋国的故地共十郡、方圆七百里封司马昭为晋公，晋位为相国，加九锡。

十一月，邓艾率万余人从阴平越过异常险峻的大山进至江油，在绵竹大破蜀军，杀了诸葛瞻，首级传往京师，又进军雒县，蜀主刘禅投降。

曹奂命司马昭以相国身份统摄朝政，于是送上新职符节，去掉侍中、大都督、录尚书的称号。司马昭上表让邓艾为太尉，钟会为司徒。钟会暗地谋划叛逆，因而秘密派使者诬陷邓艾。

魏元帝曹奂咸熙元年（264 年）正月，运送囚犯的槛车把邓艾押回洛阳。初四，司马昭西征，驻军长安。当时，曹魏的宗室都在邺城，命从事中郎山涛兼管军司事，镇守邺城，派遣护军贾充持节、督诸军，据守汉中。不久，钟会在蜀中谋反，监军卫瓘、右将军胡烈攻伐钟会，并杀了他。

当初，钟会将要伐蜀，西曹属邵悌对司马昭说：“钟会很难让人放心，不能使他伐蜀。”司马昭笑道：“取蜀易如反掌，而众人都说不可，只有钟会与我意见一致。灭蜀之后，中原将士人人思归，蜀之遗民尚有恐惧之心，钟会即使有叛逆之心，也不会实现的。”事情最后果真不出司马昭所料。

魏景元五年三月三十日（264 年 5 月 2 日），魏元帝曹奂再次下诏拜司马昭为相国，封为晋王，加九锡。

魏咸熙二年（265 年）秋八月辛卯，司马昭因中风猝死，享年五十有五，葬于崇阳陵。

## 五、司马炎：掌权上位，建立晋朝

数月后，司马昭被谥为文王。他的儿子司马炎代魏称帝，国号晋，史称西晋。司马昭被追封为文帝，庙号太祖。

司马家族的接力棒传到司马炎手中，终于登峰造极，荣登帝王宝座。作为晋王朝一百五十五年基业的第一任真正的皇帝，司马炎并不是真正的肇始人。毫无疑问，他是在祖父司马懿、伯父司马师和父亲司马昭的肩膀上一路走来的。但是，同样不可否认，司马炎也是这个接力棒中十分重要的一棒，在他手中还有很多事情需要他做，特别是灭吴、一统天下这样的大事。

司马炎诞生于魏明帝青龙四年（236 年）。当时，司马懿刚刚结束与诸葛亮的几年缠斗，正在西部过着游猎、看书的清闲时光，心情大好，听到长孙出生的消息，高兴地给司马炎取字“安世”，希望他幸福地生活在太平盛世。

但是树欲静而风不止，没有想到，司马懿只享受了几年短暂的平静生活，很快就被拉进了一场长达十几年旷日持久的内部斗争。司马师、司马昭是陪伴父亲经历过那些血雨腥风走出来的，司马炎在懂事之后也耳濡目染了祖父和父辈是怎样提心吊胆、一步一步在死亡与毁灭的边缘行走的。所以，对于司马炎来说，强权政治的一切均毋庸置疑。

身为司马昭的长子，司马炎摘得皇冠的道路并不平坦。起先，司马昭有意让幼子司马攸继承王位，但遭到众人一致反对。因此，直到魏咸熙二年（265 年），司马炎在接近而立之年才被封为晋王太子。

司马昭死后，司马炎立即继承了父亲的衣钵，担任相国、晋王，掌握全国军政大权。

司马炎懂得，祖父和父辈那里隐忍的时间太长了，他要抓紧时间、争分夺秒、毫不犹豫、也毫不掩饰地推动司马家族的战车驶向荣耀的终极殿堂。魏咸熙二年（265 年）十二月，司马炎任命何曾为丞相，王沈为御史大夫，贾充为卫将军，裴秀为尚书令，又安排了四名忠实的亲信担任护军，统领洛阳城外的各支军队。万事俱备，只欠东风。

紧接着，陆续有人开始劝说魏帝曹奂早点认清大势，早日让位。曹奂知道曹魏帝国气数已尽，早已无心恋战，一经劝说，立即心领神会，随即下达诏书说：“晋王，你家祖辈父辈，服膺明哲，辅佐我大魏皇帝，功勋高过上天，四海蒙受你司马家族的恩泽，上天要我把皇帝之位让给你，请顺应天命，不要推辞！”

司马炎按曹丕当年的做法再三礼让。司马炎的心腹丞相何曾、御史大夫王沈等人，带领满朝文武官员再三劝进。司马炎多次推让后，接受魏帝曹奂禅让，改国号为晋，史称西晋，改元为泰始，成为晋朝第一个皇帝。

尽管司马炎对曹奂礼遇有加，封他为陈留王，载天子旌旗，行魏正朔，郊祀天地礼乐制度皆如魏旧，上书不称臣。但司马炎心里十分清楚，仍有不少人诟病他代魏称帝的行为。比如，他的三爷爷司马孚就公开以“大魏纯臣”自居，不太买他这个侄孙子的账。当曹奂搬离皇宫的时候，司马孚作为太傅专程前往送别。司马孚拉着曹奂的手，叹息流泪难以自制，说道：“我到死的那一天，也永远是大魏真正的臣子！”

所以，为巩固晋朝政权，进而完成吞并东吴、一统天下的宏图大业，司马炎对内采取怀柔政策。除了优待曹奂，同时又赐安乐公刘禅子弟一人为驸马都尉，第二年又解除了对汉室的禁锢。

对于官僚阶层，司马炎也不惜功名利禄收买人心，许多名门望族都被封为公侯。晋武帝司马炎泰始元年（265 年）十二月，司马炎刚即帝位，即将其祖父司马懿以下宗室子弟均封为王，以郡为国，邑二万户为大国，置上、中、下三军，兵五千人；邑万户为次国，置上军、下军，兵三千人；五千户为小国，兵千五百人。司马炎叔父司马干、司马伦、司马亮分别封为平原王、琅琊王、扶风王，弟司马攸封为齐王，均为大国；司马炎叔祖安平郡王司马孚则超越制度，食邑户数多达四万户。司马炎的弟弟、堂兄弟、伯父、叔父、堂伯父、堂叔父同时封王者达二十七人。司马氏创业的勋臣贵戚均加封晋爵，为公为侯。大司马石苞、车骑将军陈骞、尚书令裴秀、侍中荀勖、太傅郑冲、太保王祥、太尉何曾、骠骑将军王沈、司空荀顗、镇北大将军卫瓘均封为公。仅在晋朝开国前几年，司马炎就封了五十七个王、五百多个公侯。此举起到了稳定局面的作用，也为王侯做大后对抗中央政府埋下了隐患。

灭蜀之后，司马炎经过甄别，任用了一批蜀汉时期的官吏入朝为官。这些办法对于稳定各级官吏、确保社会稳定过渡起到了很好的作用，还从心理上影响了东吴士族官僚。

魏明帝曹叡统治后期以来，社会控制越来越严，官僚阶层日趋腐败，百姓生计十分惨淡。这一切司马炎都是亲身经历的。所以，司马炎为恢复生产、巩固执政基础，登基之初就提出了无为而治的宽松政策。晋泰始四年（268 年），司马炎下诏书指出：“为永保我大晋的江山，现以无为之法作为统领万国的核心。”同年，又向郡国颁下五条诏书：一曰正身，二曰勤百姓，三曰抚孤寡，四曰敦本息末，五曰去人事。应当说，这些措施起到了安定人心、恢复国力的作用。

晋泰始四年（268 年）九月，青、徐、兖、豫四州发生大水，伊洛满出河面，司马炎命令打开粮仓赈济灾民。晋咸宁四年（278 年），太医司马程据献上一件雉头裘，司马炎以奇技异服典礼禁止为由加以拒绝，并在殿前烧毁了它，以示倡导简朴风气。

国内政治稳定，社会生产开始恢复，司马炎便开始运筹帷幄，准备一举吞并东吴，结束全国的分裂局面。

## 六、兴兵灭吴，一统天下

魏元帝曹奂景元四年、蜀后主刘禅炎兴元年、吴景帝孙休永安六年（263 年），司马昭一举灭蜀，三国鼎立变成两国对峙。但无论是土地、人口还是综合实力，东吴远不是对手。司马炎代魏称帝之后，始终在秘密制订灭吴大计，随时在寻找时机出兵以统一全国。

司马炎雄心勃勃，新兴的晋朝蒸蒸日上，而吴国末代皇帝孙皓知道来日不多，不顾江山社稷安危，继续他的荒淫享乐和残酷暴虐行径。孙皓下令，东吴群臣凡有待嫁的女儿，先要经过他的挑选，漂亮的招进后宫供他淫乐，他看不上眼的才能与他人谈婚论嫁。中书令贺邵实在看不下去，冒死对他进行劝谏，被他用烧红的锯条残忍地锯下了舌头。

越是临近覆灭，孙皓就越紧张，甚至有些心理变态。体现在杀人上，孙皓创造了挖眼睛、剥脸皮、砍双脚等残忍的方法，令人不寒而栗。若干年后，当已经成为亡国之君的孙皓在一旁观看司马炎与别人下棋的时候，司马炎不经意地问孙皓："何以好剥人面皮?"孙皓回答："见无礼于君者则剥之。"（《太平御览》卷七百五十三）贾充又问他："闻君在南方凿人目，剥人面皮，此何等刑也?"孙皓又回道："人臣有弑其君及奸回不忠者，则加此刑耳。"孙皓说着，脸上丝毫没有愧怍之色。（《资治通鉴》卷八十一）

君主无德，臣下离心，其手下的将领们纷纷投降晋朝，加速了东吴的灭亡。

对于孙皓自取灭亡式的疯狂与残暴，多数大臣纷纷建议司马炎趁机举兵灭掉吴国。羊祜、张华、杜预等主战派认为，吴帝孙皓腐败透顶，他不但对广大人民残酷剥削、镇压，而且在统治集团内部也排除异己，用刑残酷。孙吴现已是"上下离心"，如此刻出兵，"可不战而胜"。如果错过机会，"吴人更立令主"，励精图治，再去灭吴就相当不容易了。但是，也有少数人以种种理由加以反对。以太尉并录尚书事的贾充为首的保守派认为，吴国有长江天险，吴军且善水战，北人难以取胜。且近几年来西鲜卑举兵反晋，此时对吴作战，并非其时。

面对两难选择，司马炎表现出了他的远见卓识，坚定地站在主战派一边。为确保万无一失完成统一大业，司马炎做了充分准备。早在晋泰始五年（269 年），他就派羊祜坐守军事重镇荆州，着手灭吴的准备工作。羊祜坐镇荆州后，减轻赋税，安定民心。荆州与东吴重镇石城（今湖北钟祥市）相距最近，晋军采取了"以善取胜"的策略，向吴军大施恩惠。由于孙皓挥霍无度，部队士兵常常领不到军饷，连饭也吃不饱。羊祜命人向吴军送酒送肉，瓦解吴军。这样，不时有吴军前来投降，羊祜下令说：吴军来了要欢迎，走的要欢送。有一次，吴将邓香被晋军抓到夏口，羊祜部下坚持要杀掉，羊祜不但不杀邓香，而且还亲自为其松绑，把邓香送了回去。有时，吴军狩猎打伤的野兽逃到了晋军领地，晋军也把这些野兽送回吴军帐内。在羊祜这种怀柔政策的影响下，东吴将领人心所向，已经逐渐抛弃了孙皓的东吴。

司马炎一边命羊祜在襄阳以仁德对吴军施加影响，一边在长江上游的益州训练水军，建造战船。

经过数年准备，晋武帝司马炎咸宁五年（279 年）十一月，晋军以太尉贾充为大都督、以冠军将军杨济为副都督统领二十万人马，向东吴展开大规模的进攻。镇军将军、琅琊王司马伷出涂中，安东将军王浑出江西，建威将军王戎出武昌，平南将军胡奋出夏口，镇南大将军杜预出江陵，龙骧将军王浚、广武将军唐彬率巴蜀之卒浮江而下，六路大军齐头并进，直指吴国都城建业。

为阻止晋军水路进攻，东吴守军在长江险要的地方用粗大的铁链封锁江面，又在水中钉下了无数个长长的铁锥。因为在发起进攻之前，羊祜已经通过抓获吴国间谍了解到了这种情况，晋军事先有针对性地做好了几十个大竹排，尖利的铁锥刺上竹排顺水漂走，扫除了隐患。为了对付铁链，晋军在船头装载了许多长数丈、周长几十围的火炬，经过麻油浸泡俨然就是巨型火把。遇到铁链，晋军点燃火把，铁链很快就被烧断。晋军突破东吴的长江防线，迅速包围了建业。安东将军王浑由北向南直取建业，孙皓忙命丞相张悌统率主力渡江北上迎战，结果沿江东下的王浚乘机攻破建业。孙皓虽然已经是国破家亡、穷途末路，但头脑还是比较清醒的，主动派人把吴国帝王玺绶送给了琅琊王司马伷。

晋咸宁六年三月十五（280 年 5 月 1 日），龙骧将军王浚率先进入建业城。孙皓大惊失色，于是备下亡国的礼节，白色的车马，袒露肢体，双手反绑，口衔璧玉手牵羊，大夫穿丧服，官吏用车拉着棺材，率领伪太子孙瑾、孙瑾的弟弟鲁王孙虔等二十一人，来到晋军军垒门前。王浚按照司马炎事先的交代，躬身为孙皓松绑，接受璧玉，焚烧棺材，送孙皓等人前往京师洛阳。经过初步清点，接收吴国的地图书籍，得州四、郡四十三、县三百一十三；户五十二万三千、吏三万三千、兵二十三万、男女人口二百三十万。根据司马炎诏令，原吴国郡守以下官吏按原职不动，除去吴时苛政，实行简易的法规，吴国上下都十分高兴。

由于司马炎准备充分，时机恰当，战略正确，前后仅用了四个多月，便夺取了灭吴战争的全部胜利。从此，东吴的全部郡、州、县，正式并入晋国版图。晋咸宁六年（280 年），三国鼎立的局面完全结束。晋武帝司马炎终于统一了全国，结束了长达近百年的分裂局面。为表示庆祝，四月廿九（280 年 6 月 13 日），司马炎下令全国实行大赦，改年号为太康，让民众开怀畅饮五天，并救助孤老贫困者。

司马炎也成为继秦始皇之后第二位统一中国的皇帝，从而彪炳史册。

# 附　录

# 天道轮回，重蹈覆辙

## ——司马懿的子孙后代是如何败家失国的？

司马懿和司马师、司马昭、司马炎，祖孙三代经过几十年的潜藏隐忍、呕心沥血、浴血沙场，终于开创了属于自己的帝国。可惜十五位皇帝经历了东、西两晋155年，王朝就重蹈覆辙，后世子孙也被别的军事豪强玩弄于股掌之上，最后难逃败家失国的宿命，一统江山重又陷入分崩离析的状态。

## 一、开国皇帝司马炎：初明后暗，晚节不保

初登帝位，司马炎心系百姓，虚心纳谏，任用寒门之士，以礼制经义治国，施行休养生息的国策，出现了短暂的太康盛世的景象，当时民谚有云“天下无穷人”。

无论是天性纯良，还是笼络人心，司马炎十分爱护臣下，甚至对吴、蜀亡国之君孙皓、刘禅也给予特别礼遇。他顶着士族压力，平反邓艾冤案。嵇康和许允被其父司马昭杀害，司马炎毫不忌讳，专意擢拔他们的儿子当自己的近身侍卫。诸葛诞起兵谋反被杀，儿子诸葛靓逃亡东

吴。灭吴后，为接近这个儿时故友，司马炎不避秽臭一路追到厕所。其叔祖司马孚公开以“大魏纯臣”自居，反对魏晋鼎革，司马炎待之尊亲之礼，并封其七子为王。

司马炎提倡节俭，多次下诏严禁奢靡之风，在位二十六年没有修建宫殿。一次到侍中王济家赴宴，看到华丽的饮食、器具，他心里很不舒服，吃到中间借故离席回宫。散骑常侍邹湛说，很多百姓把司马炎比作安民惠民、厉行朴素的汉文帝。但随着天下一统，政治稳定，经济发展，社会财富有了极大积累，一股追求奢华生活的风气从上到下弥漫开来。

面对山河一统和百姓富足，司马炎紧绷的神经开始放松。想想自己征战一生付出的辛苦，再联想到不幸短命的伯父、父亲，司马炎总觉得不是滋味，带头荒淫享乐起来。因为后宫佳丽太多，每晚宠幸哪个成为问题。有人想出一个办法，让他坐着羊车在宫苑里随意行走，羊车停在哪里就在哪里宠幸嫔妃。于是有的妃嫔便把竹枝插在门上，把盐水洒在地上，羊因为喜欢盐水的味道，停下吃食，羊车就停在她的宫门口。后世把这种做法称为“羊车望幸”。

上有所好，下必甚焉，贪淫享乐的风气迅速扩散。大臣何曾每天吃饭花费一万钱，还经常感到下不去筷子；其子何劭天天山珍野味，一天耗资二万钱。司马炎的舅舅王恺与首富石崇比富，饭后用糖水洗锅，石崇便用蜡烛当柴烧；王恺做了四十里的紫丝布步障，石崇便做五十里的锦步障；王恺用赤石脂涂墙壁，石崇便用花椒。对此，司马炎不禁不加以制止，还暗中帮助舅舅。

司马炎后期荒怠纵欲，导致小人当道，贪污受贿成风。这一切严重动摇了王朝的根基，连他自己的权力也受到了限制和挑战。司马炎虽然贵为天子，爱好美色，但选拔美女的事情却被皇后杨芷把持。凡是有些姿色的，杨皇后一概不选。有一次，司马炎看中了一个美女，被皇后否定，司马炎也只好忍气吞声。司马炎去世不久，就发生了长达十六年的

“八王之乱”，太康盛世风光不再，加速了王朝的覆灭。

晋武帝太熙元年（290 年），司马炎病重，已经无力托付家国大事，而此时开国功臣大都已经下世。国丈杨骏（杨芷之父）趁机排斥公卿大臣，亲自在司马炎左右伺候，并趁机随意撤换公卿，提拔心腹。司马炎病情稍有好转，见杨骏所用之人不当，严肃地说：“怎么能这样做呢！”于是给中书下诏，召汝南王司马亮与杨骏共同理政。杨骏担心大权旁落，从中书那里借来诏书并藏匿起来。中书监华廙亲自找他讨要诏书，杨骏坚决不给。两天之后，司马炎病危，皇后杨芷奏请让杨骏辅政，司马炎点头表示同意。于是杨皇后便召华廙与中书令何劭口头传达司马炎的旨意，让他们作遗诏，以杨骏为太尉、太子太傅、假节、都督中外诸军事。遗诏写成，杨芷与华廙、何劭共同呈给司马炎。司马炎看后不说话，过了两天便驾崩了，享年五十五岁，葬于峻阳陵，庙号世祖。

## 二、晋惠帝司马衷：近乎白痴皇帝

司马炎死后，其第二个儿子司马衷即位，改元永熙，就是著名的晋惠帝。开国皇帝司马炎英明神武，最终却鬼使神差选择了白痴一样的儿子司马衷，给晋朝带来了灾难性的转折。

司马衷从小不爱读书，只懂吃喝玩乐，长大后不务正业。司马炎为此很是发愁，担心祖宗基业会败在他的手上。为了弄清楚司马衷是否真有能力接班，司马炎有一次特意出了几道问题考他，并限期三天交卷。拿到题目，司马衷如坠雾中。司马衷的妻子贾南风为了夫君的地位和娘家的利益，请来几位老先生代为作答，替司马衷交上了一份完美的答卷。司马炎不知其中缘故，只好将信将疑。

司马衷继位后，各种荒腔走板的事情开始接连上演。有一年闹灾荒，饿殍遍野。有关部门向司马衷报告说老百姓没有粮食，这位根本不懂得人情世故的傻皇帝却反问说：“没有饭吃，他们为什么不吃肉粥呢？”

司马衷的妻子贾南风是贾充的女儿、贾逵的孙女。司马炎之所以选中司马衷接班，很大程度上是看上了他的儿子、自己的孙子司马遹，同时也希望聪明过人的贾南风可以帮助儿子。登基之后，司马衷尊继母杨芷为皇太后，妻子贾南风为皇后，司马遹为太子，并由太傅杨骏辅政。

贾南风为独掌大权，杀害了杨骏，皇太后和太子也都被她先废后杀。

贾南风的倒行逆施让皇族人人自危，一些人开始自保。赵王司马伦伪造诏书废杀贾后，自领相国，左右朝政，成为“八王之乱”的开端。司马伦恢复原太子的地位，立故太子司马遹之子司马臧为皇太孙。淮南王司马允不满，举兵讨伐司马伦，兵败被杀。司马伦干脆自立为帝，把惠帝司马衷改为太上皇，并杀掉司马臧。

司马伦篡位引起皇族震动，齐王司马冏起兵反对，得到成都王司马颖、河间王司马颙、常山王司马乂等人支持。淮陵王司马漼杀司马伦党羽，驱逐司马伦，迎回司马衷复位。司马伦被杀，变成司马冏专权。

接下来，诸王之间你争我夺，都把司马衷当作傀儡，辗转挟持，命运之惨比汉献帝有过之而无不及。司马衷不堪忍受，兴兵讨贼，结果战败，面部受伤，身中三箭，不幸做了俘虏。有一次，在狼狈不堪的逃亡路上，只有粗米为饭，饿得饥肠辘辘。最后，东海王司马越取得诸王混战的胜利，把司马衷迎回洛阳。

晋惠帝光熙元年十一月（307 年 1 月 8 日），司马衷被司马越毒死，结束了颠沛流离、悲惨屈辱的一生。在司马越的支持下，豫章王司马炽继位，是为晋怀帝，由司马越摄政，“八王之乱”至此结束。

## 三、晋怀帝司马炽：无心争权却被送上皇位

司马炽为人低调，不事张扬，爱好钻研各种历史典籍，并没有多少野心。

但是，作为司马炎的第二十五个儿子，仍然免不了被各种势力利用摆布。司马衷在位期间，被立为皇太弟。司马衷死后，被司马越立为皇帝，改元永嘉。

虽然司马炽没有什么雄才大略，但对于司马越擅权专政也渐生不满，终于忍不住密诏亲信讨伐司马越。蹊跷的是，讨伐诏书刚刚发出，司马越就应声病死。

司马越死后，太尉王衍被推为元帅。王衍派军队护送司马越灵柩回东海封国途中，与镇东大将军石勒的两万军队遭遇。石勒带领骑兵将晋军团团包围，万箭齐发，一通砍杀，晋军将士全军覆没，司马越的灵柩也被烧毁。王衍被擒后，劝石勒建国称帝，以求苟活。石勒十分鄙视王衍，命人半夜时分推倒墙壁把他压死。

早在晋永嘉二年（308 年），匈奴首领刘渊称帝，国号汉，割据山西西南部。晋永嘉四年（310 年），刘渊去世，其子刘聪自立为帝。晋永嘉五年（311 年）六月，刘聪率军攻入洛阳，司马炽在逃往长安途中被俘，太子司马诠被杀，史称“永嘉之祸”。司马炽被封为会稽郡公，并被囚禁。

后来，昔日的晋怀帝司马炽在刘聪的朝会上被指令为斟酒的仆人，不少晋朝旧臣见此情景号啕大哭。刘聪十分反感，一杯毒酒将年仅三十岁的司马炽鸩杀了事。

## 四、晋愍帝司马邺：西晋末代皇帝

司马炽死后，司马邺在长安即位，改年号为“建兴”，是为晋愍帝。

建兴四年（316年）八月，汉刘聪派刘曜率军围攻长安。城内外交通中断，长安城发生严重饥荒，出现人吃人的现象。十一月十一日，司马邺派人向刘曜送上降书，自己乘坐羊车，脱去上衣，口衔玉璧，侍从抬着棺材，出城投降。

晋愍帝投降汉刘聪后，饱受凌辱。刘聪外出打猎，司马邺穿着戎服、手执戟矛给他开路。道路两旁，晋朝遗民故老看后忍不住抽噎啼泣。此后，刘聪变本加厉折辱司马邺。刘聪宴会时让司马邺行酒、洗酒杯，上厕所时竟让他拿马桶盖，一些晋朝旧臣听闻之后失声痛哭。

晋建兴六年十二月二十日（318年2月7日），刘聪在平阳将司马邺杀害，终年十八岁。西晋至此灭亡。而后，各族陆续在北方建立国家，史称“五胡十六国”。

## 五、晋元帝司马睿：开创东晋王朝

司马睿，东晋的开国皇帝，是宣帝司马懿曾孙、琅琊恭王司马觐之子，袭封琅琊王。

晋怀帝司马炽即位后，司马睿被封为安东将军、都督扬州诸军事，后来前往建康，结交了一大批江东大族。晋愍帝司马邺时期，被封为丞相、都督中外军事。司马邺被俘后，司马睿在晋朝贵族与江东大族的支持下，于晋建兴五年(317 年）称晋王，并于太兴元年(318 年）即帝位，改元建武，定都建康，后世称为晋元帝。

东晋建立后，南迁晋人日夜盼望收复沦陷的家园。听说镇西将军祖逖意图北伐，司马睿立即给予支持，不仅从库存数千匹布帛中取出三千匹支援，还先后派自己的次子等人出兵配合。祖逖成功收复黄河以南领土，但不久东晋发生内乱，祖逖忧愤而死。祖逖的军队由其弟弟祖约继续统领，最后竟在混乱的局势中叛变，中原失地得而复失。

司马睿即位后，因为势单力薄、没有根基，非常倚重魏晋名门琅琊王氏王导、王敦兄弟，时称“王与马，共天下”。在王导的精心谋划下，南方士族和北方南迁士族都共同支持司马睿，东晋政权得以偏安东南。司马睿十分感激王导，任命他为宰相。同时，让王导的堂兄王敦都督江、扬、荆、湘、交、广六州军事，控制军权。其他重要官职，大多也由王导家族担任。东晋王朝实际上由王导和司马睿共同掌权。在登基大典上，司马睿几次请王导和他一起坐上皇帝宝座，共同接受群臣拜贺。王导不敢僭越，坚决辞谢。

在皇位稳固后，司马睿开始不满“王马共天下”的局面，起用心腹，暗中部署，试图一举剪除王导势力。为保护堂弟，王敦先发制人，起兵进入建康。经过王导说和，王敦退兵，朝廷仍由王导掌控。

想到自己的傀儡地位，司马睿忧愤成疾，一病不起。但他又心有不甘，任命了司徒荀组为太尉兼领太子太保，想以此钳制王导。不料司徒荀组刚一上任就病死了，司马睿绝望之下病势愈加严重。

晋元帝永昌元年（322 年）闰十一月己丑日晚，司马睿忧愤而死，终年四十七岁，遗诏由太子司马绍继位，是为晋明帝。

## 六、晋明帝司马绍：自幼聪慧，无甚作为

司马绍工于书法，礼贤下士，而且十分孝顺。此外，司马绍也相当勇猛，王敦常常称呼他为“鲜卑儿”。

司马绍小时就很聪明。有一回，他坐在父亲晋元帝腿上说话，看到父亲叹气流泪，就问其中缘故。元帝说，有人从长安来，谈起故都洛阳的情况，不免伤心感怀，就把晋朝如今偏居东南的原因对司马绍说了一下，并问他：“长安和太阳相比，哪个离咱们更远？”司马绍说：“太阳远。只听说过有人从长安来，没听说过谁是从太阳那边来的。”对这个回答，元帝十分称奇，第二天与群臣宴饮时告诉了大家，当场又问了他一遍。司马绍这次却回答说：“太阳近。”元帝有些错愕，让他解释为什么和昨天的说法不同。司马绍说：“现在，只要抬起头就能看见太阳，可是看不见长安。”听到司马绍如此奇特的说法，想到家国命运和被迫南迁的遭遇，在场的人无不感喟。

司马绍即位后大赦天下。不久，王敦移镇姑孰（今安徽当涂县），欲图不轨，但忽然病危。司马绍下令讨伐，很快平乱成功。由于王导没有附逆，仍受重用。

司马绍曾有一个善吹笛的宠妃宋祎，是石崇妾妇绿珠的女弟子。司马绍病重后，在群臣进谏下被迫请出宋祎，最后送给了吏部尚书阮遥集。

晋太宁三年闰八月戊子日（325 年 10 月 18 日），晋明帝在位四年后病死，年仅二十七岁。

## 七、晋成帝司马衍：东晋第三任皇帝

晋成帝司马衍即位时尚在幼年，由母亲庾太后辅政，庾太后死后由王导和舅舅庾亮辅政。

庾亮排斥王导势力，任意杀伐、驱逐重要官员，引起统治集团内部冲突。晋成帝咸和二年（327 年），镇守淮南地区的历阳内史苏峻、豫州刺史祖约以杀庾亮为名，起兵叛乱。

庾亮撇下当皇太后的妹妹和外甥小皇帝，带着三个弟弟狼狈出逃。次年二月，建康失守，百官奔散，小皇帝身边只有王导等少数几个大臣。苏峻闯入皇宫，王导抱着小皇帝坐在御座上。虽然只有几名官员待立左右，却显得正气凛然，叛军不敢上殿。苏峻自封骠骑将军、录尚书事，专断朝政，为所欲为。但因为王导德高望重，仍然让他官居原职而且排在自己前面。苏峻又逼迫司马衍迁居石头城，软禁在一间仓库里，还天天跑来高声辱骂。王导担心大祸临头，撇下可怜的小皇帝，带着自己的两个儿子仓皇出逃。

不久，镇守荆襄地区的陶侃和镇守武昌的温峤起兵平定叛乱。王导再度出山执政，东晋王朝又一次转危为安，司马衍回到建康。

苏峻作乱时，一头白发的南顿王司马宗被杀，司马衍毫不知情。平乱之后，他问庾亮："往常那位白头公何在？"庾亮奏道："司马宗谋反伏诛。"司马衍很伤心，哭着说道："舅舅说谁做贼，便杀之。如果有人说舅舅做贼，我又该如何？"庾亮吓得脸色大变，无言以答。庾亮之弟庾怿送酒给江州刺史王允之，谨慎的王允之让狗先喝了一点，那狗立即倒地死去。王允之吓得魂不附体，赶紧上表报告。司马衍怒不可遏地责问道："大舅已乱天下，小舅也要学着来吗？"庾怿闻言，惊恐不已，不久竟然自杀。

晋咸康八年（342 年）五月，司马衍身体不适。六月初五，病情加重。当时，他的两个儿子司马丕和司马奕尚在襁褓之中，庾冰(庾亮弟）请求让司马衍的同母兄弟、琅琊王司马岳为皇位继承人。司马衍无奈同意，并让自己的儿子司马奕承袭琅琊哀王司马安国的封号。初八，在位十八年的司马衍驾崩，时年二十二岁。

初九，琅琊王司马岳即帝位。十四日，封司马衍儿子司马丕为琅琊王，司马奕为东海王。司马岳服丧期间，朝政交由庾冰、何充打理。

## 八、晋康帝司马岳：在位三年病死

晋康帝司马岳是晋明帝司马绍之子、晋成帝司马衍的同母兄弟。司马衍死后，由于权臣庾冰、庾翼力主，司马岳兄终弟及，继承帝位，是为晋康帝。

司马岳在位只有短短三年，没有什么政绩。但是他的书法造诣很高，代表作《女郎帖》被收进宋代《淳化阁帖》，是中国最早的一部汇集各家书法墨迹的法帖，被后世誉为法帖之冠和“丛帖始祖”。

## 九、晋穆帝司马聃：扩大东晋版图

晋穆帝司马聃是晋康帝司马岳之子。晋康帝建元二年（344 年），司马岳驾崩，司马聃即位，由于年幼而由褚太后听政、何充辅政，何充去世后改由蔡谟与司马昱辅政。

司马聃重用大将桓温驱逐了庾氏势力，但桓温势力日益坐大，企图篡夺帝位。

司马聃在位期间，桓温消灭了在四川立国的成汉，永和十二年(356年）还一度夺回洛阳。虽然不久就因为粮运不继而撤退，东晋的版图仍然有所扩大。

晋穆帝升平四年（361 年)，司马聃过世，年仅十九岁。

## 十、晋哀帝司马丕：服丹药中毒而死的傀儡

晋哀帝司马丕是晋成帝司马衍之子、晋穆帝司马聃之堂兄弟。司马丕本应继晋成帝之位，但是由于权臣庾冰的意见而无法即位。司马丕于晋升平四年（361 年）在司马聃死后即位，改元隆和，但是大将桓温当国，司马丕形同傀儡。

司马丕只好迷上了长生术，一天到晚忙于辟谷、服丹药，不仅没有找到不老之丹，反倒弄得瘦骨嶙峋、形容枯萎。药性大发的时候根本不能听政，只好由褚太后再次听政。

晋哀帝兴宁三年（365 年)，司马丕因药物中毒而死。

## 十一、晋废帝司马奕：借沉迷酒色苟且偷生

晋废帝司马奕是晋成帝司马衍之子、晋哀帝司马丕同母兄弟，又称海西公。司马丕死后，司马奕于晋兴宁三年(365 年 2 月 23 日）即帝位。

司马奕即位之时，桓温仍旧掌握朝政。桓温有意废掉司马奕自己当

皇帝，但没有过硬的借口，便公开指责司马奕阳痿不能尽人道，于晋废帝咸安元年（371 年）废他为东海王，之后再贬为海西公，迁居吴县。离宫之时已值仲秋，司马奕身着单衣、乘坐牛车离去，群臣恸哭拜别，其情其景令人无限悲凉。从此，司马奕饮酒消愁、沉溺美色以明哲保身。有人声称奉他的诏命聚众起事，他一概闭门谢客，生怕招惹是非。一天，有人秘密找到司马奕，自称奉太后密诏来迎他回京复辟。司马奕听了有些心动，但在家眷极力劝阻下扼制了心中的冲动。晋孝武帝太元十一年（386 年），司马奕含恨而逝。

## 十二、晋简文帝司马昱：朝政完全在权臣控制之下

简文帝司马昱是晋元帝司马睿少子、晋明帝司马绍之弟。晋废帝司马奕被桓温废后，被立为皇帝。

司马昱继位后，一切听命于桓温，形同傀儡。晋简文帝咸安二年（372 年）七月，司马昱病危，宣布立子昌明为太子，并在一天一夜之内，连发四道诏书，请以大司马镇姑孰（今安徽省当涂县）的桓温入京辅政。桓温不理睬，司马昱只好写下遗诏，授权桓温可以依据周公辅助成王的故例摄政；如果太子不值得辅助，可以取而代之，自行称帝。郎中王坦之接到这份诏书，极力劝谏，并当着司马昱的面将诏书撕成碎片。司马昱自慰地说：“天下本是取来之物，卿何必如此在意呢？”王坦之反驳说：“天下是宣帝、元帝的天下，陛下怎能私自授予他人！”司马昱沉吟良久，无话可答，命令王坦之重新起草遗诏，改为：“家国大事都要一一禀告大司马，太子要像刘禅对待诸葛亮一样敬重桓温。”第二天，司马昱死于建康宫中。

## 十三、晋孝武帝司马曜：因一句玩笑话而惨死

晋孝武帝司马曜是晋简文帝司马昱的第三个儿子，也是晋安帝和晋恭帝的父亲。相比之下，司马曜算是东晋王朝比较有作为的皇帝，在位期间创造了“淝水之战”以少胜多的奇迹。而他自己则在外敌解除之后，过上了游戏人生、醉生梦死的日子。

司马曜四岁时被封为会稽王，晋咸安二年（372 年）被立为太子，同年晋简文帝病逝，他十一岁继位。由太后摄政三年之后，晋太元元年（376 年），十四岁的司马曜开始亲政，谢安升中书监、录尚书事，总揽朝政。朝廷改革税收制度，不再以田地多少来收税，王公以下每人收米三斛，在役的人不交税，东晋末年出现了短暂的复兴。

为了加强中央军力，司马曜令谢安的侄子谢玄招募淮南江北百姓，成立了北府军。

晋太元八年（383 年），前秦帝苻坚在统一北方后，强征百万大军挥师南征，意图一举灭掉晋国。他亲率步兵六十万抵达项城，派苻融为先锋率二十七万兵士攻打寿阳，梁成等人屯守洛涧以控制淮河。

面对强敌，晋朝内部搁置纷争，一致对外。宰相谢安主持大局，命谢石为前线大都督、谢玄为先锋，率八万北府兵开赴淮水一线抗击敌人。十一月，谢玄派部将刘牢之率精兵五千人攻破洛涧，首战告捷。晋军士气大振，随后迅速西进，直逼淝水东岸。苻坚登上寿阳城楼，看到晋军队伍整齐，又以为八公山上影影绰绰的草木都是晋军伏兵，不免心生胆怯。谢玄利用苻坚恃众轻敌、急于决战的心理，要求秦军稍向后撤，以便晋军渡河决战。苻坚则想等晋军渡到一半时用骑兵冲杀，于是中计上当，下令秦军后退。正在渡水的晋军看到秦军后撤，以为敌人败

退，受到鼓舞，突然发起猛攻。此时，在襄阳被俘投降前秦的晋将朱序在秦军后军趁机大喊“秦兵已败”。秦军不明真相，一片哗然，乱成一团，一退而不可收拾。溃兵逃跑途中风声鹤唳都以为是追兵，死者十之七八。秦军全面崩溃，苻融战死，苻坚中箭，孤身北逃。此役晋军全面胜利，史称“淝水之战”。

此后，谢安、谢玄乘胜追击，收复山东、河南一带，将领土划至黄河以南，前锋刘牢之也曾打到邺城。但专政朝廷的司马道子忌讳谢氏功高，令谢玄回镇淮阴，北伐大业功败垂成。

谢安死后，司马道子当国，东晋政局再度陷入混乱。

司马曜嗜酒如命，喝多了就爱开玩笑。有一天司马曜欢宴群臣，醉眼蒙眬地高举酒杯说：“诸位爱卿，你们说说，朕的治国才能如何呀？”青州刺史高声回答：“陛下文韬武略，盖世超群，前无古人，后无来者。光武帝刘秀只配当你的徒弟，汉高祖刘邦只能望着你的后脑勺叹气。”司马曜一听，眉开眼笑，当即宣布：赐青州刺史良田千亩，锦帛千匹。群臣一听，大吃一惊。青州刺史没想到皇上出手这么大方，赶忙磕头不止：“谢主隆恩，谢主隆恩！”不料，司马曜哈哈大笑：“爱卿不用谢了，朕刚才戏言也。爱卿用假话捧朕，朕也用假话赏赐爱卿。这叫礼尚往来，朕与爱卿们寻个开心。”

晋太元二十年（396年）九月庚申日，司马曜与宠爱的张贵人一起饮酒，硬要张贵人陪他对饮。张贵人不胜酒力，极力辞谢。司马曜面露愠色，开玩笑地说：“你今天如敢违抗君命，拒不陪饮，我可要定你的罪！”张贵人顶嘴说：“妾偏偏不饮，看陛下定我什么罪！”司马曜冷笑道：“你当年是因为美貌才被封为贵人，如今你年近三十，美色大减，白占着一个贵人的名位。你若不听话，明天我就废了你！”说着又大口呕吐，喷得张贵人满头满身。

夜半时分，张贵人想到自己容貌将衰，已遭司马曜厌弃，又气又恨，顿起杀心，带着心腹宫女偷偷溜进司马曜卧室，趁他熟睡用被子蒙住他的脸，又搬来重物压在他身上。司马曜挣扎一番，很快就被活活闷死。天下至尊的皇帝因一句戏言而惨遭杀身之祸，死时年仅三十五岁。

## 十四、晋安帝司马德宗：死因不明

晋安帝司马德宗是晋孝武帝司马曜的长子。晋安帝司马德宗隆安元年九月庚申（397 年 11 月 6 日），司马曜被闷死，司马德宗继位，立皇后王神爱（王羲之的孙女）。

司马德宗天生愚笨，不擅长说话，连冬夏都不分。因此，朝政大事实际上由会稽王司马道子把持。

晋隆安二年（398 年），兖州刺史王恭和豫州刺史庾楷因对尚书左仆射王国宝等不满而领兵造反，安帝不得不杀王国宝来平息叛乱。

次年，王恭、庾楷协同荆州刺史殷仲堪、广州刺史桓玄等再次谋反，叛军一直攻到建康附近才被阻挡下来，王恭被杀。与此同时，在浙江、江苏一带孙恩的叛军也渐成气候。晋隆安四年（400 年），孙恩攻会稽，第二年攻浃口、临海、广陵，晋军多次战败。元兴元年（402 年），孙恩的叛军长时间围困建康，造成城内爆发饥荒。

桓玄自封为丞相、太尉。不久孙恩战败身亡。晋元兴三年十二月庚申（404 年 1 月 29 日），桓玄杀司马道子取而代之，成为东晋的统治者。他于同年秋又自号楚王、大将军。同年年底，桓玄篡位，改国号为楚，史称桓楚，贬司马德宗为平固王。

晋安帝义熙元年（405 年 1 月 19 日），司马德宗被逐出建康，北府将领刘裕举兵攻桓玄，桓玄大败，挟司马德宗逃往江陵。五月壬午（6 月 19 日），桓玄被杀，司马德宗被恢复帝位。但好景不长，几天之后桓玄的将军桓振又攻陷江陵，司马德宗再次被俘。

直到晋义熙二年正月(406 年 3 月 2 日)，司马德宗才再脱叛军之手。桓玄的叛变彻底摧毁了东晋的皇权，刘裕成为举足轻重的人物，为南朝宋的建立奠定了基础。

晋义熙五年（409 年），刘裕开始北伐南燕，屡战屡胜。晋义熙六年（410 年），刘裕俘虏南燕皇帝慕容超，灭南燕，占领山东等地。同时，广州刺史卢循反叛，乘刘裕北伐之机向建康进发，建康再次戒严。刘裕班师南下解决了建康的危机。晋义熙七年（411 年），卢循在交州被刺史杜慧度斩杀。

从晋义熙八年（412 年）开始，刘裕在朝中独掌大权，排挤和迫害与他不和的大臣，矫诏以令外地刺史。

晋义熙十一年（415 年），荆州刺史司马休之和雍州刺史鲁宗之举兵讨伐刘裕，但被击败。

晋义熙十三年（417 年），刘裕再次北伐，攻入长安。晋义熙十四年（418 年），刘裕被封为相国、宋公。同年，晋军退出长安。

晋义熙十四年十二月戊寅（419 年 1 月 28 日），司马德宗驾崩。关于他的死因，有说是刘裕命安帝左右将他毒死的，也有说被缢死的。

## 十五、晋恭帝司马德文：东晋末代皇帝

晋恭帝司马德文是晋孝武帝司马曜之子、晋安帝司马德宗之胞弟。司马德文最早封琅琊王，之后被封为中军将军、散骑常侍、卫将军等职。

司马德宗被桓玄所废时，司马德文与司马德宗都居于浔阳，桓玄死后被迁至江陵。刘裕有意自立为帝，但为了附会图谶所言“昌明（晋孝武帝）之后有二帝”，于晋义熙十五年（418 年）改立司马德文为皇帝，

次年改年号为元熙。

元熙二年（420 年）六月，司马德文禅位给刘裕，东晋自此灭亡。司马德文被废为零陵王。宋武帝刘裕永初二年（421 年）九月，刘裕派人以棉被闷死司马德文，得年三十六岁。

在刘裕代晋建宋前，前代的禅位君主都得以保全性命。但刘裕称帝后，司马德文被降为零陵王，一年后又派人将其闷死，带了一个很坏的头。此后相沿成习，禅位的君主都难保性命。

天道轮回，在刘宋末年，齐王萧道成要求宋顺帝刘准禅位，并且派部将王敬则率军逼宫。刘准对王敬则说："你准备杀死我吗?"王敬则说："只是让您到另外的宫殿中居住罢了。您家先前取代司马氏一家也是这样做的。"刘准明白已无存活的可能，便流泪说："但愿我今后生生世世永远不再生在帝王家中!"萧道成称帝不久，便将刘准杀掉。

**图书在版编目（CIP）数据**

三国夹缝中的司马懿 / 郭扶庚 著 . – 北京：东方出版社，2021.11（2023.2 重印）
ISBN 978-7-5207-2033-5

I. ①三…　II. ①郭…　III. ①司马懿（179–251）– 传记　IV. ① K827 = 361

中国版本图书馆 CIP 数据核字（2021）第 227477 号

**三国夹缝中的司马懿**
（SANGUO JIAFENG ZHONG DE SIMA YI）

**作　　者**：郭扶庚
**策划编辑**：朱云河
**出　　版**：东方出版社
**发　　行**：人民东方出版传媒有限公司
**地　　址**：北京市东城区朝阳门内大街 166 号
**邮政编码**：100706
**印　　刷**：北京汇林印务有限公司
**版　　次**：2021 年 11 月第 1 版
**印　　次**：2023 年 2 月北京第 2 次印刷
**开　　本**：710 毫米 ×1000 毫米　1/16
**印　　张**：21.75
**字　　数**：288 千字
**书　　号**：ISBN 978-7-5207-2033-5
**定　　价**：78.00 元
**发行电话**：（010）64258117　64258115　64258112